U0143119

梁溪历史文化丛书

政协无锡市梁溪区委员会 编

梁溪历史文化丛书四

凤化

梁溪教育生活丛谈

于书娟 屈博 著

广陵书社

图书在版编目（ＣＩＰ）数据

风化 : 梁溪教育生活丛谈 / 于书娟，屈博著. --
扬州 : 广陵书社，2023.12
　（梁溪历史文化丛书 ; 4）
　ISBN 978-7-5554-2156-6

　Ⅰ．①风… Ⅱ．①于… ②屈… Ⅲ．①区（城市）—教
育史—生活史—史料—无锡 Ⅳ．①G527.534

　中国国家版本馆CIP数据核字(2023)第228166号

编委会

顾　　　问：朱　刚　周子川
主　　　任：张　莉
副　主　任：蒋文伟　李　波　秦惠芬　黄梅华
　　　　　　吴红武　陈晓慧　孙晓娜
专家组成员：汤可可　蔡家彬　徐志钧　刘桂秋
　　　　　　夏刚草　王觉民　钱　江　过旭明
　　　　　　于书娟　屈　博　顾　颖

主　　　编：蒋文伟
常 务 主 编：付　强
副　主　编：陈英华　徐　滢

目录

上编　教师生活　私塾生活 …………… 004
　　　　　　　　学科教学 …………… 015
　　　　　　　　特色课程 …………… 027
　　　　　　　　教育实习 …………… 032
　　　　　　　　专业生活 …………… 037
　　　　　　　　教学研究会 ………… 048
　　　　　　　　教学实验 …………… 053
　　　　　　　　教育考察 …………… 057
　　　　　　　　名人交往 …………… 062
　　　　　　　　社会生活 …………… 071
　　　　　　　　情感生活 …………… 087
　　　　　　　　家国情感 …………… 107

中编　学生生活　课外生活 …………… 116
　　　　　　　　学习生活 …………… 148
　　　　　　　　日常生活 …………… 164
　　　　　　　　学校管理 …………… 185
　　　　　　　　校园安全 …………… 198
　　　　　　　　社会服务 …………… 211
　　　　　　　　基层服务 …………… 220

下编　节庆生活　热闹的儿童节 ……… 226
　　　　　　　　多变的教师节 ……… 239
　　　　　　　　繁多的新节日 ……… 252
　　　　　　　　变味的旧节日 ……… 283

　　　　　　　　后记 ………………… 293

上编　教师生活

教育生活是五彩斑斓的。近代中国社会的急剧转型,让教师的生活发生了许多变化。梁溪区是无锡新式教育的发源地,无锡一大批名校,如连元街小学、无锡一中等,均发端于梁溪。正是这些新式学堂,给梁溪的教师生活带来了许多新的气象与可能。

教师生活虽然因人而异、因时而变,但作为一个群体,近代梁溪的教师生活面向与形态十分多样。

在梁溪,传统塾师那种只顾读经授徒的单一教学生活被打破了,一部分塾师开始与时俱进,通过主动学习新式教育理论,向现代学校教师转型;而一部分塾师则依然故我,在新的教育政策夹缝中寻求自己的生活空间。

与此同时,在新式学堂中,具有现代学科特性的各科教学,如算术、图画、史地、外语、乐歌、劳作、博物,则纷纷成为教学的重要组成部分;注重实践技能训练的教育实习也倍受重视,教师教学生活的主要内容也因此被改变。除了传统的读书治学,教师的专业生活,如外出学习参观、开展教育考察、进行学术研究和注重名人交往,也成为梁溪教育汇入时代潮流的重要途径。在社会生活方面,教师依然在为生计而奔波,但他们已经学会联合起来,用集体运动的方式开展索薪讨薪斗争;同乐会也让教师们学会苦中作乐并对彼此有了更多的安慰;而肩负民族危亡使命的教师们,也开始主动去深入社会,在解放缠足、推行国语等民众启蒙运动中积极作为。而在情感上,师生之间、同事之间、家庭成员之间的诸多纠葛,虽因理念、志趣、性情会有差异,但在新式教育理念的影响下,在家国情怀与民族大义的感召下,诚挚的情感交流也是教师生活中重要的慰藉。

本编以教师的日常生活为切入点,挖掘近代梁溪教师以学科教学、课时安排、课程管理、教育实习等为主的教学生活,以读书治学、教学参观、学术研究、教育考察、名人交往等为主的专业生活,以教师薪水生计、休闲娱乐和参与社会运动等为主的社会生活,以师生情感、同事情感、家庭情感、家国情感等为主的情感生活,通过生动、形象的表达方式展现当时教师们丰富多彩的教育历史场景,从而实现对民国梁溪教师生活的原生态呈现。

私塾生活

在近代中国大兴学堂教育和推崇西式教育的过程中,私塾被视为传统教育和落后教育的堡垒,成为改良和取缔的对象。在西方现代教育理论的审视下,私塾的教学内容、教学方法、管理方式也饱受诟病。但是,由于政府在发展新式教育中资源投入不足,私塾在相当长一段时期内仍然有着旺盛的生命力。私塾与私塾教育仍然是构成中国近代教育史的重要组成部分。

无锡地处苏南,素来为人文渊薮之地。这里新式教育发轫较早,与本地传统教育发达不无关系,但也造成了新旧教育之间竞争的激烈与紧张。晚清时期,无锡城中就不乏一些有名的私塾,比如,创办于1848年的惠山义塾,创办于1872年的莪香书馆,创办于1901年的积余义塾等。1905年,上海、江苏私塾改良会相继创立,无锡紧随其后,在1907年由县教育会组织创办了无锡私塾改良会。当时,无锡与金匮虽为两县,但合署办公,下面共分21个区。无锡私塾改良会在每区推选1位会员,共21个会员进行分区劝导。1908年,该会又延请孙、陶、黄、吴4位先生到各乡镇劝说私塾改良。截至1907年年底,无锡共调查到私塾676处,私塾学生7335名,而当时无锡的新式学堂,也不过100多处。当然,这里的私塾数量这还只是调查到的,在一些调查员没有走到的穷乡僻壤,还有很多私塾没有统计进来。调查中的676处私塾,对于教授内容真能实行改良的,不过1/10;有课本,有口头问答,对对子造句的,大概1/5;从来不讲的有3/10;另外3/10至4/10教授的内容仍然是《三字经》《百家姓》《千字文》,甚至还有教授道教经忏、佛教经卷之类的。

首次塾师考试

1915年,江苏省接教育部的命令,决定对私塾进行整顿。当年年底,各市乡学务委员在调查的同时,也积极宣传整顿私塾的政策,并对塾师们进行宣讲,帮助他们了解私塾教员考试政策和要求。

按照省政府的部署,全省各县须在1916年春举行塾师资格考试,具体考试事宜则由各县知事自行决定。无锡县知事将塾师考试时间定在了1916年3月初。根据试验规程,塾师分为两种,一种是免试资格,符合规定条件就可以免试。这些条件主要有五个:(甲)师范毕业者;(乙)中学以上学校毕业者;(丙)高等小学毕业列入最优等或甲等者;(丁)附生以上出者;(戊)学有根底,里党倾服且受士绅家之礼聘者。在第一批报名的人员中,经过无锡县学科科主任、学务委员们的审核,符合免试条件的共有八九十人。其中,以戊种资格者为最多。而从区域来看,以无锡市最多,有20余人。

随着考期的临近,全县的私塾教师都紧张起来。为了保证塾师考试顺利进行,无锡县知事与劝学所专门聘请了一些宣讲员,主动宣讲相关政策与考试准备情况,力劝塾师们参加考试。当时的报纸声称,在城乡的茶肆中,平时悠闲品茶的私塾先生们,讨论的主要话题就是预备考试的办法。一天,在西门某个茶肆中有十几位私塾先生正在讨论新学旧学的差别,对于考试感到无从着手。正好碰到一位宣讲员进来,他就给塾师们详细讲解了私塾改良的种种方法。由于讲解地十分生动,他还得到了私塾先生们的赞赏。

由于交通、信息传播速度有限,虽然学务科预留了一定的报名时间,但开考前报名人数并不多，直到考试前一天，还有塾师在陆续报名。考试报名要求有1寸照片，但很多塾师因为时间太短来不及准备。而且这次考试的塾师中，寒素者占多数，按照当时的市场价，1寸照片要洋钱六角，他们大都无力负担照相的费用，需要借贷举债。甚至有的塾师因为借贷困难，只能典质衣服以应考。由此也可以想见大多数塾师的经济状况。根据统计，当时无锡市乡私塾教员实不下千余人，而报名考试者只有300多人。除了一些塾师对考试本身并不认可外，经济原因和自身资质不足也是重要的原因。后来，对于少部分没有及时提供照片的塾师，劝学所决定采取一些变通手续，允许他们使用由市乡学务委员出名具保的临时许可状。

作为地方权威的象征，私塾考试本来是要在县署举行的，后来因为新旧县长交接，新任县知事认为县署房屋空间小，有军警出入，不便闭门，于是把考试的时间推后，从3月5号和6号两个上午改成了6号全天，地点改到了连元街第一高等小学。

这次考试是各地继科举考试之后规模较大的一次考试，许多塾师都是从乡下提前来到城里。虽然县里提前明确过考试时不允许夹带书籍与考篮，但仍有许多塾师带着科举时代的考篮来参加考试，让人有科举考试再现的错觉。当时，武进县的塾师考试，由于塾师大都是拖着长辫子的老先生而被人戏称为是"辫子大会"。但是考试当天，已经报名的384人中实到仅311人。除了免试认定的，因各种原因缺考的比例也不低。由于考前曾经特别规定，如果不通数学，可以在上午考完国文后报告考官免考下午，以至于下午算学考试时，只有230人应考。由此也可以看出传统士人充任私塾教师的比例之高。

考试前，县知事曾明确规定，考试非交卷不允许喝茶或大小便。当日参加考试的私塾教师中，既有年逾耳顺的老翁，也有十四五岁的青年。其中，有位老塾师手携考篮，跟预备考试的人说："国文一项，我荒疏已久，或者搜肠刮肚，不知道能否勉强完卷，算学，则固不知何物也。"监考的学务委员认为，那些相对年轻的塾师们的国文清顺，算学各问题也能答出，考试成绩比旧式塾师好。当时，虽然考场纪律严格，但仍然有人作弊。一般年长的教师还留有科举旧习，许多人带了洋铜锁做的藏书器，更有甚者，竟然携带了一部洋版的《大题文府》。学务委员华君发现，有一位考生拿到卷子就开始作答，但所答内容却并非是应试的文章，而是东邻西舍的琐屑事件，而且不到一个小时就已经开始完稿、临稿、誊录。华委员留心观察发现，草稿和誊录的稿子上的字迹并不相同，与草稿比对后发现不成文理。这种情况还还不止出现在一人身上。

从考试内容看，考题并不算太难，具有一定的灵活性，也比较合乎对教师的考核。上午国文三题：教然后知困、韩文公师说、论私塾与学校之得失。三题任做一题。下午考算学，两题任选一题。其中一题是："柴每担计洋2角8分，今有柴3674斤，内除担勾绳124斤，又每洋1元，除去用火钱洋3分，问买柴人尽得洋若干元？"另一题是："砖场1块，圈4丈2尺，进深5丈6尺，计砖每块宽3寸，长7寸，问需用砖若干以上。"考试内容比较贴合生活实际。

考试结束后，王知事亲自阅卷，评定等级。国文大都能完成，算学则颇多笑柄：有演算不出算式的，有误写大小数的，甚至有人在下面写"买柴人发财"五个字交卷。最后公布的结果是甲等4名，乙等13名，丙等71名，丁等133人。共221人合格，录取比例接近1/3。由此可见，无锡塾师的认定标准总体还是比较宽松的，而当时塾师们的专业水平确实堪忧。

这次考试最大的问题，是没法对教师的操行进行评定。据说，有一位程姓塾师，在科举时代是一个青衿，后与芙蓉城主结缘，逐渐荒废学业。程塾师也参加了县署私塾教师考试，发榜前，他生怕名落孙山，有失颜面。于是日夜焚香诵经，希望能够通过。最后他竟然通过了，但实际情况是场中邻座某文人帮他删改了些。程塾师虽然名列榜尾，但仍可以设校授徒。他在北门外的某姓家中开设了私塾，招有学生20余人。校中陈设及器具：校舍三间，二进，一厢。课堂在第二进，外面是会客室。客人多是乡人、粪夫、小商贩。课堂内课台、方桌、长几兼而有之，或者是用茶几方凳代课。程塾师危坐太师椅，中间后面留有空地，设一个小榻，中间有一个小箱子，存放烟枪等附属品，以应先生不时之需。后来因为禁烟森严，程塾师不敢公然违抗，但一时之间又戒不了,不得不藏在里面。案头还设有朱砂、笔墨纸砚、戒尺等。

城中私塾改良

由于城中交通便利,国家政策、消息传播迅速,无锡的改良私塾最早也是从城中开始的。其中,北门外游弄内的勤益学塾,开办较早,成效显著。该私塾由无锡本地士绅徐鸿逵创设于1908年,其子为无锡名医徐伯英。民国之后,随着新式教育的发展,该私塾能够根据社会需求灵活办学,又能够及时响应国家政策,在教学科目与内容、教学方法上,主动进行改良和调整。所以,勤益学塾又被人称为是"改良私塾中之先声"。勤益学塾的改良主要包括以下两方面。

第一,积极增开学习科目,聘请合格教员。为了改良私塾,徐氏父子首先在学塾中增开了算术。进入民国以后,为了满足无锡城中子弟从事商业与洋务的需要,1916年,徐伯英专门在学塾中增设了英文夜馆,招收学生20余人,这些学生都是商业中人。为此,徐伯英特别聘请赵俊为学塾主任。结合民国政府对于小学开设科目的要求,他还积极筹划增开体操、图书、唱歌三科,认为这些是私塾改良中必不可少的科目。他先是请赵俊担任图书和唱歌两科教师,随后又在当年年假前邀请李成章教授体操,后李因事就没有答应。校长徐鸿逵认为,体操是学校中必不可少的学科,专门前往李成章处聘其为体操教员。该学塾中所聘的国文和算术教员李振基,也积极响应政策号召,在1916年春参加了无锡县第一届塾师考试,成绩为丙等。

第二,采取新式教学班级与考试假期制度。由于办理良好,该私塾学生规模较大。在1916年春季,学生人数超过了50人,比许多学校的学生人数都多。为此,该塾特别采用新式的班级授课,将学生分成甲、乙、丙、丁四班。1916年年底,该校举行年终考试,考试科目为国文、算术两门,但根据四班的程度分别考试不同的内容。比如国文考试,甲班自立论,乙班说读书的好处,

私塾教师之恐慌,《新闻报》,1915年10月18日

丙、丁两班问答造句。算术考试,甲班诸等,乙班乘除,丙、丁两班加减。由此可见,该学塾已经基本采取了班级授课制的教学、管理、考评制度。同时,该学塾也与新式学校一样,采取了新的开学典礼与结业典礼。

1917年1月16日上午9点,该学塾举行了年假休业礼,校长、教员、学生济济一堂。先是校长徐鸿逵致训,然后由国文与算数教员李振基、图书与唱歌教员赵俊相继演说,接着由学生唱校歌,再由校长率领学生进礼堂向孔子牌位行鞠躬礼,学生唱颂圣歌,最后由教员钱、赵二人对学生致训,各学生合唱年假休业歌,至12点结束。在传统私塾中,拜师和开蒙的仪式最重。但是,在新式私塾中,休业仪式同样重要。从休业的仪式与流程中可以看出,除了向孔子像行鞠躬礼,唱校歌、唱颂圣歌、唱年假休业歌都带有很多新的信息。

民国时期,由于交通便利,风气日开,无锡城中改良私塾相对较多。在无锡城北门外三里桥有一位塾师叫胡凤清,他本来一直在豆腐浜上设私塾,历来学生不太多。1916年,他邀请朋友廉明甫一起合办,大加改良,定名志成学塾,热心教学,学生增至30多名。不过,像勤益学塾这种既能得到社会的认可,又能符合政府新章的私塾,实际上并不占多数。许多私塾的发展,仍受制于社会人士的观念。比如,1918年春,无锡北栅口附近王巷上地方有刘某所办的一所私塾,在管理、教学方面都较为注重向国家要求靠拢,学生也较多。但当该私塾教师刘某准备依照部章添设体操、唱歌这两个科目时,却遭到了学生家长的反对,甚至不惜以退学相要挟。因为开设体操就要购买操衣,这对于私塾学生家长也是一笔不小的费用,还看不到与学生前途有何关联。同时,塾生家长还要求刘塾师教女生读一些佛教经典,所以刘某因饭碗主义不得不妥协。

不良私塾与塾师

按照《整顿私塾之规程》的规定,达到免试资格或考试合格,就可以得到许可状,类似于今天的教师资格证和办学许可证。但是《规程》也明确指出,审查考试不过证明其教学能力,许可状也不是自动就能获得的。只有丙等以上成绩者,资格审查符合丁、戊两条的,才能优先颁发许可状。并且由各区学务委员亲自前往调查,查看所办私塾是否符合规定,符合者授予,不符合者则要接受指导或训诫,待合格后再发许可状。

实际上,当时许多私塾的开办都很随意,并没有严格执行许可状制度,不良私塾大量存在,即便是无锡城中也不例外。由于当时私塾门槛低,略识之无的人,或者从事其他职业的人,都把塾师作为谋生的手段之一,导致私塾教师来源过于庞杂,知识相对单一,私塾教学质量极难统一,学科难以扩充完全,整体质量较为低下,甚至闹出不少笑话。

比如,无锡北门外马路附近,有某塾师,思想保守顽固,十分信仰皇帝。自从复辟声音起来,社会各界无不反对,只有该塾师欣欣然有喜色,整日口讲指画,议论民国清朝之短长,怀有复古主义。有一天,他在一张黄纸上写下大清宣统皇帝万万岁,并在木座上取香案,行三跪九叩礼。旁边的人都笑他疯癫迂腐。无锡城南门外有陆某,主业是眼科医生,后来因为问诊的人不多,入不敷出,就在家中设馆,教授10多个学生。但内容并无新意,天天让学生读老文章。一天,有个人经过该处,听到学生在喧闹声中读《三字经》,结果第二天经过时,听到的还是《三字经》。

由于私塾仅需1名塾师,招收人数不等的学童即可开办,传统私塾随开随办,数量众多。与新式学堂相比,私塾虽然质量低下,但毕竟在一定程度上满足了普通家庭,特别是穷苦人家儿童的教育需求。由于无锡经济发达,在近代民族工商业崛起的过程中,无锡城中也有许多棚户区,这里居住了大量下层劳动人民和外来务工人员,他们的子弟中,能够接受一些私塾教育,就已经是非常幸运的了。根据当时人的观察,无锡南仓门亭子桥一带的路上,很少有衣冠楚楚的孩子,大都是衣衫

私塾趣闻,《民国日报》,1917年4月27日

褴褛的穷孩子,在捡垃圾、捡煤球。他们大都居住在城中丝厂附近的草棚子里,每家户主大都是人力车夫,女的在丝厂做工。如果丝厂不开工,母亲少了一笔收入,就只能背着篮子到街头做缝纫工,孩子们则从小跟着母亲到工厂,大了就做童工,男孩子六七岁就开始和大孩子出去捡垃圾。这些孩子,吃的是三号面粉煮熟的饼子,常年一件破衣服。如果父母稍微开通,家庭条件允许,会有一些幸运儿被家里送到私塾去读书,学费按月缴纳,从300文到1000文不等,但如果拿不出学费就只能辍学。通常,这些孩子读书的时间不会超过4个月。

这一时期,由于人们观念在半开半闭之间,许多家长也会送女孩子去读私塾。但是,由于私塾中学生来源庞杂,女学生也容易遭到意外伤害。比如,无锡西门外小木桥宝善里6号居民吴大狗和吴何氏夫妇,是在无锡讨生活的江阴人,以成衣为业。夫妻俩有一位名荣悌的9岁女儿,在附近陈巷上李国璋

所设私塾内读书,却被同学邹瑞宝诱骗到荒坟上惨遭强奸,被吴何氏发现指认后送到迎龙桥派出所接受讯问。结果,当时该私塾的陈姓塾师,不仅不承担监管之责,竟然还教唆邹瑞宝谎报年龄。私塾塾师自身品行低劣就更不在少数了。

塾师改良训练

尽管私塾存在着许多问题,但它毕竟在一定程度上满足了穷人子弟受教育的需求,因此,私塾始终具有很顽强的生命力。南京国民政府时期,无锡县经过调查发现,全县私塾共有百余处,应取缔70多处。进入20世纪30年代,随着国民政府厉行义务教育普及,私塾被认为是推行义务教育和识字教育的利器,政府和部分学者希望通过改良私塾,使之达到短期小学或初级小学的程度。私塾政策也从严厉取缔一变而为积极改良和利用。

1933年年底,无锡县教育局决定遵照省政府的政策,对成绩优良的私塾酌情给以补助费,并给以"模范私塾"等名义,随后还决定举办塾师训练班。为了保证塾师们积极参训,无锡县教育局一方面要求各区教委、各教育机关切实宣传劝导,另一方面呈请县政府,要求各区区长、乡镇长切实宣传劝导塾师参加训练;同时,还要求联系报刊尽量宣传。

1934年1月3日,塾师报到,晚上举行谈话。此次训练班原定名额50人,实际参训学员39人,其中,年龄最大者56岁,最小者18岁,而20至30岁之间有17人之多,整体以青壮年居多,这也从侧面说明了塾师训练的必要性。当然,这并不意味着实际中的塾师队伍也是以中青年为主,而很可能是因为年轻的塾师更愿意接受训练。这些塾师的资格,大半为小学毕业生或者是读过两三年书的人。从中可以看出,新式教育下的青年出路有限,就业困难,尤其是那些程度较低的初级小学毕业生,做塾师不失为一种选择。也有不少在私塾读书后现在做塾师的。大部分塾师仍然以四书五经为教材,即便有少数能够按新课程要求实施,但由于设备简陋,学生也很难贯通。而他们任教的私塾中,有1所私塾学生人数最多,共47名;其余的私塾学生大多在15至25名,学生人数最少的1所私塾才6名学生。从塾师们的收入来看,每年收入最多的可以达到220元,但要求学生规模较大,在40人以上。其余180、150、100元不等。而其中,私塾学生缴费平均是4元。部分塾师每年仅能收入80、60、40元,甚至年收入在30元的塾师人数也不少,这也间接说明,塾师们的生活困难。

这次塾师训练的授课地点,设在东门外酒仙殿弘达中学校内,上课在弘达中学,住宿在丝厂职工联合会会所,时间为2周,并指定附近私立利民小学校为实习地点。培训课程主要包括学科课程、教育课程、辅导课程、实习课程四类,其中,学科课程为党义、国语、算术、常识四科,教育课程包括私塾设立法、编制法、教导方法、成绩考查法、教育原理概要,辅导课程包括体育、音乐、劳作三科,实习课程包括教学和管理两项。同时,训练班确定了最低限度毕业标准。各科成绩达到60分以上可以毕业,教育局发给毕业证书。毕业成绩前3名,奖励现金。办理私塾优良者,由教育局补助经费,给模范私塾、简易小学、短期小学等名称。教师主要是由县教育局的督学、各科主任、教育委员担任。另外,还制定了参观方法。为了帮助塾师学习,该训练班还专门组织了一个小的图书馆,以方便塾师们自主阅读。

除了县教育局组织的塾师训练班,这一时期,各地的民众教育馆也承担着塾师训练的责任。位于无锡崇安寺庙的民众教育馆,曾组织过一个塾师训练班,原定60位名额的训练班,实际接受训练的塾师有66位。与县教育局组织的塾师训练班不同的是,该班的参训塾师中,盐城、兴化的江北同乡就有34名,超过了总训练人数的一半。但从层次上看,这些塾师显然地位更低,收入更差,因为这些塾师教育的对象主要是江北客民的子弟,他们在无锡从事的主要是苦力劳动。当时的人会根据这些塾师们的衣着来评判他们,比如,大部分塾师的典型着装是传统长衫。其中,宽衫大袖的,是蓬户私塾的江北先生;窄袖瓜帽的,是无锡同乡的前清文童;穿洋装的,是不合格的小学教师,靠私塾糊口。与县教育局组织的塾师训练班以青壮年为主不同,这批受训塾师中,以老先生居多,比如61岁的吕松高、68岁的邓兰舟,还有邓兰舟38岁的儿子,他在伯渎巷开设私塾已经长达15年了。在这批私塾先生中,也有一些水平较高、资格过硬的洋秀才,比如,盐城人荀允中,在盐城师范毕业,曾经做过盐城初级小学的校长,但因为某种原因,不得不在西门外灞桥下李巷当了蓬户塾师,教几个江北蒙童。经过培训,私塾中也的确有了一些新气象,比如,有了讲台、黑板、国旗、党旗。私塾的老先生们对于新式教法也颇为认可,认为更容易帮助学生理解,学生们学得也开心。

学科教学

1903年《奏定学堂章程》颁布后，新式学堂大量涌现。学校教学开始突破传统私塾的教学内容，按照西方新式分科体系开设各种各样的新科目。于是，各种被传统视为雕虫小技之类的内容，也纷纷成为学校教学的重要科目，传统的经史子集教学，也开始发生变化。

强调直观的算术教学

中国古代也会教习学生通晓一些算术，但是算术的难易程度却不及普通商户的教育。古代士族和贵族阶级，他们只会读少部分的算术，因为社会普遍认为算术科目是商人学的，等次比较低。到了民国时期，算数科逐渐受到重视，成为一门独立科目，在教学中所占用的时间和分数都在不断提高。

1912年1月19日教育部发布的《普通教育暂行课程标准》规定："初小一年级：二十以下数之数法、书法及加减乘除。二年级：百数以下之数法、书法及加减乘除。三年级：通常之加减乘除、珠算加减。四年级：简易小数及诸等数、珠算加减。高小一年级：整数、小数、诸等数、珠算加减。二年级：分数、百分法、珠算四则。三年级：加比例。四年级：比例、珠算四则、日用簿记。"

1932年10月20日颁行的《小学课程标准》规定设"算术"科，其教学目标比1912年多。低年级除四则演算外,还要求认识年、月、日和星期、时刻、分、尺寸、货币及其应用,以及简单几何图形的识别。中年级还有石和斗、市制斤两等常用计算。高年级则有圆周、圆面积、利息计算,度量衡市英公制的换算、家用簿记等生活常用计算方法。1941年12月公布《小学算术科课程标准》,珠算改为四、五六年级学习。

江苏省无锡师范学校附属小学发行的《儿童与教师》收录了一篇题名《算数教学过程》的文章,反映了因为低、中、高三级部儿童能力的不同,所以教学的过程也有所不同的教学方法。低级的教学过程主要分为天天做的、在设计里做的、在游戏里做的、在故事里做的、特定时间练习的这五部分。第一,天天做的。如看日历,看温度,数出席、缺席人数或物品等。教师和学生共同计划做的方法,依照计划实行,并随时改进不方便的。第二,在设计里做的。如大设计里的账,要明白实际的事实,讨论怎样着手计算。在具体实行时,要按预定的算法,一步步去算。最后由师生共同订正算错的内容。第三,在游戏里做的。个人游戏里记的账和团体游戏时的比赛,教师可以指导游戏的方法,有时也可用儿童自己创造的游戏方法。在游戏完成后,批评正误。第四,在故事里做的。故事含有数量问题的,由教师讲述故事,算故事里发生的数量问题,教师带领学生一同改错。第五,特定时间练习的。做自编算术练习,不会做、做得慢,便是练习的动机。每个学生用算术练习纸练习,由教师或儿童批评。儿童把课数、做的题数、对的题数记在记录表上。

中级的教学过程主要分为平时做的、活动里做的、特定时间练习的三部分。第一,平时做的。在教室里,按照预定的教材大纲进行学习。第二,活动里做的,如设计表演,游戏里发生的计算问题,动机便是在各种作业或生活方面发生的。第三,特定时间练习的,如做测量和练习等。初次练习时,要说明方法,照说明进行练习。儿童自己评定,要记录练习的结果。

高级的教学过程主要分为新授的、补充的、练习的、观察或实习的这四个部分。首先是新授的:照预定教学大纲在教室里研究的。包括发生学习需要、决定学习事项、讨论或计划、提示和整理、练习、订正、批评或矫正、应用、考查。其次是补充的:课外另加教材,让儿童自由学习以补充课内质的方面或量的方面的不足。再次是练习的:继续做练习题时用。过程是:发问(师生)→解答→练习→订正。最后是观察或实习的:如观察汇兑,演习测量等。过程是:动机→计划→实行→报告→批评。

自1912年颁布《普通教育暂行课程标准》对算术科的规定以来,越来越强调直观的算术教学,算术科的教学也是更加联系生活的实际,将算术的学习运用到生活的真实情境中。江苏省无锡师范学校附属小学对各个阶段的算术教学也是强调更加直观的教学方

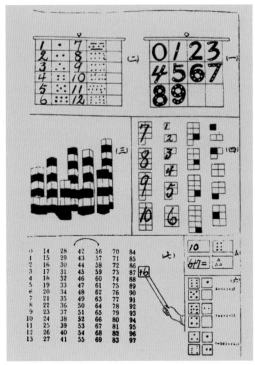

算法教授之研究,《无锡教育杂志》,1915年第6期第25页

式,真切地让学生在学习算术科中,感受算术的实际运用。

突出练习的图画教学

文字的价值众所周知,但图画的价值也不容忽视。比如当运用到机械和建筑上时,如果以文字的形式来说明的话,虽然描述很详细,但是却不如图像更加直观,况且图画相较于文字,本就更加简洁易懂。因此,图画自有其价值所在,图画教学对教师来说也极其重要。

1912年1月19日教育部发布《普通教育暂行课程标准》规定图画教学:"初小所有年级:单形、简单形体。高小一、二、三年级:毛笔或铅笔;四年级:简易

几何画。"1932年10月20日颁行的《小学课程标准》规定设"美术"科,其目标在于启发儿童爱美的本性,增进欣赏识别程度,引导对美术的运用,其大纲分欣赏、发表、研究三项。1942年10月公布的《小学图画科课程标准》规定小学图画科大纲分欣赏、基本练习、发表三项。从图画科课程标准的发展中可以看出,图画科的教学越来越突出练习。

图画本来是一种自然美,描写一切自然景物,才能成为艺术美。民国时期,在普通学校里,大多数教师教学图画是在黑板上画一幅画,教师教小学生一笔笔照着教师在黑板上所画的东西依葫芦画瓢。平时设置的写生课,也是在教室里,或者说是画画教室范围内的东西罢了。教室外的景物,是这一时期的写生课难以办到的。因此,这一时期的学生也略缺少欣赏自然的心理。

为了唤起儿童的兴趣,增长儿童艺术的知识,养成儿童描写的技能和物理的思想以及精密的观察能力,教师逐渐意识到应该切实实行户外教学。实行户外教学,大概也是分为几个过程:在还没有正式出发之前,应当观察儿童的性情,以引起他的动机,更重要的是斟酌他的性情特点,然后才可以决定户外教学的目的;出发后,根据儿童预定的目的,预设如何描绘,然后再加一点老师自己的判断。

如果教授的是四年级学生的图画,因为四年级学生在该级国语课中有一篇名为《桥》的课文,那么教师就可以从这一点去引起学生画桥的兴趣,进而到户外有桥的地方进行户外图画教学。在教授学生画"桥"的方法后,学生之间讨论一下

西洲作:《题逍遥游》,《无锡报》,1926年8月27日

夏蔚孙画作,《无锡竞志女学杂志》,1910年第1期第218页

次荞作:《梁溪烟雨》,《无锡竞志女学杂志》,1910年第1期第184页

王世英画作,《无锡竞志女学杂志》,1910年第1期第219页

就可以自行选择合适的方向进行写生了。这时候,学生们都想要把这座桥一笔一画地画起来。在绘画的过程中,学生需要精密观察和思考,就不会没精打采地坐在那边发呆。等到画好之后,就把学生的作品装订起来,根据学生画的情况,给予学生不同的评价和奖励。增加户外画画课,有利于增强教学效果,提升学生的学习兴趣。

注重乡土的史地教学

史地学对于儿童来说非常重要,如果没有史地学,儿童很难拥有全面性的知识。史地教学相较于其他学科的教学来说要难得多,教材也繁杂得多,因此要对史地教学进行充分的研究。况且史地学对于儿童来说枯涩无味,儿童很难提起兴趣,上课时随便听听,下课后就置之度外。如果是这样的听课

情况,便失去了学习史地的意义。但是史地这两门学科占据很重要的地位,不能被抛弃掉。同时,对于史地的教学大多还是偏向于理论上的教学,缺少实际上和接地气的教学。1912年1月19日教育部发布《普通教育暂行课程标准》对历史科的规定:"高小一、二年级:本国历史之大要。三、四年级:补习本国历史,依系统述之,注重文明开化。"对地理科的规定:"高小一、二年级:本国地理。三年级:外国地理。四年级:补习天文、地文、人文地理。"

如何改变这种现状是一大难题,首先试行的方法是采用乡土教材。在近代,无锡出现了乡土的史地教材,如《锡金乡土地理》《锡金乡土历史》《无锡乡土博物志》等等。1904年,竞志女学校长侯鸿鉴编成《锡金乡土地理》一书,作为城乡各小学的启蒙读物。上卷有24课8目:第一课建置及疆界,第二课乡区之沿革,第三、第四课水道(运河、太湖),第五至第七课山(惠山、邑中诸山),第八至第二十一课城市之状况(衙署及学宫之大略、东林书院之沿革、学堂、善举、庙祀、寺观、教堂、厘卡、米市、茧市及丝市、纱厂及面厂、窑业、盐务、商会),第二十二课城河及汉河,第二十三课水墩,第二十四课河道古迹。下卷共32课5目:第一至第二十六课乡镇之状况,第二十七课圩及荡,第二十八课沿湖诸港,第二十九课湖中诸山,第三十课西南乡诸山,第三十一课东北乡诸山,第三十二课申明亭。文字浅近通俗,内容简洁明了。该书对无锡业勤纱厂、茂新面粉厂等企业的创建原委,丝茧业、米市各业的发展现状等都有记述,为研究无锡近代经济也提供了资料。

1906年,侯鸿鉴又编小学历史教科书《锡金乡土历史》,有2卷。上卷28课:位置、定名、地势、民族、分县(金匮)、历史、农业、工业、商业、风俗、学风、武备、征法、财政、航路、邮政、电报、铁道、学校、社会、宗教、西教、学宫及书院、庙宇寺院、俗礼、名胜公园、产品。下卷32课:第一至第十六课名人事略,第十七、第十八课侠客事略,第十九课贤令,第二十课义绅,第二十一至第二十四课忠义事略,第二十五课洪杨之难,第二十六课乡团,第二十七至第三十二课近世名人事略。本书作为小学课本,较全面而概括地讲述了清末无锡及其分县金匮的人文历史情况。内容完备,体例谨严。对于研究教育史、教材

小学高年级史地教学之观察和服木展时的情形，《教育杂志》，1928年第11期第9页

无锡中学实验小学学生观察国耻地图时的情形，《教育杂志》，1928年第11期第10页

编写史、社会史、文化史等不无可取之处。

1920年，侯鸿鉴为了解决小学生抄录困难，特地将无锡乡土博物相关内容，编辑排印成册，成为《无锡乡土博物志》。全书分40课，后附补编10课，末载病骥老人跋。第一至第四十课为：物产总论、米、蚕桑、锡及泉、松杉、鱼虾、土壤、菜、鸡豚、岩石、蚕豆、黄鳝、石塘陶土、太湖杨梅、吴塘鲚鱼、赭石、保安薄荷、黄塘西瓜、村前黄雀、阳干石、石塘湾香瓜、杨园莲实、惠山黏土、雪浪茶叶、华藏无底螺、梁溪鲜菱、香稻及糯稻、麦、金眼鲂、银鱼、许舍矿山、龙峰桂栗、香蕈、玉祁蟹、紫苏、西胶山土珠、骨牌草、金鲤、方解石及铁砂石、物产结论。补编为十课：铁砂岩、野猪、宁麻、竹、青鱼、明阳泉、新村瓜、芦荻、桑牛、土壤。从中可以看出，侯鸿鉴编订的无锡乡土教材，非常注重无锡本地的乡土，从而便于实施史地教学。

其次是采用新闻材料。对于史地的教学，应该界古而详今，现代的人生观与新闻本身关系密切。新闻材料，也就是现代的史地学材料。比如政治明暗、官吏贤愚、战事起落、实业盛衰、交通利阻等都属于史地学材料。可以为前代作证的，就用来作证；可以和前代进行比较的，就用来比较。古今对照，兴趣横生。比如在学习关于日本研究的时候，可以给同学们展示观察和服木展时的情景以及观察国耻地图时的情景。在求学教书以外，又能引起欣赏报纸的观念。从此史地学就可以由儿童自动地研究、自动地批评了。久而久之，学生不仅学博识远，还可以应对自己当下所处的环境。

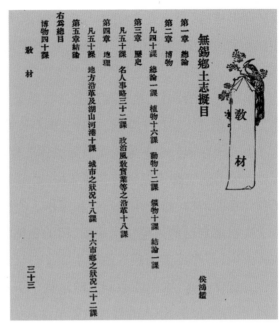

侯鸿鉴作：《无锡乡土志拟目》，《无锡教育杂志》，1917年第7期第33页

社会新兴的外文教学

1862年，晚清政府在北京创办京师同文馆，以培养外语翻译、洋务人才。作为近代第一所官办外语专门学校，它的开办翻开了我国近代教育，特别是外语教学的新篇章。受此影响，无锡第一所新式学堂竢实学堂开办之初，就曾开设英文，1902年又增设日文。不仅如此，无锡还有许多语言补习学校，以满足工商业子弟办理洋务的需要。

进入民国以后，教育部发布的《普通教育暂行课程标准》规定，外国语课以英语为主，以"通解外国普遍语言文字，具运用之能力，增进智识"为目的，不过并非必修课，而是鼓励有条件的高等小学开设。当时，江苏省教育会还专门组织了英语教学研究会。无锡东林小学有位叫刘曾辉的英文教师，曾用商务印书馆的《中学英文》课本与自编讲义,给学生讲授英文文法。其他学校如江苏省立无锡师范学校、无锡县立初等工业学堂、辅仁中学也都设有英语课。

据许倬云的回忆,虽然他的父亲接受了英国教育,但父亲并没有专门教他英文。在进入辅仁中学前,许倬云的英文也仅仅停留在懂得ABCD字母的水平上。他在辅仁中学的英文教师沈致平教得很好,让他非常受益并且印象深刻。因为沈老师不像别的教师那样,要求学生背诵文法、课文,也不讲解句子和文章的结构,而是注重阅读和写作。他教学生以10人为一个读书小组,由学生根据自己的兴趣自由阅读,用的是傅雷等人翻译的莎士比亚的文章。在阅读中,一些英文比较好的学生除了自己阅读,还要负责去教同组的其他同学。这样一来,学生在教和学的过程中不仅能够巩固知识,还能够学会与人相处、与人合作,做人的教育也就蕴含其中了。他还重视写作,常常通过联想的方法让学生组词连句。上课一开始,他会先在黑板上写一个单词,然后就开始请学生在这个单词的基础上去增加其他词,一个学生加个名词,另一个学生加个动词,再一个学生加个形容词,再找学生加一个副词,就这样一直添加下去,逐渐就形成了一个个句子,乃至一篇篇文章。这样一来,学生在一堂课上就可以学到很多知识。因此,沈致平老师的学生中,有些人在高二时已经超出了国家对英语学习的要求。于是,他就会要求这些学生在暑假开始学习高三的功课。因此,在沈老师看来,高中的英语学习根本不需要花三年时间。

走向本土化的学堂乐歌

学堂乐歌是随着新式学堂的建立而兴起的歌唱文化,一般指学堂开设的音乐(当时称唱歌或乐歌)课或为学堂唱歌而编创的歌曲。它是一种选曲填词的歌曲,起初多是归国的留学生用日本和欧美的曲调填词,后来用民间小曲或新创的曲调。学堂乐歌的倡导、推广者以沈心工、李叔同等启蒙音乐教育家为代表。

19世纪末,在变法维新思潮影响下,"创办新式学堂,引进西方先进教育体制,开展现代科学教育"的潮流开始兴起。1905年,废除科举,新式学堂建立,中国现代教育从此萌芽,音乐教育已成为那个时代进步人士心目中重要的美育形式。在新式学堂内开设的"乐歌"课,最初是学习日本人的办学方法,后仿照西方学堂的教育体制而设立。近代以来,我国教育家日益重视音乐教育在国民意识培养、促进智力教育和陶冶性情等方面的作用,早期的留学生开始有人学习这方面的知识,回国后成为音乐教师。

侯鸿鉴在无锡开办竞志女学后,积极聘用有留日背景的中国教员,如周佩珍等均为女学的乐歌教员,改变了当时学校中乐歌教学完全由外国人担任的状况。由于合适的学堂乐歌不多,侯鸿鉴就亲自创作、改编了很多歌曲。如他创作了《始业歌》《休业歌》,让学生在竞志女学开学和放假时举行的始业式和休业式上歌唱。《始业歌》的歌词是:"凉风拂袖,暑气渐消,已是新秋到。几多同学,联袂偕来,握手殷勤道。姊乎妹乎,振刷精神,莫使光阴草草。欲今吾进步胜故吾,惟有读书好。"《休业歌》的歌词则是:"忽忽韶华,眼底云霞,一曲薰风奏。此间修业,学期已周,自问进步否?暂时休假暂时离,去月不可留。愿我同学,来月开校,齐到毋落后。"这些乐歌既切合情境又有强烈的劝学意味。

同时,为了规范教学,侯鸿鉴也注重搜集、整理、保存学堂音乐,他在1906和1907年连续出版了《单音第一唱歌集》《单音第二唱歌集》,作为音乐教育

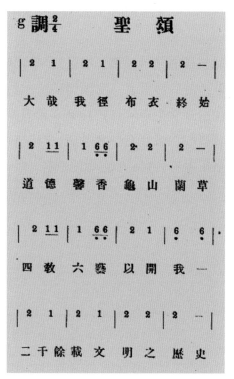

乐歌一斑,《江苏(东京)》,1904年第12期第122页

锡师附小学生音乐课，《儿童与教师》，1936年第26期第1页

的教科书。《单音第二唱歌集》中还收有一首《唐乐府清平调》，侯先生在这首歌曲的后面写了一段"附识"和一段按语，记录了这首乐曲的由来。它是由无锡留日学生华倩叔在1905年留日期间从日本著名音乐教育家铃木米次郎处获得的。虽经有学者考证，该乐谱可能为明谱而非唐调，但这对于研究明代俗乐也不失为一个宝贵的资料。

特色课程

　　特色课程是一所学校开设的不同于其他同类学校的具有独特性的课程。换言之,提到某门课程,人们就会很自然地想到开设这门课程的那所学校。这样的课程,才是特色课程。民国梁溪的学校,也有意识地开发适应自己学校发展的课程,比如江苏省第三师范学校附属小学(即锡师附小)开设的劳作课、江苏省第三师范学校(即省锡师)开设的博物课程。

劳作科课程

　　江苏省第三师范学校附属小学为了养成儿童劳动的身手和平等互助合作的精神,发展儿童计划创造的能力,增进儿童生产的兴趣和能力,启发改良生活、改良农工业的志愿和知识,实施了新课程,并将原有工作一科改为劳作科。

　　劳作科在家事方面,主要围绕衣、食、住开展学习,不同学期学习的内容各有差异。

　　"衣"方面,学习的顺序与"食"类似,都是由简入难,最先让学生认识洗涤用品、制衣用品,了解棉织品的洗法、包袱的裁剪和平针缝、十字绣的基础绣法与实习。之后教会学生认识竹竿架子、石碱的洗涤用品,熟悉丝织物洗涤,回针、切针缝。最后是所有衣服清洗的实习,毛织物洗涤法、辫绣和刺绣法、散针缝的研究与实习。

"食"方面,最开始会进行基础的饭的煮法、萝卜的腌法、鱼的煎法、蔬菜的炒法的研究与实习米面、蔬菜、鱼肉价格的调查,之后慢慢扩展到粥面的煮法、饭的蒸法、茄子酱法、花生炒法、糖萝卜的糖饯法、虾的醉法、蛋的煮法,教学生认识米、麦、豆、蛋、蔬菜、鱼、茶叶和滋养料。到第四学年,会教授更复杂的技巧,例如馄饨的煮法、鱼肉蒸法、豆类炒法、煮粥等,开始认识油、酱、酒、醋、面粉,并进行蛋类价格的调查。最后一学期则是学习包括猪油菜饭、鱼的腌法、肉的酱法、豆腐的煎法、炒米的炒法、梅子的糖饯法等高阶烹饪,还有糖果、水果、笋、茭白、藕的价值和滋养料调查与研究。

"住"方面,从家宅构造的原料价格、布置位置以及整洁程度入手进行调查,到床、凳、衣橱、八仙台、单人椅价值用途的调查研究。第二学期涉及各个家宅的宽畅光线、整洁优美等布置的调查、批评和改良的研究,卧室内的箱子、镜框,工作室内双人椅、双人台、茶几的价值的调查研究。最后学习桌子、椅、凳子的布置,对房屋布置、家宅四周的花木或园圃开展调查、批评和改良研究,厨房内主要用具,客室内的搁几、长台、栏几等布置和价值等的调查研究也会包括在内。通过几学期的学习,学生能够掌握许多实用技能,无论是对当时的生活还是对未来工作都有一定的帮助。

下面是三师的一名学生回忆其在省三师附小劳作科中农科的生活:

在姚家殿国民小学读了年半,我姐丈张正三介绍我去无锡省三师附小劳作科继续学习。

三师附小劳作科,设在锡城西乡十余华里的小集镇藕塘桥南二里许的地方,完全是山村风光。校南是蜿蜒不断的深山,北有松林、丛草,山麓则是一个个鱼池、一方方田塍,散落地分布着座座不规则的村落,小桥流水,农家屋舍,真是山明水秀的鱼米之乡!

省三师附小劳作科,不收学杂费,膳食也由校方供给,只需学生缴纳讲义费,我之所以来这里进学,主要是当时我家仅耕种四亩自田,收入无多；另一方面也是我父母省吃俭用，一心想向"富农"经济地位上爬。

我在三师附小劳作科，只学了两个寒暑。这学习生活，倒是比较充实而有意义的。

校方规定：每天上午上知识课，除国文、数学外，另有植物学、昆虫学、畜牧学、稻麦作、棉花栽培、果树蔬菜园艺等，课程是塞得满满的；下午半天劳动，有畜牧、蚕桑、蔬菜等项。一到养春蚕，就全日停课。另有小麦试验场，据说是民族资本家荣德生先生出资，请三师校长顾述之之子震吉先生经办的，他系日本早稻田大学农学系毕业，经常指导我们从事栽培、管理，直到收获，最后指导我们结算，统计出各品种的分蘖力、收获量等，十分详细具体。

最有兴趣的是星期日的到来，每遇天朗气清之日，我们三五同学结伴到深山去游山。

每当游山返校，我们总各自从采集箱中取出标本素材，忙着制作。有昆虫、植物、矿物等，老师总当面给我们指导。

二易寒暑，我在三师附小劳作科终于毕业了。一天，隆重地举行了毕业式，三师校长顾述之老先生及附小主事章天觉都莅临致辞。顾校长希望我们全体毕业同学都留下来开辟山地，种植果树，可是结果留校从农的不足十人。

毕业典礼完毕后，师生们又开了个欢乐的座谈会，毕业同学各自叙述志愿，倾吐别情，最后余兴尽欢而散。接着，共享了一顿毕业会餐，菜蔬鱼肉，都是平时师生共同生产的成果，颇为丰盛！

博物课程

近代博物学最初用在数理化等科目的教授中，之后应用于生物学科，1896年，英国校长会任命委员会编订博物教授篇目。反观国内，江苏省立第

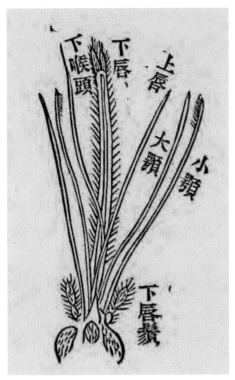

任伊作：博物教材中的蚊子插图，《无锡教育杂志》，1913年第1期第109页

三师范就有博物教授的课程。

江苏省立第三师范的课程主要分为预科和本科，预科1年，本科4年，共5年毕业。预科的课程有修身、国文、习字、外语、数学、图画、手工及乐歌；本科除上述课程外还设有教育、历史、地理、博物、物理、化学、法制、经济、农业。在知识教育方面，顾倬要求学生各科全能且兼有一科专长，且各科还设有课外研究小组，指定专门教师负责指导，二年级及以上学生，可根据自身兴趣自愿参加。当时虽然科目繁多，但学生好学成风，教师的教学方法和孜孜不倦的自学精神，都对学生产生了较大影响，顾倬特别注重直观教学，要求各科进行校外观察采集、教具制作，举行展览会，并创办小学教育博物馆。

顾倬在教学上主张各科多练基本功夫，尤重视直观教学。顾倬认为直观教学是提高小学教学质量的关键所在，希望通过此方法改进小学教育。1916年以后，顾倬大力提倡校内师生及毕业校友之间的合作，以创办小学教育博物馆为学校三大创建工作之一。

1919年春，顾倬筹款创建"小学教育博物馆"，馆址在原师范大礼堂的东面，附小低年级教室的西面。博物馆规划有三层楼房，每层三开间，底层陈列参考书籍及各地小学优秀成绩，二楼为文、史、地教具，三楼为数、理、化教具。馆中收藏物品非常丰富，如小学历史挂图、小学地理教科书中的地图，一百多幅，大多数是师范生逐年在学习过程中制作的；各朝代服饰，经考据历史事实，是王云轩先生的手笔，共有一百二十三幅；经多方征集的历代钱币、钞票，自秦汉以至民国俱全;还有古代兵器,特别有价值的是太平天国军队作战用的一门土炮;辛亥革命有关的文献和物品也不少;全国各地的动植物、矿物标本,有的是经多方征求,有的是师范生自制;数学教具、理化仪器,除师范拨出和自制了一部分,又特购置近千元。凡是小学教学中需使用的,几乎应有尽有。馆中特编有陈列品目录一册,设专人管理,整日开放。由此,附小进行各科教学,需用的任何书籍、用品,只要在目录上查阅,即可取得。这座博物馆在无锡是最早也是唯一的,放眼全国也十分稀有。当时,顾倬开辟了直观教学的新途径,不仅推动了师范与附小教学的改进,对所有中、小学教学的改进也起了作用,受到本省教育界的普遍重视,这也是他对教育事业的一大贡献。可惜在1937年后,无锡沦陷,锡师为日寇所占,馆内所藏,全部散失,实为不可弥补之一大损失。房屋也因受敌机轰炸的影响,成为危险房屋,于1952年拆除。

江苏省立第三师范的博物课程的教材多样,比如植物教材,可以帮助学生体验生态实际,了解栽培法的概况,从而明白植物间、动物间的相互关系,掌握自然发育的实况。比如动物教材,可以让学生知道形态习性的实况、饲育法的状况,了解与植物的关系,熟悉自然生活的状况。例如一位名叫任伊的老师给学生讲授“说蚊”一课,从蚊子的形态习性、孑孓的形态习性,蛹的形状,到最后蚊子的种类以及带来的疾病等给学生展开讲解。比如矿物教材,学生可从中知道天然物的所在及产出状态,进而明白矿物工业的实况。再比如生理卫生教材,尽管生理教材比较少,但卫生方面,关于各种感冒及传染病的内容都可选用作为校外教授的资料。其他的还有地文教材,学生可以清楚天体的方位及运行的实际,以及天体自身及天体相互间的现象,了解气象观测法的实际,还涉及了地壳及其表面的现状。而通过家事教材,就可知衣食材料制作的实况和日用家具整理、保存的实际。

教育实习

实习，是"实地教育之练习"的简称。早在清光绪年间，就已经有师范生进行教育实习的先例。中国自从创办师范教育开始，就较重视教育实习。

清光绪二十二年（1896）盛宣怀创办南洋公学，分为四院，先设"师范院"，之后又设"外院"，是师范生进行教育实习的场所。1904年1月13日颁布的《奏定初级师范学堂章程》，规定把师范教育分为"初级"和"优级"两级。初级师范学堂培养高等小学堂和初等小学堂的教员，优级师范学堂造就初级师范学堂及中学堂的教员。初级师范学堂章程规定"教育"是一门重要课程，包括教育史、教育原理、教育法令学校管理法和"实事授业"。所谓"实事授业"，就是"师范学生于附属小学堂练习教育幼童之方法"，也就是教育实习。辛亥革命后，师范学校和高等师范院校都规定有教育实习。到了民国时期，无锡地区的一些学校也纷纷开设实习课程，这是为了让学生能够适应未来的工作，于是一些学校都会在毕业前设置实习期。

1920年暑假，私立竞志女学开办已经有十多年，往届毕业生很多都去了各个学校任教，这一年学校的师范毕业生12人在校进行实习教授。鉴于学生毕业后大都服务教育事业，因此校长给予应届毕业生实习教授的机会，为之后服务教育做准备。第二年又有一班毕业生正在竞志女学进行试教以及前往女子师范附属小学参观。教授的毕业生中师范班一共有20人，毕业之后由校长介绍到了各个学校任事,她们也取得了不错的成绩,有很多地方都已经开始抢先向学校预订毕业生了。可见实习不仅让学生得到了实践机会,也让学校的教学成果得到检验,真是两全其美。

江苏省立第三师范学校是我国近代培养师范生的摇篮,创始人顾倬倾注了许多心血。顾倬,江苏无锡人,清末民初时期的教育家,江苏省立第三师范学校(后定名为江苏省立无锡师范学校,简称省锡师)的创始人,涉猎多个教育领域,其中师范教育尤为突出,是一位颇有建树的教育实干家。顾倬对师范生的教育实习非常重视,对师范生实际教学能力具有较高要求,并经常亲自去各小学考察学生的实习状况,还会将考察的实际情况和自己的一些见解记录下来。他还根据当时城乡的具体情况开设讲习科,招收在职小学教师和乡村塾师,学习时间两年。顾倬不仅重视在校师范生的教育,而且对毕业生的实习和地方小学教师的进修非常关心,他认为"欲改进现今之初等教育,莫要于小学教员。明了地方社会状况,然后可造就儿童,适应学制改革之标准"。在师范生的教育实习上,为了能够切实提高师范生的教学能力,顾倬也做了诸多举措。

第一,创办锡师附属小学。1913年,附属小学成立,9月4日正式开学。锡师附小是顾倬创办师范教育的重要组成部分,顾倬认为:"附小之优劣,有关师范教育之成败",教师资格,至为重要,而师范教育实习的最大目的就在于完成师范生小学教师的资格,使师范生在实习过程中能够获得小学教师所应具备的智识与经验,并涵养其责任心与研究心,以坚定其对于小学教育的信心。这种设立附属小学来辅助师范学校的方式,一方面解决了小学的师资问题,另一方面也促使师范生把教育理论知识学习与教育教学实践及时有效地结合起来,从而可以达到教学相长的目的。1916年,省锡师第一届毕业生来附小实习,自此,每当师范生最后一学期毕业考试之后,就会用约十个星期的时间,来附小进行教学见习与实习。附小主事与教师进行规划、指导、督促,并指配教师负责率领教生到南京、苏州、南通、上海、杭州等地的学校参观见习。实习成绩在毕业生总成绩中占一定的比例,实习成绩不及格的不得毕业。

第二,明确师范生实习规程。省锡师的师范生实习有明确的规程,本科实习以十五周为限,讲习科以十周为限,关于学生实习的具体日期由校长提前两个月公布。实习科目初等级以修身、国文、算术、体操为主科,其余为选科;高等级以修身、国文、算术为主科,其余为选科。主科必须实习,选科由实习生自由选择。在省锡师的实习规程中,还提到实习生除了实习教授以外,还须练习管理、训练、监护及处理事务。实习生的实习分数由实习所在地的校长及各科教师评定后汇报给师范学校校长。这一套实习规程对今天也有很强的借鉴意义。首先,省锡师师范生的实习时间有明确规定,并根据不同层次学生划分了不同的实习时长,现今的师范生实习往往一概而论,并没有考虑到学生的层次问题。其二,关于实习科目,省锡师规定了必须实习的主科和可以自由选择的选科,这种实习方法也可以适用于当下的师范生实习,拓宽师范生的实习范围,培养多方面能力。最后需要提到的就是关于培养师范生的交际办事才能,省锡师的实习规程中提到师范生须练习管理、训练、监护及处理事务,也是为了培养师范生的处事能力,以便于毕业就职后能够将工作处理得有条不紊,而这种能力必须经过在小学的实习陶冶后才可获得。

第三,组织毕业生在职考察和回访。顾倬不仅重视师范生在校时的教育,而且非常重视毕业生的修养和地方小学教师的深造学习。他依靠校友会的力量,组织专门的工作人员负责研究如何提高毕业生的德、智才能和小学教育的质量,其具体办法有:在寒暑假召集毕业生和小学教师举办讲习会、设函授语文学社、发行校友会丛刊,鼓励毕业生与小学教师同师范教师通讯研究教育问题,设立巡回参观讲演员和毕业生巡回指导员到各县小学参观讲演指导等。省锡师每年的11月会举办"毕业生同窗会",了解毕业生的最新情况,也方便毕业生之间的工作交流和与学校教师之间的沟通,可以帮助他们解决一些工作后的问题。在每年的12月,省锡师也会着手调整毕业生状况表,进行及时的更新。毕业生就职之后,学校还一直保持与毕业生的通信交流,不断地进行回访,考察毕业生的工作情况,帮助他们解决工作上的难题。

顾倬虽为省锡师的校长,却经常考察毕业生的就职情况,并将自己的考察记录整理成文章,刊登在校友会杂志上,供大家参考借鉴。从顾倬对毕业生的考察记事中,可以看出其对毕业生工作情况的重视。在考察记事中,关于教室、学生人数、学生的状态以及毕业生教授情况等都逐一进行了记录,并在每份记事的最后总结出了优点和不足,提出了自己的建议。并且,毕业生的工作考察和回访可以给予在校师范生的学习和实习极大的帮助。对毕业生就职后的重视和后期的工作开展是现今师范教育中急需解决的问题。而省锡师的做法在一定程度上,为我国现今师范教育的发展起到了模范作用,值得我们思考和借鉴。

锡师附小创办以后,课程十分丰富,小学初设普通部四个学级,为七年制。分为初、高两个阶段,前四年为初等小学,后三年为高等小学。课程有修身、国文、算术、理科、英文、历史、乡土、地理、商业、工业、农业、手工、图画、唱歌、体操。除了师范生的实习以外,顾倬也注意到了其他诸如工科、商科等专业的实习。1916年秋,省锡师在校内增设商业补习班、同时附设贩卖部,供学生实习。1917年在时郎中巷又增设工业补习科并兼办小型机械厂、木工厂。据附小的学生回忆,"工科实行半工半读,上午学习,下午运动,学生免交学膳宿费。工科学生分习机械、铸工和木工,我选习了铸工,也曾学了钳工。铸工主要是手工劳动,以砂造型,有一个小型化铁炉,铸铁铁块要用人力挥动大铁锤敲断后,才能入炉融化,鼓风亦用人力。虽然我入学时年龄已达14岁,但仍感体力不能胜任"。1920年春,添设农业补习科,并在藕塘桥之张高漕附设农场,以供学生实习。从此,附小扩大范围为普通、职业两大部,共二十级(普通部十二级,商、工、农各二级)规模之大。职业部开办以后,因当时社会囿于"读书不必劳动,劳动不必读书"的传统观念,因之职业部学生来源颇成问题,毕业以后,就业问题亦不十分顺利。其中商科则较工、农两科更为稳定,入学学生较多。这使得顾倬关于职业教育的理想以及对锡师附小职业部的期望未能实现。但是这种办学模式,不仅在江苏是独特的,在全国也是不多的。

在当时,省锡师还会组织学生至商业场所、工厂等地参观,借此机会丰富学生的实践知识。省锡师在这方面的成绩依旧突出,常常组织制造工业实况观察、社会工厂参观等活动。以自然科学这一门为例，因学校素来重视实地研究，所以由本校教师陆静荪、吴廷辉带领一、二年级的学生一同前往太湖一带，采集动植矿物以制作为标本。学生们兴趣浓厚，在实践过程中既获得了乐趣又增长了知识，对于这种类型的教学都极为配合，返校后都还在讨论实地研究中的点滴，教师们都十分欣慰活动取得的效果。学校商业科自开办后，成绩一直十分优异，之后又开始注重校外商业。学校特意派两名小学生到北门调查各大商号，比如金珠、绸缎、面粉、漆器、酱园、米业等的营业状况，最后汇集成调查报告。六十多位学生还在理科教师的带领下到光复门外大通皂碱厂参观，工厂两人出面招待，指示周到，并且赠给学生各种原料。教师和学生受益良多，都非常满意这次实地参观。1933年，锡师附小三年级学生50多人，也由学校两位教师带领前往西门外永益米厂。该厂职员招待大家入内，参观碾米、储货、机杼各部门，并且详细解说了碾米的常识原理以及近年来米厂的人员组织状况等等。工厂工作时秩序井然，师生们扩充了知识与常识，都十分满意。一小时的参观结束后，整队返回学校。

此外，学校还会组织特殊职业的体验。1923年，苏社在苏州举行第四次大会时，在会后到葑门外江苏陆军第二师步兵第六团兵工厂参观，非常满意，于是发函请本省中等程度以上各学校前往参观（每校限定5人），共分三日招待。学前街省锡师也在邀请之列。因为当时教师们已率领各级学生出外旅行，于是决定由学校大四学生陆仁寿、汪廷栋等五人前往参观。他们一早便乘车赴苏参观，团长营长等领导协同参观了兵士的工作。还有营桥下锡光中学教务主任钱济华为了帮助学生实地观察，增进学生学识，特地带领三十多位学生前往县法院参观。到了监狱，先是由韩管狱员引导学生入内参观号舍及罪犯工作场，离开时正巧遇上某案件开庭审理，学生们又去往法庭列席旁听，过了很久才离开返回学校。实地参观可以有效避免闭门造车，学生通过实地走访，可知各行各业的重要性，了解各处的发展情况，这对将来择业也能有所帮助。

专业生活

"独学而无友，则孤陋而寡闻。"在近代中国新式教育的发展中，梁溪的教师非常注重专业学习与交流。他们或靠个体自学，或结成专业团体，或参加学术交流，彼此参观批评，显示了新一代教师作为知识分子的生活新样态。

读书治学

无锡是个人杰地灵的江南水乡，在历史上名人众多，孕育了近现代许多知名的学者、科学家、革命烈士。尤其是在国学领域，成就众多，清末民初，就有著名的"梁溪七子"。无锡梁溪虽只是个小地方，却涌现出了一大批诸如唐文治、钱穆、顾毓琇、钱钟书这样的大师。古人云："士大夫一日不读书，便觉面目可憎，语言无味。"这些大师在无锡梁溪的土地上读书治学，辛勤耕耘于梁溪杏坛。

唐文治，字颖侯，号蔚芝，晚号茹经，原籍江苏太仓，后定居无锡。唐文治一生从事教育工作，而在教育工作中尤其重视国学教育。他早年曾就读于江阴南菁书院，1892年春考中进士，此后十余年中，一直在清廷任职为官。1907年8月，唐文治就任上海高等实业学堂（今上海交通大学）监督（校长）一职，开始投身教育。1920年10月，唐文治辞去上海高等实业学堂（当时已改名为上海工业专门学校)校长一职,到无锡定居。他应学生高阳之请,担任私立无锡中学校长。1921年2月底,无锡国学专修馆(简称无锡国专)正式开馆,唐文治任馆长。

唐文治在无锡国专任职期间,提出了一套独创的读文理论和方法,称为"唐调"。它是唐文治在国学教育中传承推广的中华古诗文吟诵调,又称"读文法"。吟诵,就是带着音乐调子朗读诗文,是我国古代传统的文章美读方法,自先秦至明清,吟诵之学得到继承和发扬,在我国有着悠久的历史,唐文治结合多年读文经验独创的"唐调"吟诵法正是对这种文化的传承。

唐文治的古文吟诵直接受到桐城派的影响。1901年,唐文治结识桐城派大师吴汝纶,并向他请教读文之法。吴汝纶称:"文章之道,感动性情,义道乎乐,故当从声音入,先讲求读法……读文之法,不求之于心,而求之于气,不听之以气,而听之以神。"在创办无锡国专以后,唐文治身体力行,教授国学,在其后三十年国专教育生涯中,唐文治教学生读书都用这个方法。"读文一事,虽属小道,实可以涵养性情,激励气节。"唐文治认为,读书可以涵养性情,激励气节,潜移默化地提升国学素养。他极力主张学生进行吟诵,并将其作为有效的阅读方式。他认为不同的文章有不同的读法,要做到"阳刚文章,朗诵起来,要慷慨激昂,气势雄伟","阴柔文章要缠绵悱恻,回肠荡气"。

在国专教学期间,为了让学生能真正体会到古诗词诵读带来的乐趣,唐文治专门开设了一门吟诵教学课进行古诗文的诵读训练。唐文治特别重视在读文之前对学生进行读文法的传授,他在《国文经纬贯通大义》一书的例言中提到,此书所收录的范文"专在开示门径",也就是教给学生读文的方法。因此在学生读文之前,唐文治会先选取《过秦论》这类阳刚之文进行范读以示读文之法。唐文治认为只有掌握一套正确的读文方法,才能深入文章,真正领悟该文的精髓所在。据此,他在总结多年教学实践经验的基础上总结出一套读文的法则,落实在阅读教学中就是"三十遍读文法",具体内容如下:

> 学者读文,务以精熟背诵,不差一字为主。其法,每读一文,先以三十遍为度,前十遍求其线索;次十遍求其命意;再十遍考其声音以求其神

气,细玩其长短徐疾,抑扬顿挫之致。

"三十遍读文法"将读文分为三个步骤进行:获其线索—求其命意—得其神气,是对桐城派提出的"因声—求气—得神"的实践,在课堂上收到了良好的教学效果。

此外,唐文治晚年在担任无锡中学名誉校长期间,每周坚持亲自为学生上古诗文诵读课,将读文法理论与实践教学相结合。毕业于无锡中学的学生朱若溪在文章中回忆:"先生讲授课文,先由陆先生将课文分段朗读,先生分段讲解,依字句意义阐发微言大义……最后由先生通篇背诵,声音洪亮,字字清晰,气势磅礴。上一堂课,不仅得到丰富的文学知识,而且受到优美的语言感染。"由于当时没有录音设备,唐文

无锡国学专修馆馆长唐文治先生,《俭德储蓄会会事丛刊》,1925年第37页

治的吟诵教学都是通过口授的方式,这就对教师自身的嗓音、节奏、气息等条件提出了更高要求。

"唐调"吟诵,教学效果显著,国专学生李尧春回忆说:"他(唐文治)嗓音洪亮,文调动人。读《诗经》《左传》《离骚》、汉赋,有各种不同的声调;对唐宋诗词,也另有一套读法。老先生对国专历届毕业生的影响最深的,我看不是经学理学,倒是读文的'唐调'。由于'唐调'动听,学生们都争着学,就易于接受古文,文言文的写作动力也就逐步提高。"钱仲联先生则认为:"唐先生强调读文,自己示范教学生读,阳刚阴柔不同风格之文有不同的读法。通过长期诵读,书也熟了,作品的精神也体会得更深,虽不硬记,但不少名篇,几十年后还能背得出或能背出它重要的章节,不至于什么都要查工具书、查索引,这才是真功夫。"由此可见,"唐调"吟诵的教学,既激发了学生学习古文经典的热情,又使学生在吟诵中感受到诗文的韵律,加深了对其内容和主旨的深度理解。不难想象当年无锡国专校园内特有的歌唱般的读书景象。

1950年，无锡国专因为经费支绌被合并，取消建制。在唐文治执掌无锡国专校政的30余年办学历史中，无锡国专曾遭受常人所难以想象的一次又一次的波折磨难、坎坷艰辛。无锡国专的办学规模并不大，30年来一共只招收了2000余名学生，其中因时局动荡、辗转流徙等原因，正常毕业者不到1000人。就在这些人中，却涌现出了如王蘧常、唐兰、吴其昌、侯堮、蒋天枢、钱仲联、王绍曾、魏守谟（建猷）、吴天石、徐兴业、郭影秋、周振甫、吴孟复、马茂元、姚奠中、陈祥耀、汤志钧、杨廷福、冯其庸、沈燮元、陈征、曹道衡、范敬宜等一大批国学研究、文史教育等领域的优秀人才。在1949年前后国内文科大学或者是综合性大学的文史哲专业科系中，基本上都有无锡国专的毕业生，而且大多是某一学术领域的权威、专家，至今仍嘉惠学林。

教学参观

教师要给学生一杯水，首先自己要有一桶水，同时，这一桶水还必须不断注入新的水源，这就需要教师不断地学习。在既不影响教学进度的情况下，又能学习其他教师的教学方法、思路等，其中比较有效的一种方法就是举办教学实施参观会。不同学校的教师相互切磋，有助于教师快速提高自己的教学能力。在民国时期，受到西方教育思想的影响，教学实施参观会已经广泛地在梁溪的各学校中展开。教学实施参观会的主要内容包括展示教案和教学过程、提出问题、质问批评、研究等几部分，着重在质问批评，对进行授课的教师进行提问并指出其存在的问题，以求改进。

赴宁深入实践地参观教学

竺可桢在《旅行是最好的教育》一文中提到："俗语有句话叫'秀才不出门，能知天下事'，这是欺人之谈。"因此，作为"传道授业解惑者"的教师，也应该主动走出课堂，在实践参观中获取直观生动的经验，将在亲身实践中获得的知识传授给学生。在民国时期，梁溪中小学教师的教学生活不仅局限于三尺讲台之上的授课，"教学生会读印好的教科书"，还要走出课堂赴外参观、考察，获取实践性知识，以此来教学生学会读"生活的教科书"。

1923年5月27日，江苏省无锡师范学校附属小学的顾执中老师等前往南京的高师暨南附属小学校和省立第一女子师范附属小学校进行参观。顾执中老师在参观过程中最关注的是校园的环境和具体的教学情形，他将两所学校一整天的课程，包括上课内容都详细地记录了下来，让我们能够在今天了解到民国时期生动有趣的课堂生活。

顾执中等老师们于当日乘12点20分的快车从无锡动身，到南京已经4点多。于是雇了一辆马车，直奔高师暨南附属小学校，先和学校里的几位老师接了头，请他们把校里的概况报告一些，还向他们要了各级的教学时间表一份。表上有⌀、♭、♯、W2、E2的记号，起初看不明白，细细思量，才知道他们把全校的教室，分成普通、特别两种，各个教室还定一种符号或西文字，那么各级教师教授各科的时候，就分配到各室里去。表上的⌀，是标明美术教室，♭是实验室，♯是音乐室，W2是西边第二间，E2是东边第二间。顾执中老师等人在学校里吃了晚饭，然后告辞。这一夜住在中正街交通旅馆。

第二天早上8点，顾执中等老师继续来到高师暨南附属小学校。这时学校还没有上课，于是顾执中老师等人就到各处去逛逛。看到从学校大门进去的一间屋里，壁上挂着各位老师的名牌，如果哪位老师不在校里，就把他的牌子翻过来，上面写"大约6⋯⋯日⋯⋯时回校"等字样。这样的话，有人来拜访某先生，就可以先去查名牌了。长廊里挂许多黑板，黑板上贴的东西像谜画、故事、新闻等类，是儿童做的。这个学校上午上课三节：第一节60分钟，休息15分钟；第二节60分钟，休息15分钟；第三节30分钟。下午低学年上30分钟，最多60分钟，土曜日（星期六）下午是没有功课的。低学年的科目，除了修身、国文、算术、体操、美术、工艺、唱歌之外，还有自然研究、社会研究、园艺、卫生、地理这几种。春季刚上学的一年级，每天不必规定具体的课程，由小孩子自己去分配。

国民科二年级教室的壁上，嵌一块小黑板，上面写"五月十日●""五月十四日☂北风""五月十七日◖南风"。学校的老师说："这是小孩子记载的气候测定，天天由他们自己做的。●表晴，☂表雨，◖表阴。"屋里还有许多小锄头、小铁铲，是预备小孩子种植时候用的。

一、二年级教室里，还有三种历：(甲)蚕历：蚕是哪一天从卵里出来，哪一天头眠，哪一天吃药……一齐记在上面。(乙)鸟历：哪一天看见燕子，就把燕子的名字和颜色记在上面。(丙)花历：记每天看见各种花的颜色和名字。以上三种历，多是儿童轮流记载的。

顾执中老师等人考察完暨南附属小学的外部环境之后，开始进入课堂中教学的考察，考察的课程是两节国文课。

早上8点30分，许多小孩子在操场上集合，各组点名完毕后，就大家排齐，教师司令，举行早操，大约10多分钟。早操完毕，大家就进教室里去。上正课前的5分钟，各级都是养性训练。顾执中老师参观的国民科一、二年级和三年级，程序是：静坐、诵愿词唱《养性歌》——"先生你早呀！诸位也早呀！今早大家齐早，大家齐早呀！"

国民科二年级，第一节有40分钟国文，续讲故事。大意如下："……那个人去偷王宫里的马，被王宫里的仆人捉住，送到国王那儿去，国王罚他到离开几千里路的外国去请一个最美丽的公主来……"

一、二年级，第二节也有20分钟国文，表演《鲁滨生航海遇盗》第二幕。教师说："我们表演这件故事要多少人？"大家说："要一个大强盗，一个鲁滨生。"教师说："请你们公举罢！"大家就公举一个人做大强盗，一个人做鲁滨生，这两个人就走出来。大强盗说："我要三个人做中强盗，一个人做小强盗。"大家说："任你选择罢。"大强盗再选了四个人。教师说："鲁滨生在什么地方遇盗？"大家说："在海里。"教师说："要表明在海里，我们应该怎样布置？"大家说："我们来布置一只大船，一只小船。大船让鲁滨生坐，船里藏许多货物，小船让强盗坐。"话还没有说完，许多小孩子——不表演的——就把自己坐的小凳凑成两只船,还拿书包、帽子等物品堆在大船里当作货物。布置完毕,教师说:"准备好吗?"大家说:"好了!"鲁滨生和五个强盗,就各到船里去,不表演的人站在旁边看他们表演。表演完毕,教师说:"第二幕现在已经表演完了,我们把它记在黑板上!"大家都愿意去记,教师就指一个人,叫他把第二幕的大意写在黑板上,其余的人帮助他。

三年级,第三节是国文,大家愿意表演《金子头发和三只熊》的故事。教师先同他们讨论一番,就公举了四个人出来,其余的人同他们布置大床、中床、小床,大凳、中凳、小凳和大碗、中碗、小碗……布置完毕,四个人就来表演。下午第一节,三年级是20分钟园艺、20分钟体操。园艺是种玉蜀黍(玉米),有的小孩子锄地,有的拾砖头,有的下种子,有的浇水,大家忙得了不得,教师也会帮助他们。种好以后,大家就到操场上去体操。别的科目,如美术、工艺、社会研究、自然研究的教学情形,别的老师负责报告,此地从略。课后同几位老师谈话,知道他们低学年的教材,每两周预定一次。这种教材,必定要在教材研究会里通过,才可以实行。如果两周以内发现新鲜的教材,也可以随时插入的。

29日上午,顾执中老师等人又到省立第一女子师范附属小学校去参观。去的时候,还没有上课,就到各处去走走。参观全校一周,知道他们把全校组织一个中正市,市内有市政厅、通俗教育馆、博物馆、邮政局、俱乐部、公园、警察厅等类。他们在上课以前,也有早操和朝会。

9点上课,上午三节课。顾执中老师参观的是国民科二年级。第三节是缀法的基本练习,题是"……了不得……"。据他们老师说,低学年的缀法,现在注重白话文的基本练习,就是把"什么""怎样……"之类,练习缀句。吃过午饭,就和两位林女士谈话,大都是关于国语的问题。

下午2点,参观省立第一女师范附设的幼稚园。他们下午是没有功课的,由主任某女士引导参观一周。3点以后,顾执中老师等人就到各处去溜达溜达,顺便买些东西。晚上搭小火车到下关,这一夜宿在招商旅馆。30日上午,乘7点20分的快车动身,到无锡已经12点多了。

顾执中老师记录赴外参观过程的语言生动有趣,民国时期的教学生活仿佛就在眼前。

锡城教学实施交互参观会

到了1928年,教学参观才渐趋规范化。这一时期,梁溪区各校进行了教学参观,参观比较多的就是教学科目里面的常识科、算术科。

1928年,崇安寺小学校一年级举行了常识科目的教学,教学内容是吃重阳糕。评委有县督学宋泳荪及第一学区教职员48人、主席教育委员钱艻侯。地点在崇安寺小学礼堂,记录者是吴伯明和姚铭盘。

首先,教师进行自述:在教材方面,本星期以重阳作教学中心,本题"吃重阳糕"是其中的一个过程。本教材包含怎样吃法(卫生)和怎样请客(公民)两项。

其次是质问,依照教育程序逐段质问。宋督学问:"引起动机,为什么不从地方风俗习惯和时分引起,而用指示重阳糕为动机来引起?"教师回答:"'吃重阳糕'在本星期为最后一个过程,完全可以用实物指示'这是什么? 什么用度?'作为动机的引起,省得多费周折。"施淑英问:"此次教学只讲吃重阳糕,对于糕的材料和糕的制法,应否讨论?"教师回答:"重阳糕的制法和材料,在上星期早已经讨论过。"宋督学问:"教学程序(五)讨论第一项'代表登高',教师有没有讲过?"教者回答:"前几天已经讲过。"许静霞问:"吃糕代表登高,是否是无锡人人都知道的风俗?"教师回答:"我在上星期教学时有儿童问重阳'为什么吃重阳糕',当时我不知道该怎么回答,只能说'吃糕是代表登高'。但是究竟应该怎样解答,还是疑问。请在座诸位先生赐教。"

最后一个环节是批评。嵇韫如:"儿童提出许多问题时,教师不应该武断地说'都对的',应该反问儿童'谁对? 谁不对?'"施淑英:"在讨论时,有少数儿童呆坐说笑,教师看到这种情形,应该想办法纠正。"嵇良英:"教师在教学时,应该将讨论结果,随时板书,使儿童易于明了,并且能够多认识些字句。"这里的教师自述有点类似于今天教师的说课,但并不完整。质问与批评的环节与教师的教学内容紧扣,有助于教师改进日后的教学。

除了常识科的教学实施参观外，也会举办其他科目的教学参观会。寺后门初级小学校举行的教学实施参观会教授的科目是算术科，教学的班级是三年级下，由顾君莘老师进行任教。上课的时间是40分钟（上午9点30分至10点10分），教学内容是复习9999以内的加减乘除。教学过程包括谈话、提出心算题、提出式题、提供应用题这四个步骤。

顾君莘老师在教授完后，举行批评会。地点在寺后门小学校礼堂，从10点30分起。评委会的主席是钱芗侯，司仪是孙超群，记录是顾振常和朱筠如。

首先是顾君莘老师进行报告："这次教授课，最开始是由真级顾振常先生担任，后来因为喉痛，所以调换智级。智级的算术，由我担任。只是我的教学经验，非常缺乏，尤其是三、四年级的算术。所以我在教课以来，从来没有教过这个科目；现在因为不得已而勉强为之……"

其次是在做教师的质问，张锡昌先生问："这个课的主要目的是什么？"顾君莘老师答："在看儿童对于四则混合题，是否能算，前天的时候虽然已经讲过，但还没来得及演算。"

最后各位教育界的前辈对教师任教过程中存在的问题进行批评，以求有所改进。薛仲达先生："教师能在事前有讨论，使得学生有所把握学习内容。订正时又能质问理由，共同较对，更可使儿童易于明了。只是式题可以不必推考理由，应用题当然需要。"储子渭先生："时间非常紧急，学生十分有秩序，心算也能敏捷，过程也非常完善，可见平日的训练。心算如果能编入故事，就会更有兴味了。数目也不必过大，心算式题、应用题等，最好能连络一气。上课时应该多指几人回答问题。"张锡昌先生："今天的优点，各位都已经看到了。比如应用国语，使儿童多得学习的机会等。只是今天重在研究，所以提出几点不足：事前准备不宜过长；参观等事，不必告知儿童；发问后，不应该马上回答，应该和儿童充分思索；复习时，对于题目不必详解；题目应该多一些，使优等生可以尽量发展。"陆仁寿先生："各种优点，不必再提。讨论的要点，也由各位先生说过。只是有一点，儿童先做题目，应该举手表示比较合适，如果起立报告，都有可能会扰乱他人的思潮，妨碍别人的练习。"

之后受到战争的影响,教学实施参观会举办得不再那么频繁,具体的流程还是和之前类似。1930年4月13日星期日,第八学区在东亭小学举行第一次教学实施交互参观,出席者有:教育局辛曾辉,民众教育院实验区张锡昌、秦桃芳,该区教委倪丕烈及各校教职员等50余人。上午举行教学实施,幼稚班之常识及美术科,由教师倪葆良担任;单级一、二年级的常识科和三、四年级的算术科,由教师钱余青担任教学。下午接着开讨论会,最开始由主席倪丕烈报告开会宗旨,之后由教师报告教学实施经过,再由教员先后质疑,然后共同批评讨论,最后请辛曾辉、张锡昌发表意见,加以指导。

教学实施参观会的规模也在逐渐变大,并且会要求教师准时到现场参观。1947年,省立无锡师范附小为提高小学教师研究兴趣,及时讨论改进教学方法,增加教学效率起见,举行示范教育。公私立小学教师,都准时前往参观,到场的有150位教师及100余位该校师范科三年级教生。9点整振铃开始,各教师及三年级学生,分别鱼贯入室观摩,举行讨论会。各参观教师认为该校此次示范备科,教者对教育均有相当研究,教法纯然,招待周详,唯一不足是时间所限,整个单元的过程,不能全部看到,感到十分遗憾。听闻最近该校初级部正在积极实施设计活动教育法,希望无锡教育局,今后对示范教育,应多多举行,使城乡普遍推广,教员有所进修。

随着时间的推移,举行教学实施参观会的流程和规模都在不断地扩大,记录也越来越详实。对于教学中存在的问题,也能够及时提出,及时商讨解决。不仅有利于提高教师的教育教学水平,也有助于推进教育教学改革。

学术研究

在1949年以前,中小学教师一向以教学为本职,虽然没有名义上的"教学研究",但并不意味着民国时期中小学教师没有从事教学研究的事实。1915年,在《参观江苏省立第一师范附属小学校纪略》一文中,作者开篇即指出研究对于整个学校教育的重要性："学校而能办理完美，不易言也，但遵照定章，注重形式，难达完美之目的。必于教授管理训练诸端，事事研究，而后可得完美之验效。各种学校然，小学尤然。"该校教员蒋倜卿先生也明确指出："校中教员，除上课外，轮值管理，而各科研究会甚忙，虽星期亦鲜暇晷，不觉其苦，反觉其乐。"事实上，民国时期，除了一些专门组织譬如各级教育会、各项初等教育研究会等以小学行政、课程、教学方法等为研究内容开展教学研究外，中小学校为了提升教师素质、改进教学质量，也举办了不少活动，让教师参与到教学研究中来。无锡梁溪区的学校也纷纷举办教学研究会，商讨如何提高教学水平。教师本人也有意识地进行教学研究，自觉地成为教育教学的研究者。

教学研究会

民国时期，无锡梁溪区的教育界已经开始举行各类教学研究会，在会上各校的教师可以就日常教学中存在的一些问题提出疑问，经过讨论得出决议。

知识科教学研究

民国时期无锡最早有关教学研究会的报道是1933年刊登在地方《民报》的《中心小学区知识科教学研究》，研究会召开的地点在中心小学大礼堂。内容主要包括：学习动机的诱导、研究目的的决定、研究资料的搜集、科学真理的探讨、重要资料的补充和研究结果的整理。对于常识教学提出七大注意点。对常识科如何实施校外教学也进行了讨论，包括要利用机会实施校外教学、动机要由儿童自觉引起、目的要由儿童和导师共同商定等等。常识科成绩的考察包括口头考察、问答报告、文字考察、检阅笔记及测验、制作品考察、行为习惯考察等。不同年级进行常识科考察时，要使用不同方法，低级多用是非法、选择法，中级多用选择法，高级用多种测验方法。常识科在记笔记时可以采用表解法、答问法、报告法等。1934年，中心小学区举行第四次知识科教学研究会，本次研究会的主题是制定自然科最低设备，考察乡教成绩和利用环境实施生产教育。1935年,再次召开中心小学区知识科教学研究会议,主要讨论的问题有实施公民训练、确定常识教学过程、考察成绩办法以及注重故事讲述研究。

符号技能教学研究

1934年召开中心小学区符号技能教学研究会,地点在中心小学。教学研究会的主要内容是决定各年级读书等科成绩的考察办法,规定儿童至少应学习的劳作技能。出席者辛曾辉(初等教育指导员)、顾泾村、华抚松等80余人。讨论事项有:低年级读书科如何教学案、各年级读书科成绩如何考察案、音乐科成绩应如何考察案、儿童至少应该学习的集中劳作技能案、体育科成绩如何考察案。并应注意下列各项:第一、二学年,应该注意工作的过程,不必要求优好的作品。第三、四学年,应该充分使用自己的力量,满足自己需要,并指导儿童工作法、工具管理法、工具修理法和工具使用法等。第五、六学年,应该注意儿童工作过程的经济、创造能力的发展,并严密使用工作法,使成绩优良。这次开展的教学研究会主要是围绕符号科教学展开的,也会涉及一些其他科目的决议,对于所讨论的事项也从多个方面进行了考虑。

单级教学研究

1935年,无锡全市召开单级教学研究会,这是单级教学的首次研究会。主要流程是在上午参观教学,下午开会研究。单级教学研究会的地点是江苏省立无锡师范学校附属小学,参会的人员有教育局局长、督学、教委,锡师附小教职员以及各单级小学教师100余人。从上午8点开始,到11点50分结束,由锡师附小单级部主任李伯棠实地施教,第一节课是算数,第二节课是一、二年级阅书,三、四年级读书,第三节课是一、二年级常识,三、四年级美术。下午1点，开始研究，先由臧局长报告准备经过，再由潘校长为主席，讨论议案，最后由县督学宋泳荪演讲，到下午4点30分散会。这是召开单级教学研究会的具体流程。

同年6月17日，无锡召开第二次单级研究会，对在会议上讨论的事项和决议进行了详细说明。第二次单级教育研究会，还是在学前街锡师附小举行。上午参观李伯棠先生教学，第一节为算术，第二节为国语，第三节为常识美术。当时虽然大雨滂沱，室内空气闷热，但是教师精神振作，语言清晰，儿童的学习表现、情况也特别好。下午1点开研究会，由锡师附小潘校长主席，出席会员约在百人以上，提案共13项，讨论完毕之后，由主席沈显芝、宋泳荪、巫融轩三位先生进行演讲，演讲的大概内容是介绍宜兴小学教育界的现象，以及希望各会员认清责任，振起精神，作复兴民族的中坚，他们的话语极其恳切。接下来，各学区教师在会议上进行提案。提案的内容都是围绕日常教学展开，教学研究会所涉及的事项几乎涵盖教学的方方面面，日常科目的教学问题、家庭作业的设计问题、教师批改作业问题、学校间的教学交流等都有所涉及。

开展教育研究会，就目前教学中存在的问题进行讨论，找到解决之法，其益处是多方面的。民国时期开展的教学研究会包括符号科教学、常识科教学、技能科教学、智识科教学、单级教学等等，促进了教师之间的交流与合作，也推动了教育改革发展。

教师个人教学研究

教师进行教学研究，不仅是对自身专业身份的一种认同，也能够促进教学质量的提升。教育研究活动是教师们进行教学研究和交流的一种形式，旨在提高教师的教学水平和教学质量。同时，教育研究活动也可以帮助教师们发现自己的不足之处，及时进行改进和提高。教师自身同样也具有了一定的教育研究精神,不再是单纯授课,而是把自己也当作教育教学的研究者。在当时来说,教师角色能发生这种转变是一种巨大的进步。

国文教学法研究

民国时期梁溪的教师们具有了一定的进行教学研究的思想,想要通过教学研究提高教育教学水平,以培养出能够振兴中华的青年学子。其中具有代表性的人物就是海客,他发表了多篇关于初中国文教学法的文章,对国文教学法进行了深入研究。

在海客看来,无论什么学科,教师不应当只注意如何教,还应注意到学生怎样学。所谓教学法,就是让学生如何学的方法,并不是教师预备如何教,就算了事。换句话说,教师研究如何教学,目的也就是让学生知道怎么学。所以国文教学法的问题,可以说就是学生怎么学国文的问题。一学期作几篇国文练习,就算了事,盲目地按照惯例教学,不管学生会不会,明白不明白,也不怪现在中学的学生国文程度差。究其原因,就是国文教师不良。教师不良,就是不懂国文教学法的缘故。孟禄在参观中国教育之后,说中国教学方法的失败,他说:"中国人教授,多用注入式。西洋人教授,多用启发式,而在注入式的习惯,就发生许多毛病……我希望中国学生要努力启发自己的能力,在讲堂上务必要极力发展自己的本能,去问,去研究,去想,能够这样,他日在社会上就可运用这种学识能力,做出种种事业来。"

想要解决上面的问题,就要教师能因时制宜,随机应变,不必采用固定的方式。初中一、二年级应该多用启发式,三年级应该多用问题讨论式。至于演讲式,在各年级中都要采用,因为文字所含的思想情感,如果不借助言语的解释,不能使学生充分地彻底地领悟。要想提高初中学生的国文程度,一定要先改革初中国文教学的方法,要想改革初中国文教学方法,一定要先从改革初中国文教师入手。改革教师的第一要务,就是要对将要成为初中国文教师的高等师范或大学教育系的学生，在他们所学的教育学科内，给予特别训练和练习。其次就是要现任各校的国文教师，组织一个研究国文教学方法的团体，切实地讨论、研究和实验，把其结果，推行于各校，然后才易达到初中国文教学的方法。初中国文教学的方法，主要分为课内的和课外的。海客认为，一要与学生的年龄智力相当，二要与学生课外读书的时间相宜，三要与学生研究的体式相接近，四要和学生性情相合。阅读在于要多涉猎，所以国文教学的方法，在于一要能多阅读，二要能远阅读，三要能了解所阅读的文字。总之，阅读完一部书，应该要记载那本书的提要，表达自己对于那本书的批评，比如感想、疑问、理解、驳论等。

教学实验

20世纪初期,盛行的教授法强调"教师教、学生听"的教学模式,压制了学生的自发性,且不顾儿童是否消化吸收。为了纠正教学法上的这些弊端,不少试验学校教师依据相关理论,努力进行教学法研究,包括试行设计教学法、道尔顿制、文纳特卡制等,对小学教学改革展开了积极探索。

第一学区白水荡小学的许静霞老师设计了一堂别开生面的水果店课,该课程针对的是一、二年级的学生。在课程开始之前,许静霞老师解释了设计这堂课的原因:在吃水果大会上,许多小朋友都有水果吃,但是来参会的客人们却没有,小朋友们觉得过意不去,商量着要送,或者卖水果给客人们,于是便有了开水果店这一设想。在小朋友们感兴趣以及同意的情况下,许静霞老师进行了设计。这贴合了我们现在教学中常常提到的情境化,开设水果店是源于学生生活中所见的事情,更能引起学生的兴趣。

在晨会上,学生需要计划理清以下问题:店的名字?店开在什么地方?店里需要哪些人?怎么选这些人?店里需要哪些用品?开店的日期和时间?要选几种水果?水果怎么卖的?本钱从哪里来?诸如此类的问题,都是由学生提出,学生讨论。

在国语课上,二年级的学生学习课文《秋天的水果》。内容是:

雪梨!雪梨!我很爱你,

爱你的白肉嫩甜,吃来实在有味。

柿子!柿子!我很爱你,

爱你的身穿红衣,看来实在美丽。

苹果!苹果!我很爱你,

爱你的体圆滚滚,玩来实在有趣。

你们可能永久的在我家里?

和我做个很好的伴侣。

一年级的学生学习课文《吃果果》。两个年级在读书的时候,还要抽出时间拟写水果店的广告。二年级的小朋友在拟好广告后,交由老师进行修改。

在算数课上,一、二年级的小朋友需要计算:收集到的本钱(利用乘法);买水果的总费(利用加法);每天卖去的水果和剩余的只数(利用加减法);每天卖到的钱(利用加法);统计卖到的总数和赚得多少(利用加减法);定水果价目单(利用除法)。

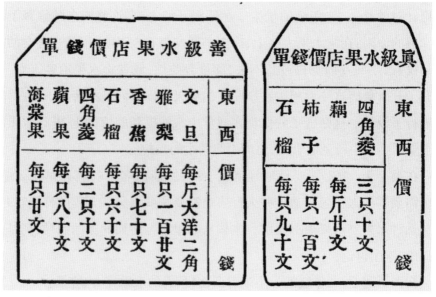

小学生算术课设计的水果店价格单,《无锡教育周刊》,1928年第47期第9页

在常识课上,二年级学生要共同讨论以下问题:水果到哪里去进最便宜?水果行开在什么地方?水果行里的水果哪里来的?到北门去怎样走法?怎样开定水果单?店主人和管账的做些什么事情?伙计和招待员怎么做?一年级的学生依据他们的年龄特征,也要讨论一些与开水果店相关的问题。

在写字课上,学生要写广告、招牌和水果价目单。在美术课上,学生要画广告上的角花,画招牌和水果店的样式。在工艺课上,学生要做招牌,还要剪各种水果的形状。在唱歌课上,学生要练习唱歌,还要学会控制自己的表情。

这个水果店的课程设计,教学时间持续一周左右。通过开水果店这一事件,赋予学生水果店主人的身份。学生在筹备、开水果店的过程中,涉及了多门课程,并且这些内容都是与学生的日常生活息息相关的,是学生感兴趣的。许静霞老师的这个课程设计,与今天我们提倡的跨学科课程有些类似,学生在完成一件事的过程中不知不觉学习了多门课程的知识。

民国时期梁溪的教师还会吸收西方的方法以改进教学,比如他们认为测验可以有效地改进教学。在张锡昌看来,凡是辨别聪明和愚笨,甄选好班差班,比较人的才能、成绩,改进教法,鼓励学业,诊断优劣,预测学生将来,都可

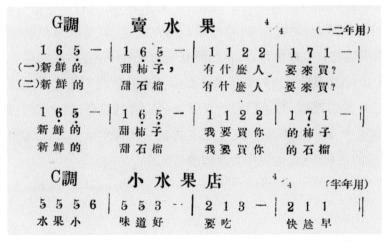

小学生设计的卖水果的歌曲,《无锡教育周刊》,1928年第47期第12页

以用测验作为工具。通过举办县校测验,发现了许多问题。《测验概要》这本书是不可不读的。这本书的作者是廖世承和陈鹤琴,他们花费了两三年的心血,在麦柯尔(美国测验专家)的指导下,从事实地研究,才产生这本著作。这本书不但阐明关于测验的理论,最不可多得的是种种具体的问题和解决方法。

民国时期梁溪区的教师们从事教学研究,研究成果颇丰。顾子静在《学校预防学生习成近视眼之方法》一文中,总结了在学校教育中,可能造成学生近视的五点原因,并指出预防近视的方法:学生在读书写字时,要端正坐姿,身子和头不能向前倾;桌椅的高低要以学生能够端正坐姿为合适;课本上的文字,不可以太细;光线要充足。无锡市立一校的任重远老师在《利用假日的一个例:指导学生组织拒毒运动宣传队》一文中指出,每年的重九日,国民政府规定学校可以放假一天。为了更好地将这一天利用起来,经过学校教师的讨论,最后决定利用这一天指导学生组织拒毒运动宣传队外出宣传,因为正巧这一天是拒毒运动周的学生日。锡师附小的陆仁寿老师在《小学自然科设备举例》一文中指出,小学常常经费困难,而科学教学又十分重要,因此设备方面不得不多加注意。由于经费困难,科学教学可以分年进行,教师也可以自己搜集制作科学课所需的教具设备。一般来说,进行科学教学所需的设备有:教便物(如图表、动物标本、模型等)、自然参考书、学级园和学校园(种植植物和畜养动物)、气候测量台、自然研究室和自然环境这六类。

以上诸位教师是民国时期梁溪区教师从事教学研究的代表,他们不满足于仅仅是日常的教学,而承担起教育教学研究者的责任,寄希望于通过提高教育教学水平,培养出拯救民族于危难的新一代青年学子,以改变中国受压迫、受奴役的现状,这是他们作为教师的自觉性。

教
育
考
察

教育考察是指通过实地参观、访谈的方式,了解他国或他地的教育状况,以为本国或本地区提供借鉴的教育交流活动。19世纪末,西方列强侵略我国,打开了中国的大门。战争惊醒了中国知识分子,在教育救国理念的影响下,国内知识分子将教育考察当作他山之石,想要改变中国教育落后的面貌。近代以来,无锡教育发达,在国内颇具名声,尤以城区梁溪为代表,故各省各市也都纷纷前来考察学习。这一时期梁溪的教育考察出现了赴外考察以学习先进的教育理念和来锡考察以传递教育理念两种现象。

赴外考察

说到教育考察,不得不提的就是竞志女学校长侯鸿鉴,他既钟爱教育又酷爱旅行,是一位名副其实的教育旅行家,为此就把教育与旅行融汇一体。侯鸿鉴的教育考察生涯开始于1906年,这一年他担任了江苏省视学一职,上任后,侯鸿鉴就积极开展实地考察活动。他花费三年的时间考察"苏属之三十七厅州县"的教育状况,并将调查报告整理成《教育镜》,为本省的教育提供参考。侯鸿鉴的旅游,大部分是与履职相结合。侯鸿鉴在1912年至1927年之间先后担任江苏、江西两省教育厅视学,受当时教育部及各教育厅的委派,在这些区域里考察和指导教育，走一路，看一路，又受教育部委托，到东三省及河南、陕西、甘肃、山西、内蒙古等地视察教育。在教育考察期间，侯鸿鉴将各地的教育状况、风土人情记录在册，调研结束后，整理出版了《东三省旅行记》《西南漫游记》《西北漫游记》等多部教育游记作品。

除了视察国内各省的教育状况，侯鸿鉴也十分认可出国教育考察的举措。他提出各省应当以一年或半年为期限，派遣学识兼备的人考察东西各国的教育行政事宜。民国初年，教育界的有识之士们大多前往日本参观学习，期望带回先进的教育经验促进本国教育的发展，侯鸿鉴也不例外。1913年，他赴日考察，参观了大正博览会，考察了神户、名古屋、西京等地，将所见所想记录下来，发表了《参观大正博览会教育品之感言》《神户旅行笔记》等多篇考察日记。1918年，侯鸿鉴又前往马来西亚、印度尼西亚、菲律宾、新加坡等地进行考察，并将考察报告集结成《南洋旅行记》。1924年，他为知晓世界各国的教育状况，探求国家兴衰强弱的原因，决定完成环球旅行。

环球旅行回国后，接连两个月他先后应邀到江苏省立无锡师范学校、无锡中学、公益工商中学、实业学校、无锡县女子师范学校、竢实小学、东林小学、竞志女学、无锡县教育会和苏州桃坞中学、南京中学、江苏省立水产学校等学校演讲，《无锡杂志》特地为此出版了"考察教育号"专辑。在这之外，侯鸿鉴还沿途采集各种文献、文物、标本，充作教学资源。为此他走一路，寄一路，除了邮寄信函联系外，还将一路收罗到的书籍、地图、照片、金石、碑帖、拓片等，寄回无锡竞志女学，以充实学校图书馆及博物馆。

赴外考察的除了侯鸿鉴，还有江苏省立无锡师范学校的老师和学生，1916年1月18日，省锡师校长顾倬派两名老师，向颉垣和陈纶，前往日本考察师范学校的教育情况。他们18日早上从上海乘坐轮船向东到日本，先后参观了长崎师范学校、福冈师范学校、高等师范、广岛县立师范、吴市中学校，兵库县立姬路师范学校，2月3日抵达东京休息两日，再参观其他各校。后期参观了青山师范、丰岛师范和东京府立第四中学校，参观学校甚多。

1月20日，省锡师教师抵达日本的长崎参观。长崎师范学校里面设备十分周全,各教授上课参考物也是应有尽有,以地滨于海,水产标本尤为完备,教师们对比自己的学校,感觉这一方面的情况简直是有天壤之别。23日,到达博多参观福冈师范学校。福冈师范学校是九州中最著名的,规模比长崎各学校还要大。老师们考察发现这个学校的历史、地理课程的图表都是由学生自己制作而成,制作之后再由老师选择最优秀的作品展示留存,像古代的器物、服装也是由学生自己绘成,由此可以看出整个学校的学生勤勉节俭。

1月25日,向颉垣等来到了本州广岛。广岛这个地方地理位置很好,是日本西方的重要阵地,所以高等师范设立在此地。进入这个学校参观,他们发现整个学校规模宏伟,标本仪器陈设也十分完备。其中有很多古老的器物多来自本国,来自外国的,尤以中国东北三省为最多。广岛县立师范教材十分完备,学生也十分勤勉,其创作的作品一点也不亚于高等师范学校学生制成的作品,可以留作本校的成绩,也可以给附属小学作为教材参考。这个学校最具有特色的要数理科的凹凸地图了。这种地图的制作有两种方法,一种是用白纸切成大小各片,另一种是用厚纸浸湿。向颉垣等从广岛乘坐一个小时汽车来到了吴市中学校,访问校长池田夏苗,池田夏苗校长谈到中国的教育的时候说:中国学校非常奢华,学校的一切大小事务均由校役来做。学校的校舍宏丽、饮食丰富,则需要耗费很大金钱,而日本的学校则主张学生自己动手,养成勤俭节约的习惯,这对于儿童长期的成长是大大有益的。

除了赴日考察外,省锡师也带领学生在国内考察。1920年4月,校长顾倬提议本届毕业生赴京津一带学校参观,有想法的人可以报名,结果有20多名学生报名参加。学校给报名参加的每个学生补贴10元,每个学生自己又带了10元。这些费用中10元作为学习的费用,另外10元统一交予学校作为差旅伙食费,学习期限为20天。顾倬打算带领学生从上海出发,乘坐火车至北京,等参观结束后再从北京坐轮船到上海,再从上海乘火车到无锡。这一次参观的地点有南京、徐州、曲阜、济南、天津、北京和山东,到达山东的时候还带领学生拜孔庙、登泰山、欣赏落日等。本次参观不仅仅是参观了学校,还欣赏了一路美景,学生收获颇多。

1920年5月20日，江苏省立无锡师范学校第五届本科学生，因为毕业即将到来，理应出外参观各地教育状况，以求集思广益，作为学习借鉴。学校组织学生一共19人，同行的教员有2人，一个是校长顾倬，还有一个是附属小学老师沈先生。20日下午，他们从无锡出发乘坐火车到南京，住城市中门帘桥附近的江苏省教育会分会。21日在吃完早餐之后，顾校长就带领学生前往高师附属小学参观，这个学校是南京高师与暨南附小的合称，根据参观情况记录了一些概况。学校的分科为幼稚科、国民科、补习科、高等科，其中学科又分国语、文学、数学、地理、社会研究、自然研究、英语、音乐、美术、工艺、卫生、体育、食性训练和修身。他们到6月17日返校，全程历时28天。

来锡考察

近代以来，无锡教育发展既快又好，其教育名声自南到北都是扶摇而上。各地师生都想来考察，以借他山之石来助推本地教育的发展。1915年，吴江市立第一初等教育学校的老师盛兆熊和沈圻来锡师附小考察参观。吴江离无锡很近，他俩10月1日到达无锡，考察各小学五天，其中有锡师附小、私立秦氏小学、市立第一初等小学等。这些学校的整个精神气都很好，尤其是锡师附小。他们具体记录了参观锡师附小的情况。这所学校的校址是在无锡城内学前街，1913年9月开办，校长顾倬，主事唐润生。还记录了学校的编制、学生、经费的情况，学校基础设施的组成，学校的教育与管理，教师的教授方法和使用的教材等各方面详细的情况。

日本教育家若林正雄自述1914年来参观锡师附小的一日行事：附小学生每日5点10分起床，但是由于季节气候的不同，起床的时间也有所变化。起床之后，5点30分到6点之间是进行一些体育运动，比如腹式静坐法等一类的体育项目，以此来锻炼学生的身体。6点至6点30分用冷水洗澡，6点30分到7点早读读书，7点30分学生们去食堂用餐，7点45分开始出服校务，下午4点

30分退校，到了下午5点开始治理园艺，6点到6点15分洗澡，6点40分开始用晚膳，7点到7点20分的时候老师开始巡视学生的情况，7点50分至9点30分读书写作文，10点就寝。这是日本教育家来参观记录的在校一天的生活。

1923年，陈纶担任该校校长期间，也有其他学校的人考察学习，这一时期考察的内容有：学科的设置情况、学校的基础设施、校园的环境、学校的管理和学生的培养等。1933年，广东省立民众教育人员训练所组成的

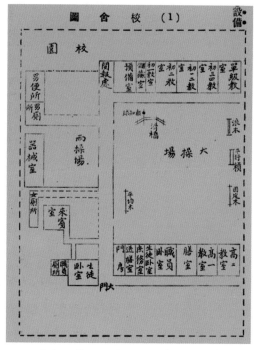

江苏省立第三师范附属小学校舍图，《中华教育界》，1915年第9期第63页

社会教育考察团，为了考察社会教育，由该所导师黄裳率领训练团学员14人，前往江苏省考察，1933年8月23日由苏州乘车来到无锡，8月24日前往各社会教育机关考察。战乱之后，教育考察便逐渐减少。

教育考察作为一种教育交流方式，考察的目的也不是单纯地引进别人的教育，更重要的是将不同区域的教育进行对比，找到自己教育的短板，积极寻求改进；另一方面，教育考察是一个双向的交流活动，我们在外考察的时候，也是宣传本地教育的机会。因此在整个教育考察中，既要吸收引进又要传承弘扬。

名人交往

20世纪前半叶的中国,内忧外患的同时,正经历着由传统帝制国家向现代民主国家的艰难转型。在此期间,大到国家政治体制、经济结构和社会思潮,小到社会民众的衣食住行,无不经历着巨大而深刻的变革。在这样一个历史时期中,一批又一批志士仁人奋起求索,寻找救亡兴邦、安身立命的真理。各种主义、各种思潮、各种观念、各种主张在近代中国的历史舞台上竞相登场,呈现出一个思想文化空前繁荣的独特局面。

随着新式教育的快速发展,无锡也迎来了国内外诸多教育名家的到访,马相伯、李公朴、胡适、陶行知、章太炎、沈钧儒、黄炎培、孟宪承、陈鹤琴、袁希涛等都曾经来到过无锡;在外国教育家中,更有大教育家杜威、孟禄、推士等受邀来到无锡,一方面印证了无锡近代教育的发达,另一方面也说明了无锡教育界人士的国际眼光与视野。作为无锡城市的中心,梁溪拥有省锡师、竞志女学等众多新式学校,它们成为这些教育名人在无锡活动的主要活动地,让梁溪见证了无锡教育史上非常重要的诸多时刻,给梁溪教育留下了宝贵的记忆。

杜威到梁溪

1919年美国哲学家、教育学家杜威先生受到蔡元培等人的邀请来华讲学。1920年5月，应南京高师诸人邀请，杜威从北京南下，江苏各地纷纷借机邀请。江苏省立无锡师范学校校长顾倬，也专程去函邀请杜威莅临无锡，得到杜威的应允。尽管行程多变，但从6月21日至25日，杜威在无锡待了近1周的时间。

为了欢迎杜威来锡，无锡地方教育界做了充分的准备，不仅在地方报纸上刊载杜威的行程，还专门组成了由锡师校长、劝学所所长、第三科主任、县教育会正副会长、市教育会正副会长组成的欢迎队，并安排锡师校长顾倬为总招待，邀请杨四箴、吴士枚、吴日永为英文翻译。最初，接待组准备安排杜威住在普仁医院院长李克乐家中，因为李克乐也是美国人。后来，可能觉得不太方便，又专门联系，把杜威安排在了无锡本地工商巨子祝氏的行素别墅中。

按照预定行程，杜威本来应在21日上午11点到达无锡，后来因为他在徐州的行程有所耽搁，推迟到下午4点。而杜威的夫人和女儿本来也是要同一时间从上海到达无锡的，结果，当顾倬等人11点到无锡车站时，并没有等到杜威夫人与女儿。直到下午4点杜威一行人到无锡后，杜威夫人和女儿还没有到。杜威又专门发电报给她们，表达无锡教育界人士的欢迎之意，敦请她们22日到无锡来。

杜威抵达无锡后，与前去欢迎他的无锡教育界人士一一握手寒暄。本来预计杜威到锡后先到别墅休息，奈何无锡教育界对于杜威到来热情高涨，于是，接待组直接请杜威等人乘轿先行参加欢迎会，欢迎会设在省锡师的大礼堂中。为了一睹世界教育家的风采，无锡县署负责教育的第三科早已经登报预告了杜威来锡的消息,所以,前来参加欢迎会的人很多,地方报纸报道有千余人,后到的人几乎找不到立足之地。会场还专门分了听讲席、学生席、记录席。欢迎会首先由锡师校长顾倬代表无锡教育界致欢迎词,然后由英文翻译杨四箴宣读英文欢迎词。随后杜威登台,欢迎会掌声雷动。杜威进行了简短的演讲,由陪同他前来的南京高师教授刘伯明担任翻译。在演讲中,杜威对于无锡的工厂林立、实业发达、教育成绩都给予了肯定,希望无锡的实业与教育能像人的手足互相扶持,都能与时俱进。他还说,中美两国都是民主制度,相同点很多,可以互相联络。最后,欢迎会在顾倬致答谢词后结束。欢迎会结束后,杜威一行来到行素别墅休息,当晚由顾倬与4位招待在别墅中用中餐招待杜威,杜威表示感谢。

随后几天,杜威每天上午9点到11点,都在省锡师的礼堂内进行演讲,演讲的题目是提前与无锡教育界商量确定的,分别是"试验主义""学生自治""学校与社会""近代教育之趋势"。杜威把试验主义看作是调和新旧意见的折中方法,主张"试验主义"有三个要点:第一,教育行政方面,组织学校应该考察英、美、日等国的教育制度,参酌国内的习性,然后规定教育方针,不可盲从欧美学制。第二,地方办教育的人,不可照中央规定的教育制依样画葫芦,应该参酌各处风俗人情,变通办理。第三,科学的精神必定要及于全社会,教育为解决各方面种种问题的中心点,注意教育,其他种种问题也因此而解决了。其中暗含了原则性与灵活性相结合的中庸思想。他还针对当时中国人民的反封建运动和马克思主义思想在中国的传播发表意见,认为中国的家族制有团结的精神和孝友的德性,不必过于激进要求彻底推翻。他还强调要把学校办成一个微型社会,培养未来的公民;注重引导学生自己去思考和表达;要注重教学内容的时代性。这些与他的主要教育思想与主张是一致的。

几天中,锡师的师生,包括附小的老师,大都近距离地聆听了杜威的讲座,对杜威的实用主义教育主张有了更多的兴趣和了解,为后来无锡推行"学校市",开展各种新式教育教学试验起到了先导性的作用。由于亲自邀请、接待杜威,顾倬对杜威的教育思想有比较深入的了解,在他后来所著的《学潮研究》中，就多次引用杜威在华的演讲和教育主张。无锡另一位著名教育家、国学大师钱基博，不仅聆听了杜威的演讲，还专门撰文《我听杜威博士演讲之讨论》，认为杜威的学说和主张，"足以证明吾思想之不谬"，还提出要做到"我听演讲，不可我为演讲者听去"，显示了中国教育家的自信与开放。

此次杜威来到无锡，本来江苏其他各地也都想邀请杜威前往讲学，由于行程安排紧张，杜威并未一一答应。溧阳教育界为此还专门派推举沈叔夏、方伯超、沈同闻3人到无锡来听杜威的演讲。

22日和23日下午，杜威一行分别参观了梅园和惠山，无锡的风景名胜给杜威留

杜威关于无锡风景的手迹，见《滨湖文库·鼋渚导游录》

下了美好的印象。在他后来给无锡旅游杂志的明信片中有所反映。24日和25日下午，杜威的女儿和刘伯明也分别做了一场演讲。

孟禄到梁溪

1921年11月25日至27日，来华考察的美国著名教育家孟禄博士，也应无锡教育界的邀请莅临无锡。此次出面邀请孟禄的有无锡县教育会、劝学所、县署第三科、省锡师、公益工商中学等五个机构团体。孟禄是25日晚上从上海来无锡的，住无锡大旅社。

26日上午，孟禄先后参观考察了无锡市立第一国小、县立第二高小、私立竞志女学等学校，还游览了梅园。

晚上8点，在省锡师大礼堂举行演讲会，邀请孟禄演讲，题目为《好的教

孟禄博士与无锡教育界同人之摄影,《新教育》,1922年第4卷第4期第12页

员》,由凌冰翻译。在演讲中,孟禄特别谈道:"贵校附属小学的游艺会,表演种种新剧都很自然,几使台上台下合成一气,这大非我美国小学儿童所能及的。做教员的正可利用这种能力,造成活泼的人格。"这个评价,可能有恭维的成分,但也可以看出孟禄对锡师附小的教育是肯定的。

11月27日上午,由劝学所召集全城学校校长教师,在锡师图书教室开教育讨论会,陶行知担任翻译。在演讲中,孟禄对无锡工商业和教育之间的密切关系给予了肯定,认为这种良好互促的关系,符合效率和实用两大原则。孟禄还对无锡教育抱有很高的期待,他指出:"贵地的教育照现状再求改进,一定可以成为全中国的模范。诸君可以勉力求用力少、收效绝大的方法,去贡献全国,指导全国。"他希望无锡教育,能够利用本地发达的工商业去发展教育,去促进教育。

他还说,"无锡市立第一国民学校,学童很多,经费又省,算得是好学校了!因为他处每一个学生的费,从数元至四十元不等,大多因陋就简。锡市一校每一个学生的费只有五元,这是学校行政显在效率的特征。再有贵地师范和附属小学的教育方法同精神,也能令人满意"。不过,对于私立学校比公立学校办学成绩好,家庭更信仰私塾而不是公立学校的现象,孟禄表示惋惜,希望公立学校教员应该承担起应有的责任。他也指出,中国的中等学校差不多全是书本的教育,大多不能够合社会的需要,不能够培养学生掌握科学的知识、方法和精神,是非常可怕的。

会后,陈鹤琴也特别谈到了自己对无锡教育的印象,并对无锡教育界的招待表示感谢。

1937年4月,无锡《人报》曾报道说,时任世界教育大会会长的孟禄,会偕同道尔顿制创始人伯克赫斯德一起,乘坐麦金兰总统号轮船,由日本来到我国,出席中华教育文化基金董事会,预计4月27日抵达,无锡各文化机关团体,也正在积极准备欢迎。由此可见,无锡这一时期与世界教育家之间的联系是非常频繁而持久的。

推士到梁溪

在杜威来华两年后,无锡又迎来了美国教育家推士。

1922年,中华教育改进社为了改进我国的自然科学教育,专门邀请美国教育博士推士来到中国,担任该社科学指导员,考察并指导中国的科学教育。前期主要在北方考察,1923年开始以南京为中心考察南方一带中等学校的科学教育。

1923年3月13日下午3点30分,推士在北京高师教师汤茂如的陪同下从南京到抵达无锡,下榻无锡饭店。之前,江苏省教育厅曾经推荐推士考察省立第三师范(即江苏省立无锡师范)、代用

美国著名教育家推士博士,《新教育》,1923年第6卷第1期第7页

女子中学(即竟志女学)、县立女子师范三校。因此,推士一到无锡,就通知省立第三师范。不巧的是,时任第三师范的校长陈谷岑因公事外出,便由教务长钱基博电话邀请县第三科主任许少仙、三师附属小学主事章天觉,到无锡饭店会商考察接待事宜。后钱基博推荐把工商中学、实业中学、无锡中学、辅仁中学4校加入考察名单。

当天晚上,竟志女学校长、无锡县教育会会长侯鸿鉴专门到无锡饭店拜访推士,与他一起交流办学经验。推士夸赞侯鸿鉴说:"盖侯君今日培植多数之弱女子,即为他年培植多数国民之母也。"推士勉励侯鸿鉴办学不要灰心,还讲了美国一个牛奶公司从无人问津到全国第一的故事。当侯鸿鉴谈到自己办学虽然募捐困难,但仍然出于大义拒绝了袁世凯的捐赠时,推士又举美国菲律宾殖民地军人拒绝煤油大王的捐助加以呼应,双方相谈甚欢。推士对侯鸿鉴在晚清时期就组织参加理科研究会印象深刻,在第二天到省立三师演讲"科学与社会生活"时还专门谈到这是非常难得的。

3月14日上午,推士先是考察了省立第三师范,下午4点又在该校大礼堂进行演讲,题目是"科学与社会生活",主要针对无锡的教育和工商业,围绕科学与工商业、科学与教育以及社会环境的关系展开。演讲向无锡教育界同仁开放。

3月15日上午8点,推士与汤茂如一起乘坐汽油船前往荣

江苏省立第三师范学校,见《梁溪忆旧:台北市无锡同乡会〈无锡乡讯〉选萃》

巷,考察了公益工商中学,陪同的还有县教育会会长侯鸿鉴、三科主任许少仙、省立三师教务长钱基博等。中午由荣德生等人在梅园设宴款待,并游览梅园,下午返城并顺便参观了荣氏所办各个工厂。

3月16日上午,参观实业中学。3月17日上午,推士考察了辅仁中学,并做了一场简短的演说。17日下午,推士一行专门到竞志女学考察了学校的理化、博物科,并在该校礼堂作了题为"中国文化改造与女子的科学教育"的演讲。在竞志女学演讲时说:在中国移植崇拜西方文化为主导趋向的现实下"今日中国男女学生……不可不具一种选择能力,去鉴别短长,判断去从",要养成这种能力,"非根于各种学术,明了人生真义不可",提出"中国今日,最要紧的,当实行提倡科学教育"。他认为自己在竞志的考察是很有趣味的一天。

3月18日上午,参观无锡通俗教育馆。中午,省立三师校长陈谷岑专门宴请推士与汤茂如,并邀请前校长顾倬、县教育局局长蒋仲怀、县三科主任许少仙和该校一些教师陪同。考虑到我国的科学教育还不发达,推士博士莅临无锡机会难得,省立三师还邀请全县各中等学校博物、数理化等科教师,下午2点到省立三师开谈话会。出席谈话会的有10多人,由三师校长陈谷岑主持,江应麟任翻译。推士讲了中国科学教育的问题与改进办法,强调要注重科学实验,并与与会教师就小学科学教育进行了交流。推士提议无锡从速组织中等学校科学教学研究会,建设公共的科学实验室,与会教师一致同意。并临时推举4位教师作为简章起草员,准备随后邀请各中学科学教师召开科学教学研究会成立大会,暂定三师为会所,每月举行1次集会。

3月19日早上,推士与汤茂如从无锡赴苏州。

推士到无锡时,正是1922年新学制颁布、国内一致强调加强中学科学教学之际,他在无锡一共逗留5天,参观了7所学校,与无锡部分科学教师进行了座谈,并有简单演讲,为无锡推行科学教育带来了新的理念与思想,在一定程度上对无锡的中学科学教育,特别是教师教学观念的发展有所推动。

实际上,除了这些名人,当时国内很多学者,也都曾经到访梁溪。他们或是被梁溪的各个学校请来演讲,或是专程到梁溪参观教育,或是借助参加教育相关社团、会议来到梁溪，给梁溪的教育增添了许多靓丽的色彩。1924年，无锡中学在校长唐蔚芝、主任陈柱尊的极力整顿之下，各项工作日有起色。为了倡导科学，该校专门邀请前交通大学副主任、时任南洋大学教师凌鸿勋每周六来学校讲授物理；在演讲方面，更是邀请了东南大学工科教师、国文教师，普仁医院医生等多位"大咖"到校开讲，以帮助学生增长课外学识。

社会生活

民国时期政治经济时局动荡,教育经费支出不足或经常被克扣,教师生活非常清苦,甚至有时候为了维持生活不得不进行索薪斗争。尽管如此,教师们也不乏苦中作乐的精神,在闲暇之余也会进行一些休闲娱乐活动。中国传统儒家以天下为己任的担当精神,也激励着以广大教师为代表的新式知识分子,积极投身民众启蒙、社会解放的时代潮流与运动之中,梁溪的教师们也不例外。

薪水生计

教师是一个崇高的职业,中国自古就是一个尊师重教的国家,教师在政治上和社会上都有很高的地位。不过,说到经济待遇,大部分教师的收入却是十分微薄的。无锡素称文化教育发达之区,地方和学校教育经费相对比较充足,教育经费可多达三四十万,也因此被视为大县。但是,无锡教师的待遇和收入也仅仅是比其他地方高些而已,相对于教师的经济与生活负担而言,收入不足是一种常态,这一问题在政局不稳、经济凋敝时期就更加突出。当军费日渐增多,教育经费经常会被挪作他用,教师工资常常会被教育当局克扣或拖欠,梁溪的教师们也不得不进行索薪斗争。

收入与负担

民国时期,以办学主体论,无锡的学校大体可分为公立、私立两种,它们各自的教育经费来源也有差异。公立学校又分县立和乡立,但教育经费都由县教育主管部门拨款,但县乡教师的工资并不相同。一般来说,县立学校的教师工资水平稍高。1916年的一项调查表明,当时,城市国民学校的教师月薪大约为20元,而市、乡学校的教师月薪则在13至15元之间。以钱穆先生为例,1912年,钱穆在乡下的三兼小学任教时,月薪是14元;到鸿模学校后,月薪增加到了20元;1919年,钱穆到县立第一初等小学担任校长,月薪涨到24元。当然,七年间,钱穆工资的上涨,也和他的教龄增长,从教员到校长的身份转变有关。

1921年,俞子夷对多地小学教师的工资水平进行调查后发现,小学教师平均月薪约为13.4元。由此也可以看出,无锡和梁溪教师的薪资水平还是比较高的。不过,与教师的负担相比,这些薪水大都是入不敷出的。根据俞子夷的估算,当时一个普通四口之家一个月最低的生活花费需要26.8元,可见,教师单靠工资来养家糊口是比较困难的。

1928年,陈东原调查了无锡县990名小学教员的收入状况,发现月薪在12.5至20.8元的人最多,共计572人,占到了总人数的58%,与钱穆先生1919年的薪水相比,无锡教师的工资在10年间几乎没有大的变化。事实上,在当时,无锡一位教师的基本生活费大概在19元,包括10元伙食费、6元住宿费以及3元衣服费。陈东原还对小学教师们的生活负担情况进行了调查,从下表中可以看出,仅有大约半数的教师靠其他产业、父母接济等而能够负担自己的生活,另有一半左右的教师则是入不敷出,负债累累的小学教师比例甚至将近教师总数的1/3。而在当年,无锡县的教育经费是232204元,在江苏省内仅次于上海和吴县(苏州),其他地方的教师生活之艰难可想而知。无怪乎当时有学者感叹:"现在的小学教师每月可以领到的薪水,似乎比其他任何职业都要微薄,每月薪资最少的还不到十元,最多的也只在十五六元,在现在这个生活消费日益高涨的年代,每月仅仅靠这样低微的收入来养活一家人,试想在现实中可能不可能! 假如他们还有许多儿女需要抚养的话,简直就是我们今天说的喝西北风去吧!"

1928年无锡县小学教员负担状况统计表

项目	人数(人)	比例
家有恒产尚觉余裕	13	1.3%
父兄尚在个人自给	131	13.2%
营有产业负扣不重	124	12.5%
个人经济勉可维持	235	23.7%
悉供家庭尚虞不济	211	21.3%
负担甚重负债累累	276	27.9%
总计	990	100%

进入20世纪30年代,随着经济的复苏,无锡小学教师的月薪略有增加。据无锡教育局编制的《无锡三年教育》统计:无锡本地完全小学教员有275人,月薪最高的仅1人,为60元;月薪最低的有15人,为每人16元;人均月薪为24元。初级小学的教员有707人,其中最高的只有1人,为29元;最低的有123人,为11元;不满10元的非专职教员有4人;人均月薪约为18元。但如果考虑到通货膨胀的因素,小学教师的实际可支配收入与购买力不一定会有相应增加。

相比于小学,当时中学和大学的教师工资则高出许多。当时,无锡地区乡村小学教师的平均月薪一般在10至20元,城市小学大约是乡村小学的两倍,在30至40元,初中教师的工资一般在80元左右,高中教师的工资则可以达到120元,而大学教授每月最低可以拿到400元的薪水,大学教师中等级较低的讲师和助教,每月最低也可以拿到100元的薪水。这样算下来,一个大学老师的收入相当于6至30个小学教师的收入,可见教师之间薪水的差距也是巨大的。很明显,在教育事业中,小学教师的数量最多,而生活方面,小学教师则最苦。

不仅如此,由于无锡工商业较为发达,小学教师,尤其是乡村小学教师的月收入,甚至不如一个工厂的工人。

经济待遇引发教师索薪运动

教师收入不高、生活清苦已然是一个事实。但令教师更感苦闷的是,即便是已经十分微薄的收入,还常常会被克扣或拖欠。

北洋政府时期,中央财政不足,导致中央财政拖欠教育部经费,教育部就拖欠各地教育机构经费。由于北洋政府不能按时发放教育经费,教师生活不能安定,学校难以维持正常的运转,于是在当时北京各国立学校率先发起了向政府索取薪金的要求。索薪运动从20世纪20年代初政府拖欠教育经费开始,一直持续到30年代初,随着积欠教师的薪资日益增多,索薪运动也不断高涨。

索薪的形式主要有:发表宣言、向政府请愿、全体辞职、罢教等,最后甚至发生了大规模的学潮。中国当时候发生规模最大、影响最广的索薪事件发生在1921年6月3日的北京,大中小学师生向国务院请愿,要求发放教育经费,遭到国务院卫兵毒打导致流血事件发生,即著名的“六三”索薪事件。这一时期最早教职员集体前往教育部进行索薪,发展到后期是各校校长组团去索薪。

20世纪二三十年代,“欠薪扣薪”是江苏省教育界常见的现象,这也使得教师本来困难的生活雪上加霜。由于薪金不能按时发放,并且拖欠严重,教师只得罢教索薪。根据记载,仅仅在1922年,苏南地区各县就发生了十余起小学教师罢教索薪的事件,无锡最早开始索薪也是在1921年。1931年12月20日,为了保护自己的合法利益,反对教育局当局无理克扣薪资,无锡县有超过200名城乡小学教师向当局抗议,决定组织“无锡县小学教师反对扣薪自救会”,大会选出了以中共党员和进步教师为主体的执行委员会。中共无锡县委书记王达出席了这次大会。会后,全县小学教员集体去县教育局静坐示威,抗议当局对小学教员的迫害,这一次的索薪运动取得初步胜利。

1944年,无锡教育当局为了救济各学校教员的生活,打算给每位教员配给面粉10斤。单宋儒在调查之后,发现中小学教师待遇微薄,已不能维持生活,小学教员月入仅斗米,教员前途堪忧,所以特发起学生献金运动。1945

年,因为生活严重困顿,无锡县小学教师全体罢课。这次罢课的产生,责任不在于小学老师,因为他们罢课的理由极其正当,他们不需要额外的经济救济,只是要求发放亏欠已久的经费以及一、二、三月份的俸米。各校校长向教育当局代表教师们请命,并在下午召集了全体学生家属举行谈话,申明此次罢课的经过,以免家长对老师的不理解。这次罢课是战后教师对自己权利的表达,与教师索薪有同等意味。

较低的经济待遇严重影响了小学教师们的娱乐和进修,同时也导致了他们内心的压抑和苦闷,摧残了他们的身心健康。首先,过低的经济待遇对教师的娱乐和进修造成了不利的影响。教师的工资低,他们的生计难以维持,他们没有兴趣去进行任何娱乐。教师的工资低也导致他们没有能力购买书籍,不利于学习进修,对老师补充新知识十分不友好。其次,教师的经济实力不足,会使得教师的社会地位降低,时常感到自卑与痛苦。"在乡间的路上行走的时候,或是去城市游玩的时候,不但那些高级知识分子对你嗤之以鼻,就连各种商店的职员,也不会多看你一眼。"

教师索薪是教师维护自己权益的手段,明确提出教育经费独立,表明了教师认识上的提升。当时的社会制度和观念不变,索薪的目的就难以达到,不能真正解决问题。无锡的索薪运动本身具有重大意义,索薪运动目标的完成使教师的权益得到了保障,教师的正常工作与收入得到了保障,促进了无锡教育事业的稳定发展,同时还为其他地区的索薪运动提供了借鉴意义。索薪运动不仅表达了教师的权利,同时也在索薪运动中明确了团结就是胜利的前提。

休闲娱乐

休闲娱乐,是人们在工作或劳动之余所参与的休闲活动,从中得到身心愉悦的感受,提升生命的质量。它是普通人日常生活中的一个必要内容,教师也不例外。民国时期,中小学教师的娱乐休闲问题曾引起社会关注。教师职业除了例行的周末假日,另外还有寒暑假,在一般人看来这是让人羡慕的职业福利。但是民国中小学教师是怎样度过那些本该休闲放松的假日的呢?事实是,工作繁忙再加上囊中羞涩,假日已经丧失了它原来的魅力。教师除了放假的休闲娱乐,在学校也会开展一些娱乐,其中最令人深刻的就是同乐会。

假期娱乐

教师的假期是忙的。根据张钟元在1934年对苏、浙、皖、鲁、豫、闽、粤、冀、蜀等省570名小学教师的调查,他们的"星期日的利用"是这种情况:星期日用于校务处理(包括批订簿籍、预备教材、指示儿童课外作业、出席各种会议、访问学生家庭等等)的有165人,用于自修工作(包括阅读书报、参观、写文章、做礼拜等)的有266人,用于娱乐(包括游览、运动、看电影、听无线电、摄影等)的有152人,用于处理私事(包括访亲友、治理家务或领小孩、写信、借债去等)的有131人。周末教师大部分时间在处理校务活动和自修活动,娱乐或处理私事方面的反而比较少。真正属于教师私人的时光其实非常少,周末只在理论上是属于教师的私人时光。对于一般乡村教师来说,他们只有星期日这一天的假,而这一天,他们反而过得比平常更忙碌。一位江苏乡村教师抱怨,自己这一天被家事、公事、应酬占得满满的,身边的乡民约他去看戏或吃茶,教育局来信通知他去开会,妻子盼望着他回家,而他自己也需要这个周末去理发。

教师生活是比较贫穷的,贫穷使他们无法开展太多娱乐消遣活动。小学教师的薪水,每月连膳费20元的已经是一等待遇了,而有红利可分的钱庄伙计,也要挣到四五十元。乡村学校的教员一般会兼任校长或其他教务的差事,每月可赚6元,10个月即赚到60元,但这种情况下学校只能充当他的娱乐场所了。所以,对于教师来说,不是他们不懂得娱乐休闲的重要性,也不是不懂得什么是高雅、健康、有益的娱乐,只是他们缺乏必要的客观条件而已,这才是当时的教职员最感痛苦的问题。

这一时期,教师的假期娱乐除了忙碌和贫穷,还存在一些不健康的娱乐休闲。一般的小学教师,总觉得教育儿童的生活太乏味了,除了教学之外,还要处理不少行政上的事务,教师的生活实在是苦闷,于是教师在闲暇中开展了一些娱乐活动。比如:打牌——小学教师课余打牌,是最容易见到的,有人调查过六十多位教师,其中不会打牌的只有三人;喝酒——小学教师喜欢喝酒的也有很多人,有的天天喝酒,有的三天一小饮,七天一大饮。

教师还有一些健康的休闲娱乐。比如:运动——运动可以促进身体的健康和精神的振足,所以这项活动是老师都喜欢的;喝茶听书——这是城镇老师所喜欢的。省锡师的教师钱穆经常和他的同事沈颖若,还有沈颖若的同乡胡达人一起外出郊游、品茶。胡达人当时也在锡师教英文,虽然教的是外文,但是他却是极具中国学人风度,绝不见有洋派气息。胡达人喜欢喝茶,也很会烹煮,午后,钱穆和沈颖若必定会聚集到他的宿舍去喝茶聊天。后来又从南京中央大学来了一位教国文的毕业生,也是吴江人,他也时常加入他们喝茶的队伍当中。胡达人对烹煮颇有研究,最喜欢太湖的碧螺春。他备有一个小炉子,喝茶时亲自煮水,泡茶用的是盖碗,茶喝三次就倒掉。他们有时也一起前往惠山品惠泉茶,有时也一起去公园喝茶。胡达人言谈风趣,许多教师在锡师时喜欢和他郊游、品茶。

特殊时期的假期生活似乎没有以前那么丰富多彩。我们不难想象,在整个战乱阶段,教育垮台,国家教育经费不及战乱费一个零头,广大神圣的教育工作者的假期生活大部分是回家度过。在国学专修学校执教的朱东润老教授的假期是回到自己老家度过的。朱教授有一定的思乡情结,他打算假期放假回到家乡写一部传叙。这是继《张居正大传》后的第二部传叙,传主是他的死去的女儿,他预备从她的日记和文章中找寻材料,但是害怕因内心的伤痛写不成此文章。无锡县中一位老教师杨茂堂先生,他是前清方言馆出身,国学功底很好,英文更是出色,但一个人赚钱只够一个人用,家里人的生活都由他的儿子负担。他的假期也打算回家度过,临行已经归心似箭了,打算回去之后在豆棚瓜架下喝酒了。乡间一所中心国民小学教书的老师,他的四个同事,其中有三个患有肺病,他自己也觉得岌岌可危起来了。小学工作繁重,薪水低,于是他对于本位工作便也兴趣索然,再加上常年的粉笔灰,怎不容易患上肺病和细菌的滋长。普通的一个小学教师每星期要教840分钟,再加上要改一千多份卷子,到了暑假,只想回家照顾孩子。

教师可以在经济条件范围内,本着提高自身素养的目的来进行一些休闲娱乐的活动:多阅读书籍和报刊,锻炼体格,散步,游玩山水,音乐消遣等。张达善则以"一个乡村小学教师的生活"为例来说明什么是乡村教师"正当的娱乐",与基于城市生活的建议相比,更具有乡村适用性。张达善建议一个乡村小学教师应该从事以下娱乐:"1.能奏一种以上的乐器,和儿童或当地的朋友组织演奏会,定时练习,定时举行。2.组织剧社和儿童共同组织话剧社,练习表演。3.适当的运动和参加儿童的游戏。4.定时的游历和旅行。5.邀集远方朋友野宴,或参加远方朋友邀集的野宴。6.参加村人的集会,并邀集村人举行同乐会等。7.制造并研究无线电收音机以供个人的消遣,因为这种器具的变化既多而效果亦易获得,所费更属有限。"朱伯孚认为按照实际的情形,按照他们的兴趣和所在地的环境,可以在他们空闲时间看看电影,听听戏剧,逛逛公园,做做运动,以及骑马,游泳,喝酒、下棋也不是不可以,甚至偶尔打打麻将,只要控制时间也是无伤大雅的。

同乐会

近代以来,无锡各校纷纷举行同乐会,尤为突出的是江苏省立无锡师范学校和辅仁中学的同乐会。同乐会有很多主题,其中有为庆祝毕业生毕业的,有为迎接教育研究会和暑期讲习会的,还有为了庆祝节日的,比如元旦节和学校的纪念日。同乐会的开展,丰富了学校教师的休闲娱乐生活。

1922年5月30日晚上7点,学前街省锡师举行师生同乐会。这次同乐会参会的除了本校全体师生,还有历届的毕业生以及之前的教职员。没有进行特地的招待参观,只是在学校的东西两膳厅作为会场,表演游艺、双簧、跳舞等十多项节目,颇为热闹。1923年,锡师在本四毕业生毕业之际,也举行了一次欢送本四学生同乐会。这一次也是热闹非常。首先由校长致辞,然后由一

戊午无锡辅仁中学成立行正式开校礼,《约翰声》,1919年第4期第1页

年级的学生为四年级的学生表演各种节目,除此之外还设置了娱乐项目。
1926年夏天,武进、宜兴、无锡、江阴、靖江五县教育局在锡师附小组成了教育
研究会和暑期讲习会,在此之际,为了迎接研究与讲习的顺利开展,8月2日在
锡师附小的礼堂举行了同乐会。此次参会人数多达五百余人,活动十分丰
富,包含了致开会词、开会、演说、游艺、唱歌、国语、古琴、国乐、歌剧、电影等
诸多活动,其中陆静山的古琴尤为精彩,五县同仁十分开心。

　　无锡县辅仁中学也开展了多次同乐会。1922年5月27日在辅仁中学学
生举行三周纪念同乐会,这次到场的主要是学生,还有两名老师。此次同乐
会包含了会场致辞、学生演讲、音乐合作、琵琶奏乐、歌剧等,整个过程其乐融
融。1929年12月31日,辅仁中学打算为庆祝元旦举行同乐会,这次同乐会是
在元旦那天的下午6点开始表演,表演内容除了游艺、单簧外,还有表演各种
京剧、学科游艺,也有一番盛况。私立辅仁中学决定于1930年1月1日下午举
行科学研究会及西文1930级级会,将这两会合成同乐会一起举行,参会的人

数众多,狭小的场地被挤得水泄不通。振铃入座后,由科学研究会会长陶松生致开会词,并请校长杨四箴致训词。开始以后,由本校教师沈振夏、朱书桌及校友共同演奏梅花三弄,然后还有单簧表演,滑稽动人,参会的人都捧腹大笑,这些表演都很热闹。除了教师的表演,还有学生表演趣剧《偷》一幕,这个趣剧描写的是大学生在咖啡店中的生活,暗示青年的病态,最后还有跳舞、相声表演。此次辅仁同乐会圆满结束。本年11月,学前街县立初级中学在15日下午6点,在本校的礼堂举行全体寄宿生及教员同乐会,男女来宾所到之数,颇为不少,也是当时的一道亮丽的风景。

抗战胜利后,同乐会在各校复出。1947年11月1日民教补习学校及妇女班联合省教院附设补习学校,决定下午7点,在无锡县图书馆举行同乐大会。1948年5月18日是无锡县私立无锡中学复校二周年纪念日,私立无锡中学在上午9点30分在学校的大礼堂召开纪念大会,全县师生都出席此会,还有教育局局长濮源澄、校董钱孙卿等人也出席。纪念大会结束之后,晚上又召开了同乐会,节目十分精彩。

社会运动

从清末到民国,中国在外敌的压力下,出现了一系列的社会变革。新文化运动的兴起打开了人们思想解放的闸门,西学东渐发展到新阶段,各个思想流派的思想文化观点得以充分展示。民国时期的思想文化在古今中外思想文化的碰撞融合中向前发展。当时掀起了一系列社会运动,包括五四运动、提倡国货运动、抵制日货运动、拒毒运动、解放缠足运动、识字运动和国语运动等等。作为知识分子的教师,也投身到这些运动中去。由于篇幅有限,通过看解放缠足运动和国语运动,我们也能窥见梁溪教师们积极参与到社会运动中去的情形。

解放缠足运动

妇女缠足的陋风恶俗,在中国有一千余年的历史。它严重地摧残妇女的身心,使妇女终生失去劳动能力,成为妇女劳动力解放的严重桎梏,成为阻碍中国社会发展的一种习惯势力。清末由于列强轰开了中国的大门,清朝也不得不迎来大量外国传教士。这些传教士除了到处宣传福音、招募教徒外,还普遍反对社会上的传统观念和习俗,例如尊卑、祭祀、缠足等等。1874年英国传教士麦克高在厦门成立了"天足会",开始向社会宣传反缠足思想。"天足会"是一个禁止妇女缠足、提倡妇女放足的民间社团组织。1878年立德夫人在上海、无锡、苏州、扬州、镇江、南京等地设立"天足会",并大量印发相关宣传册。1899年12月,上海发起成立中国天足会并出版《天足会报》,广为宣传呼吁,并在全国各地设立分会,发展迅速。

无锡地区开风气之先,女学事业发达。早在20世纪初便有竞志、胡氏女学等女校的创办,随后各学校中女学生大量增多。初具民主主义思想的无锡知识女性,率先高举起反对封建缠足的旗帜。早在1905年,无锡曾发动过一场提倡天足、反对缠足的宣传运动。1905年9月,竞志女学(也就是今天的无锡东林中学)女教师夏冰兰等发起组织天足会,不仅无锡妇女界热烈拥护,并获得当地著名进步人士裴廷梁、胡雨人、侯鸿鉴等人的大力赞助。天足会吸收全校学生为会员,宗旨是提倡男女平等、破除缠足陋习,成立大会在小河上少宰第举行。那时参加竞志女学举行的天足会成立大会的女学生及家长达500多人。竞志女学教师王筠新,被大会推选为无锡天足会会长。她在会上详细讲述了女子识字、放足与挽救国家危亡的关系,并当场请女老师用风琴伴奏教唱《放脚歌》,油印几百份《放脚歌》。之后,天足会组织高年级学生手执三角小旗在城区及深入无锡四乡如周新镇、堰桥、张泾桥等乡镇,全面展开反对封建缠足的宣传活动。她们每到一处,都反复宣传天然足的好处,指明缠足对妇女不仅是肉体上的残害,参加劳动生产的束缚,更是轻视妇女,对妇女人格上的污辱,号召大家与这一封建陋习决裂。在街头、田头的宣传活动中,她们以民间小调的曲调教唱《天足歌》,一唱百和,到处流传,还影响了常熟等地的妇女解放运动。

《天足歌》有两首词为：

（一）

人都说道脚大了，

将来配亲无人要。

供人玩弄真可笑，

及时放脚雪耻早！

打破几千年恶习，

妇女脚镣可除掉！

大脚阔步挺胸膛，

国富民强称英豪。

（二）

缠脚从小苦到老，

你我眼泪暗暗抛！

不作孽，不作恶，

一世上镣铐，

一世上镣铐！

随着城市工商经济的发展，以丝厂和纱厂为主体的无锡现代工业崛起。大批来自四面八方的妇女劳动力进入市民行列，她们对缠足这一封建陋习有着切肤之痛。在城区丝厂、纱厂女工中，除传唱《天足歌》外，她们还自编了好多首相同内容的时新小调，例如当时的《小脚一双》最为流行。据许多老工人回忆：当年丝厂中打盆工，大都是小至八九岁、大至十二三岁的小姑娘，纱厂中的养成工年岁也小，其中很多人进厂前刚在农村中缠了足，进厂后唱起时新小调，便放开了裹脚臭布。当年反对缠足的时新小调，广泛深入民间，流传到千家万户，对无锡地区群众自禁缠脚、崇尚天足风气的形成，是起了积极作用的。

竞志女学还在各地组织演讲,来宣传缠足的陋习。竞志女学的胡彬夏老师曾在天足社进行演讲,演讲的内容是:

中国妇女裹足的风气,是世界上最野蛮的事。裹足既不利于卫生,又对种族有危害。近来,东亚的风潮演变对我国也产生了影响。覆巢之卵,何以自存?釜中之鱼,即将变成乌有。朝野志士名媛们,中国国民的文弱,大半都是由于妇女裹足引起的。所以要救两万万女子,让她们能够有天然自由的脚,以希望能够挽救国家于危亡。天足会的设立也已经帮助很多女性摆脱缠足了,我听说之后感到中国的前途有所希望了。但是来看无锡的现状后,我不免感觉到羞愧。无锡的文明相较其他地方为胜,为什么只单单天足这件事没有什么进展?我虽然无才无德,但也是国家的一分子,如果有什么可以用得上我的地方,我一定会拼尽全力报答我的同胞们。在三月中旬,有一好消息告诉我无锡也将有天足会了。我听闻这个消息后狂喜,不禁为无锡的同胞们道贺,不禁为中国女界贺喜。

今天中国之所以衰颓,很大原因是女子是废人。女子成为废人是由女子无才和女子裹足引起的。中国女子能识字明理的没有几人,也没有几人想要进行家庭教育的改革。这都是因为女子缠足导致身体变弱,因此就没有健壮的母亲和儿子了。所以作为女子,一定要自立。今天的女校、天足社都是为了女子独立创立的。我希望我辈青年能有自立的一天。中国的女子是不能自立的,一旦让她们自立,必然会感到手足无措。旧时女子没有自立的权力,才不能不假手于男子。我们这一辈的青年,要承担起改变女子缠足陋习的责任。

竞志女学的校长侯鸿鉴重视女子体育,因此号召一定要先摒弃缠足的陋习,他规定入学必须先放足,号召妇女放足识字。在侯鸿鉴努力下,20世纪30年代,竞志女学多次代表江苏省出席全国运动会,在多个项目多次获得佳绩。关于竞志女学,还有一个非常励志的故事。当时,无锡十七岁女子杨晴瑛(字寿梅)思想开通,自己解放缠足,想要进入竞志女学读书。家人不同意,十分

杨寿梅女士,《女子世界(上海1904)》,1907年第6期第1页

阻挠,她长兄甚至说:"汝乃专学下流耶?"杨晴瑛愤而服鸦片自杀,获救后,毅然伺机逃走,独行到上海,进入天足会女学堂学习。这种情况,在当时并非少数,女性为了自身的解放,争取冲破传统的阻碍,付出了诸多艰辛的努力。

辛亥革命后的1912年3月,临时大总统孙中山正式下令各省劝禁缠足。此后经民国时期的多次下令禁止缠足,无锡的天足运动得到了发展。更由于社会各界的努力和妇女的觉醒,无锡妇女缠足陋习到1937年抗日战争全面爆发时,在城乡终于完全结束。

无锡竞志女学见证了清末民初轰轰烈烈的女子解放运动,并身体力行地参与其中。正是有了竞志女学率先投入到无锡解放缠足运动中,那个年代的诸多无锡女性才摆脱了幼时裹小脚的悲惨命运。妇女摆脱缠足这一陋俗的摧残在女性解放史上有着重要的意义,唤起了近代女性的觉醒,促成了中国近代男女平等思想的形成。更多的女子进入学堂,逐渐形成近代女性知识分子群体,越来越多的女性走出家庭,参加生产和社会实践,一些人积极参与政治,从而鼓舞了更多的女性为争取独立自由、争做新时代的"新女性"而奋斗。

国语运动

国语运动是在近代救亡图存这个时代主题之下开展起来的。在探索救国道路屡次失败之后,有识之士将目光转向了语言文字,对比西方与我国的语言文字后,认为繁难的语言文字是我国落后于西方国家及日本的罪魁祸首,而要实现国家富强,就要从语言文字的改革开始。从时间看,正是从维新变法到新政到五四新文化运动时期。国语运动的真正兴起得益于五四运动,胡适、陈独秀提倡文学革命,主张创造一种国民的、写实的、通俗的新文学,其中,最基本的就是要改革文字,提倡白话文无疑会成为教科书形式变化的直接推动力量。

民国成立后,政府运用行政权力在全国范围内推行国语,无锡的国语运动也因此开展起来。戊戌变法时期,无锡已经办有《无锡白话报》,主持该报刊的人是裘廷梁,他曾主张一切行文主用白话文,当时他的态度非常地激进,与五四运动时期的新文化人颇为相似。不过,裘廷梁当时的激进在当时无锡更像是一种特例,当年曾参与《无锡白话报》报务的还有侯鸿鉴、顾倬等人,他们的态度就比较保守。1917年左右,北洋教育部黎锦熙等竭力提倡国语,想要成立"国语统一筹备会",主张用白话文教学儿童,全国南北方相互呼应,白话文就有可能产生的趋势。这一年,无锡人钱基博应顾倬等人之邀,成为江苏省立第三师范学校(即省锡师)的国文、读经及法治经济科教师,以讲授国文为主,他的个人治学取向与社会网络相结合,使得其在五四前后的无锡国文改革实践中扮演着重要的角色。

民国成立以来,无锡的教育层级基本是中初等教育。全县"最高学府"省立三师属于中等教育,其培养目标为地方小学教员,故此校也兼及中初等教育。据民初教育部规定,在初等小学和国民学校(共4年)、高等小学(共3年),国文课时的比例大致是总课时的1/4到近半;而在普通师范学校,该比例进一步下降,从预科的约30%降至本科第四年的6%左右。1917年无锡省立三师的一份课表则显示,校内国文占比整体略高于教育部的要求。

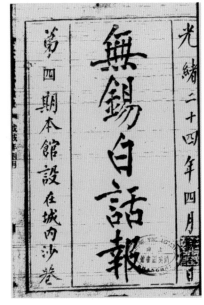

《无锡白话报》1898年第4期

1918年夏,顾倬组织三师国文教员钱基博、沈昌直、薛凤昌召开"暑期国文研究会",以求缓解毕业师范生任教各地小学时普遍遭遇的教学困难。同时又倡办"国文函授社"，由钱基博介绍的无锡县城人士徐彦宽（薇生）担任讲师，学生可以在课余向徐彦宽请教国文，也可以就徐氏所出题目作文应征。无奈学生们的"自动力"令倡办者大失所望，顾倬号召诸生应以"每日读文四十篇"的钱基博为楷模，屡次致函催稿，却应者寥寥。至1919年1月，因"入社人数至少"，国文函授社宣告停办。

在五四以前，江苏省立第三师范附属小学校长的顾倬和国文教师钱基博、薛公侠等都是反对白话文的，他们千方百计要三师停止教白话文。于是，顾倬找到附小主事唐昌谈论，唐昌说，附小的教师薛天汉、魏冰心等人极力支持白话文，已经到了反对不了的局面。在这种情况下，顾倬当时就叫薛公侠去找薛天汉，用叔侄关系劝说，想用家长作风压服薛天汉；又叫钱基博去找魏冰心，想用古文大家的身份说服魏冰心。但是薛天汉、魏冰心两人都没有被压服，反倒形成了两派一直相争不下的局面。

五四运动之后，北京政府教育部颁布国文改国语令后，顾倬等人仍然反对白话文。顾倬和吴研因在《教育新闻》杂志上还为此争论起来。事情是这样的，1921年秋季，吴研因来到上海商务印书馆编写白话文《新学制国语教科书》，一方面兼任商务附属尚公学校校长。有一次，吴研因被《新闻稿》约稿写《教育新闻》的短评，当时吴研因的一篇短评，主张用白话文教小学生。同时来约稿的恰好有反对白话文的顾倬校长在内。吴研因的短评一登出，顾校长就加以反驳，于是他们两人你来我往，就在《教育新闻》上杠起来了。后来，《新闻报》的主持者怕自家相打，很不体面，后来索性停止了短评，把吴研因和顾校长的约稿全部不用了。

1926年无锡县戴晓宇宣传国语非常热心，江苏各省县在当年1月纷纷举行了国语运动会，这引起了社会对于国语运动会的广泛关注。无锡也开展了国语运动会分会，县教育会会长侯鸿鉴担任国语研究会的会长，蒋仲怀召集中小学和教育委员定期召开国语运动会，锡师附小每年参与其中，以保障国语运动会无锡分会的顺利进行。

情
感
生
活

　　情感是教师精神状态的一个重要指标,深刻影响着教师认知、教学实践及其职业幸福感。教师职业的特殊性,让教师身处在师生、同事情感之中。教师也只是千千万万普通人的一员,因此也会具备家庭情感。民国时期,由于特定历史环境的影响,作为知识分子的教师们身上也展现出浓厚的家国情怀。

师生情感

　　教师与学生之间的关系是校园生活中最基本、最重要的关系。教师和学生的情感生活因为教和学而联系在一起,并以师生情感互动的形式渗透在课堂教学活动中,教师和学生因为课堂而结缘,但他们的交往不仅仅局限于课堂之内,还有课外老师对学生的悉心教导。近代以来,无锡教师与学生在梁溪这片土地建立了深厚的师生情谊。

钱穆的爱生事迹

　　钱穆(1895—1990),字宾四,笔名公沙、梁隐、与忘、孤云,晚号素书老人、七房桥人,斋号素书堂、素书楼,是中国近现代历史学家、思想家、教育家,国学大师。不过,国学大师钱穆却并不守旧,而是勇于接受新思想,努力挖掘中国优秀传统思想与文化。

据说,钱穆的性格中有桀骜不驯的一面。他的个头不高,但脾气很犟。他在常州府中学堂读书时,曾参加反对舍监的学生运动,学生们反抗的方式是拒绝参加学校组织的考试。但实际上,大部分同学都是嘴上说说,最后还是迫于压力去参加了考试,只有他一人坚持自己不能出尔反尔,拒不参加考试,以致被学校开除,只能转学去南京私立钟英中学。但就是这样一位坚持原则的人,对待学生却非常宽容。钱穆一生几乎都在从事教育工作,从小学教师到大学教师,但他对学生的热爱与宽容始终如一。

1919年五四运动的爆发和杜威来华,让中国思想界大受震动。杜威的教育学说和主张,引起了钱穆的关注。1922年,钱穆在后宅小学任教,他就要求学生下课后尽量不要待在教室里,而应该去操场上活动。

有一天,钱穆发现有一位学生独自坐在教室里,就问他为何不去操场跟同学们一起玩儿。这个学生却并不理会钱穆,连名字都不回答。钱穆没有生气,而是找来这个班的班长了解情况。后来得知,这个学生叫杨锡麟,因为曾经触犯校规,前任校长严令他除大小便之外一律坐在教室里面不许离开。钱穆说,这是前任校长的命令,现在他已经离开学校,这一命令自然也就无效了。钱穆随即让班长将杨锡麟带到了操场上。但过了不久,就有一群学生推搡着杨锡麟来到了钱穆的办公室。他们说杨锡麟在操场旁边的水沟里面捉到了一只青蛙,并将青蛙撕成了两半,其中有一名学生还将那只青蛙的尸体带了过去。面对这一情况,钱穆没有生气,而是建议他们,大家都是同学,希望他们能够随时随地帮助杨锡麟,对他耐心加以劝告,而不要见其偶然犯了一个小错误就大惊小怪,甚至前往办公室告发他。

此后,他就特别留意杨锡麟。在给学生默写时,钱穆发现杨锡麟的默写差错率很低。钱穆由此推测,杨锡麟的听力和记忆力应该都不错,乐感可能也不会差。一天傍晚放学后,钱穆特意将杨锡麟留了下来。钱穆弹琴,让杨锡麟和着琴声跟唱。结果不出钱穆所料,杨锡麟的乐感非常好,以至于当钱穆的琴声停止后,杨锡麟的歌声依然在继续,他已经沉醉其中了。钱穆问杨

锡麟,第二天唱歌课上他敢不敢一个人起立独唱?杨锡麟点头同意了。钱穆
又问,琴声停息之后他还敢不敢像刚才那样继续唱?杨锡麟又点头表示同
意。第二天唱歌课上,当钱穆问有谁愿意起立独唱时,杨锡麟举起了手。琴
声停息时,杨锡麟的歌声依旧。杨锡麟唱完之后,全班响起了经久不息的掌
声。从此之后,同学当中再也没有人歧视杨锡麟了,杨锡麟也因此找回了自
信,与此前判若两人。

1923年,在钱基博的推荐下,钱穆被聘为江苏省立无锡师范学校的国文
教师。当时,中国各地正在尝试实行1922年的新学制,这一学制明显受到美
国,特别是杜威教育思想的影响。在省锡师任教时,钱穆与学生的关系也非
常融洽。许多学生都觉得钱穆先生和蔼可亲,经常到他的宿舍去向他请教问
题。钱穆先生常说做学问要自己跳出来,提倡创新。在省锡师,他除了教国
文,还讲授《论语》《孟子》,其中有不少自己的创见。他还鼓励学生自己要多
想,敢于提出新观点,让学生们都很钦佩。钱穆在省锡师的学生徐铸成,虽然
只听了钱穆先生一年的课,却始终对钱先生念念不忘。

周少梅与学生的情谊

清末以来创办新式学校之风兴起,无锡地区新式教育的发展也深受影
响。1904年无锡荡口镇华鸿模将华氏祠堂里的华氏书院改为新式学堂——
果育学堂,这也是无锡最早开办的新式学堂之一。周少梅就是从这里踏上了
国乐教育之路。

周少梅(1885—1938),江苏江阴顾山镇人。在中国音乐界被誉为"多才
多艺民族音乐教育家""技艺精湛民族器乐演奏家"。他一生致力于民族音乐
教学,以"江南丝竹名家、能手""国乐专家""周少梅三把头胡琴"而闻名。

早在1900年,少年时期的周少梅已经开始痴迷国乐,到处寻师访友。他
曾经拜无锡港下民间艺人陆瞎子为师,学习江南丝竹"八大名曲",同时,又拜
民间艺人虞显庆为师,学"虎琴"单弦拉戏。由于他勤奋好学,演奏水平突飞
猛进,很快就成为江南丝竹的名家能手。

1906年,22岁的周少梅被无锡实业家华铎之先生聘为无锡荡口镇华氏鸿

模高等小学校的国乐指导老师。这是中国民族音乐首次登上学校讲台,周少梅也因此成为我国最早的民乐老师。此后,他先后在省立无锡中学、省立无锡师范、私立无锡中学、辅仁中学、省常州五中、苏州中山体专、武进女子师范、无锡县立初中、无锡洛社师范等20多所学校任音乐教导、国乐指导员。在江苏省立无锡师范任教期间,他发挥自己的专长,在学生中组织了国乐队。1916年,周少梅指导的江苏省立无锡师范国乐队,决定举办无锡校际音乐会,广邀周边学校乐队参加。正是这次校际音乐会上周少梅精湛的国乐演奏,让常州中学国乐队的刘天华由衷钦佩,开启了此后两人的密切交往,留下了一份感人至深的师生情谊。

刘天华(1895—1932),原名刘寿椿,是清末秀才刘宝珊之子,与诗人刘半农、音乐家刘北茂并称"刘氏三兄弟"。他自幼受到家乡丰富的民间音乐熏陶,1912年随兄刘半农去上海,工作于开明剧社,业余加入万国音乐队,并学习钢琴和小提琴,开始接触西洋作曲理论,后成为中国近代著名作曲家、演奏家、音乐教育家。1914年,开明剧社解散,刘天华返回家乡,任教于华墅华澄小学,开始了他的音乐教学生涯。1915年春,刘父去世,刘天华又被小学辞退,偶然在市场中购得二胡一把,每日拉奏,这就是后来《病中吟》的雏形。1915年秋季,刘天华被常州中学聘请,在该校组建了军乐队与丝竹合奏团。

对于周少梅,喜爱国乐的刘天华应该有所耳闻。二人结识后的第二年暑假,刘天华专门从常州回到江阴老家,正式拜周少梅为师,请周少梅住在自己家里,教自己二胡、琵琶。为此,他还当掉了新婚妻子的冬装。

在跟随周少梅学习的几年时间里,刘天华利用自己了解到的西洋作曲理论,努力记录下二胡曲《虞舜薰风曲》的曲谱,并不断完善。后来,周少梅的《国乐谱》中《虞舜薰风曲》定稿就用刘天华的记谱。周少梅每次教授此曲时,总会感慨地说:"这是刘天华给我记录的。"实际上,在教授刘天华二胡、琵琶的同时,周少梅也从刘天华处了解并学习记谱和乐理知识,他还把刘天华的《病中吟》《月夜》《良宵》编入了自己主编的《国乐谱》中,作为教学生的教材。二者之间亦师亦友的情感感人至深。

周少梅一生教授的学生众多,他们毕业后大多从事与音乐有关的工作。有些人成了音乐大家,如刘天华、钱仁康、吴景略、闵伯骞;有些人则是像他一样选择成为音乐教师,如童孜弦、勇士衡、陈俊明都曾在南京国立中央大学或实验中学任音乐教师。由于周少梅教学认真负责,教学方法得当,深得学生爱戴。晚年的周少梅生活艰难,他的学生都非常牵挂他。1938年夏,周少梅在无锡东湖塘一带授徒卖艺,病倒在东湖塘街边一学生的老屋内。学生们闻讯后,冒烈日赶长路,连夜把周少梅抬回顾山老家。关键时刻,是深厚的师生情谊让他能够魂归家乡。

江苏省立无锡中学教师周少梅编印的《国乐谱》

华洪涛"相面"折服学生

华洪涛,无锡东亭乡人。幼年就读荡口鸿模小学,后毕业于江苏省立第三师范(即省锡师),曾任东亭小学校长。1932年应无锡《人报》之聘,任副刊主任兼社论主任,文辞锋利,颇为社会进步人士称道。

华洪涛在担任教师的时候,发生过一些趣事。比如在教育儿童时,华洪涛会使用"欺骗"的手段。这似乎是应当反对的,但他却用这样的方法成功地教育了学生,并使学校中再无不诚实的事发生。起因是华洪涛老师在无意中听到教师们的谈话,包括:A生今天的书背得很好;B生平时的成绩很好,却在今日的算数中只做出了两个;C生在上国文课时又被罚站了半小时等等。于是第二天他就故意在礼堂中间休息时引起学生们的注意,等到C生也被吸引过来出现在学生群中时,便故弄玄虚道:"我会相面的。"学生们自然是不信。于是华老师便在学生群中拉出C生,他故意瞪大了眼,先是把学生周身上下全部看了一遍,再用手指细抚着C的额皮,于是开始假装相面了。只见华老师故意停顿了一会儿,然后突然开口:"嘿! 你昨天上课不用心。"围观的人都笑了,C笑得更顽皮,他似乎还当老师在同他开玩笑。不过片刻,老师便转了脸色,顿时敛了笑容,罩上厉害的面具,注视着C。C便也渐渐地把笑容收起了,这时老师提高了喉咙,厉声说道:"笑什么? 还要笑吗? 你昨天上国语课时,不静心听讲,去同别人讲话,被G老师罚立了半小时,对不对?"此话一出,围着的孩子们都惊诧起来,C生在这样的言语中开始脸红并笼上了羞愧和惶恐的面目,不敢看老师了。此后,华老师又陆续说中了A生与B生上课的情形,连带着周围所有学生都变了脸色,不敢再凑热闹。而且为了让"相面"变得更真实,在第二节课下课前,华老师又特地去搜集了许多学生上课的情形,于是再有学生不信而来试验时,他都能一一说出学生们上课的情形,学生们也彻底相信了老师是会相面的。之后,教室中发生了一件窃案,而华老师巧妙利用了孩子们的这种心理,使得犯事的学生在两小时内便来自首。

同事情感

德国哲学家雅斯贝尔斯曾言:"人作为社会环境的一部分而生活着,……不是作为孤立的个体而生存着,而是作为家庭中的成员,团体中的同人,具有众所周知历史渊源的各种'人群'中的组成部分而生存着。"因此,人作为"社会人",与人进行日常交往是其日常生活的重要组成部分。教师由于职业的特殊性,长期活动在学校这个场域中,同事关系就成了教师日常交往的主要部分。民国时期,梁溪的教师们在任教的学校中,也和同事们产生了深厚的友谊。

同祖之谊:钱穆与钱基博

无锡钱氏在宋代时从浙江迁入无锡后,才有堠山、湖头两大支不断繁衍生息。钱基博(字子泉,又字哑泉,别号潜庐、潜夫)是堠山城西支武肃王(五代时吴越国开国之君钱镠)第三十二世孙;钱穆(字宾四)则是湖头文林公支武肃王第三十四世孙。因此钱基博与钱穆同祖不同支,按辈分论,钱基博长钱穆两辈,是祖父辈。而按年龄算钱基博(1887—1957)则年长钱穆(1895—1990)8岁,可以说相差无几。正如钱穆所言:"江浙钱氏同以五代吴越武肃王为始祖,皆通谱。无锡钱氏在惠山有同一宗祠,然余与子泉不同支。年长则称为叔,遇高年则称老长辈。故余称子泉为叔,钟书亦称余为叔。"

　　1922年秋,钱穆执教于无锡县立第一高小,当时钱基博已经在江苏省立无锡师范学校任教多年。就在这一时期,两人才认识有了交情。据钱穆回忆:二人的相识,始于钱基博"曾私人创办一刊物,忘其名,按期出一至四面。余读其创刊,即投稿解释《易》坤卦'直''方''大'三字"。钱穆所说的钱基博所创办的刊物实际上是1922年9月1日创刊的由

钱基博教授,《光华年刊》,1930年第5期第1页

无锡报业名人李柏森创办的《无锡新报》。该报由投资人孙鹤卿、方寿颐、华淑琴、薛育津、杨蔚章等组成董事会,并推钱基厚为董事长。《无锡新报》的发刊词是李柏森请钱基博所写,不仅如此,《无锡新报》创刊后,开设了两个专刊:每月月初出《文学月刊》,月中出《思潮月刊》,这两个月刊也都是由钱基博担任"主干"。1922年9月16日,《思潮月刊》"第一号"出刊,值得注意的是,在这一号钱基博撰的"发端"之后,打头的一篇文章是钱穆的《与子泉宗长书》,这是一篇今已不为人所知的钱穆佚文。在写这篇文章之前不久,钱穆曾见到钱基博,听到他论述古代哲学中"个性群性"的问题,觉得与自己的看法"似若有相符者,而未能尽切合",所以写此信给钱基博,与他做进一步的讨论。两人因此结缘,之后成为至交。1923年秋,当钱基博听说钱穆从集美学校回来之后,钱基博将钱穆介绍到江苏省立无锡师范学校,担任该校高中一、二年级

的国文老师。按当时惯例,师范的老师要具备大学学历,而钱穆只是中学学历,并且年纪轻,资历浅。因此,当时的老师们都否定这个提议。然而,钱基博慧眼识才,力排众议,坚持推荐,建议终被校长采纳。

钱基博幼承家教,喜欢读书,见多识广,更因为为人正直而在乡间多有声名。钱基博的国学根基非常扎实,经、史、子、集均有涉猎,著述宏富,尤以《现代中国文学史》最为有名。对这个同宗不同支的前辈,钱穆是非常佩服的,同时也十分看重他的学识。钱穆认为钱基博所著的《现代中国文学史》这本书很像《明儒学案》《宋元学案》之类,把清末民初许多文学家,每人一传,综合叙述。这本书的体裁与他自己所著的《近三百年学术史》比较接近,当然还是有不同。钱基博书里都是近现代人,如康有为、章太炎、梁启超、胡适之、王国维等,钱基博很详细地一篇一篇为他们作传。钱穆本人的《近三百年学术史》只写到康有为而止,而钱基博则多写近代人物,或因其中难度更大的缘故,因此钱穆对钱基博是十分佩服的。

1923年,钱基博虽然已在上海圣约翰大学任教,但是,由于他想把锡师四年级班带到毕业,因此同时也兼了锡师的课。钱基博每周从上海回到锡师上完课之后,钱穆只要有空,就会到他在学校的寝室与其长谈。钱基博的家离锡师很近,他离开锡师之后,每逢他从外地回到无锡家中,钱穆也时常去他家聊天。钱基博的双胞胎弟弟钱基厚,当时也非常有名。钱穆和钱基博、钱基厚兄弟以及钱钟书都非常熟悉,而钱穆在与钱基博交往的过程中也受到了他的巨大影响:"余在中学任教,集美、无锡、苏州三处,积八年之久,同事逾百人,最敬事者,首推子泉。生平相交,治学之勤,待人之厚,亦首推子泉。"

1933年秋,钱基博之子钱钟书与杨绛在苏州定亲,当时钱穆从北平回苏州省亲,钱基博于是特地邀钱穆赴宴参加儿子的订婚礼。据杨绛回忆,这次订婚,由于其父杨荫杭生病,所以诸事从简,所请之人必是两家的至亲好友。钱穆能受钱基博的邀请,一方面是因为钱穆可以看作钱基博的族人,彼此之间以叔侄相称;另一方面也是两人自论学订交之后相互欣赏和推重、感情日笃的见证。

诗酒之交：陈柱与冯振

1920年冬，无锡惠山之麓迎来了无锡国学专修馆的开办，馆长为著名经学大师唐文治。此后，该校历经多次更名，最终于1929年定名为无锡国学专修学校，简称无锡国专，成为我国20世纪上半叶培养国学精英的摇篮，与清华国学院齐名。在短短30年的办学历程中，该校培养了数以千计的文化人才，在教育、学术、文化等方面创造了令人惊叹的成绩。而成绩的取得，得益于该校汇聚了一批国学造诣深厚的学术大师。其中，陈柱与冯振的诗酒之交令后人倾慕铭记。

陈柱（1890—1944），字柱尊，号守玄，广西北流民乐镇萝村人。著名国学家、史学家，出身于书香世家。23岁时，考入唐文治掌校的南洋大学电机系，因以文学见长，改攻文学，师从唐文治。无锡国学专修馆创办的第二年，陈柱就受邀担任无锡国学专科学校教授，并兼无锡中学教务主任。

冯振（1897—1983），字振心，原名冯汝铎，自号"自然室主人"，广西北流县山围乡山围村人，知名教育家、中国古典文学研究专家、诗人。1913年，考入唐文治掌校的交通部上海高等工业专门学校（今上海交通大学），先后师从国学大师陈衍先生、唐文治先生。1927年，受唐文治邀请，任无锡国学专修学校教师，此后，长期在该校任教，并兼教务主任等职。1937年全面抗战爆发后，无锡国专西迁至广西办学。1938年，唐文治校长因病到沪后，冯振一直任无锡国专桂校的代理校长，直至1946年国专回无锡。

无锡国专校门，《无锡国专季刊》，1933年第1期第8页

无锡国专教师冯振心先生，《无锡国专季刊》，1933年第1期第11页

同在南洋大学学习的经历，同为广西人，再加上对群经诸子、国学诗歌的热爱，陈柱与冯振彼此之间惺惺相惜。1927年，无锡国专迎来了两位新教师，一位是无锡本地国学大师钱基博，另一位就是冯振。此后几年，陈柱和冯振之间的交往十分密切，双方结成一生挚友。最初，两人的生活爱好并不相同，比如，在国专，大多数教师都是传统的中式长袍，陈柱却总是西装革履。当时，陈柱还在上海大夏大学兼课，每周往返于锡沪之间。冯振原本是不饮酒的，但每次陈柱返锡，冯振都会陪他痛饮畅谈。陈柱在给冯振的《自然室诗稿叙》中写道：

余以能酒名于远近，近且以酒德见称。此虽小事，亦非得振心不能尔也。昔振心尝述其先太夫人之言曰："吾闻汝与萝村陈某善，此君努学好文，余甚喜之，然闻其人甚嗜酒，愿吾儿勿学也。"振心初不能饮，已而，振心与余相处久，竟日能饮，近且能与余争胜。余每与振心饮，犹常举其太夫人之言以为美谈。振心从容与余言曰："若足下昔日之饮，是先太夫人之所当戒振者也。若足下今日之饮，倘先太夫人犹在，所当劝振学之者也。"

由此可见陈柱对冯振的影响之深。据王绍曾回忆，1932年8月，他因"一·二八"事变离开商务印书馆，经唐文治校长介绍，在无锡国专新建的图书馆工作。当时，冯振先生的卧房兼书房就在图书馆楼上东侧，每当陈柱尊先生来无锡，冯先生的房间便顿时热闹起来。第二天一早，冯先生的房间里总是杯盘狼藉，说明昨晚又是一个通宵。

而在冯振的《自然室诗稿》中，收录的与陈柱唱酬之作或与陈柱有关的诗，共计56首，几乎每首诗都与酒有关，诗酒也成为他们二人友情的见证。在一首名为《赠柱尊》的诗中,冯振模仿李白赠孟浩然的诗作,写出了他对陈柱的敬仰。

赠柱尊

吾爱陈夫子,高才卓不群。

胜臣当十倍,提笔扫千军。

饮酒多多善,穷经细细分。

诗歌尤独造,遗响入青云。

抗日战争胜利前夕,陈柱不幸离世。冯振非常伤心,在万分悲痛之中,写下一首七律《吊柱尊墓》,以表达对这位亦师亦友的怀念。

吊柱尊墓

一尊满意复同倾,岂料沧桑隔死生。

万劫不磨知己在,百端难语寸心明。

重泉应抱千秋恨,早世翻教后累轻。

宿草荒坟吾敢哭,迸攒酸泪只吞声。

家庭情感

家庭情感最重要的两个部分就是婚姻和家庭。辛亥革命胜利以后,随着资本主义在无锡地区的发展,以及思想解放运动和妇女运动的勃兴,婚姻生活出现了多样化的特征。无锡教师能全身心投入到教学、研究、社会事业中,与个人的努力和时代的机遇密不可分,同样也离不开家庭强大的支持。

五味杂陈的婚姻生活

"近代礼俗,婚丧为重。"新式婚姻也称文明婚礼,主要包括男女自由恋爱

竞志女学教师张时若与过楫人结婚照片,《妇女时报》,1915年第16期第1页

和文明结婚的仪式。自1840年鸦片战争以来,辛亥革命胜利以后,随着资本主义在无锡地区的发展,以及思想解放运动和妇女运动的勃兴,受西学东渐的影响,新式婚礼逐渐兴起,出现了新、旧两种婚礼并存的局面。传统婚礼的许多礼仪事项也渗透到新式婚礼中,形成了土洋结合的中国式的新婚礼。

竞志女学的教师在婚姻习俗里有的采用的是传统婚姻。1910年,张时若毕业于竞志高小第二届,1913年在母校担任修身、算术、手工、图画、裁缝等多门课程的教员,兴趣广泛,可谓才女。1915年出嫁,新郎过楫人,无锡县东亭镇人,"幼聪颖而凝重,不事嬉戏,虽龄若成人"。照片上婚礼举行之时,他俩正是风华正茂的年龄,岁月模糊了照片,但甜蜜气氛依然洋溢。

也有的老师采用的是新式婚姻。1935年竞志办学三十周年纪念之际,竞志女学学校教员陆慧贞与交通大学毕业生赵燧章举行婚礼,是喜上添喜。上海出版的《新人周刊》第22期刊登了她身披婚纱的照片,她形象典雅端庄,充满自信睿智。婚纱就是当时新式婚礼的一种象征。此时,交通大学毕业的新郎赵燧章正跟随茅以升参加修建钱塘江大桥的工程,出任桥工队队长,十分优秀。抗战时期,赵燧章还参加滇缅公路功果桥抢修工程,任队长。中华人民共和国成立后,出任郑州黄河大桥总工程师。

无锡竞志女中陆慧贞与赵燧章结婚照片,《新人周刊》,1935年第22期第23页

随着新式女子教育的发展,近代知识女性对独立自主的经济、社会地位的追求,也促使她们积极争取着自己的婚姻自主。但是,由于所处家庭背景和个性因素、时代开放程度等差别,她们在追求幸福婚姻的道路上却遭遇到了不同的困难,也导致了不同的结果。其中百态,值得玩味。实际上,女性教育与女性婚姻、家庭幸福之间并无绝对的必然联系,但新式教育赋予了女性追求婚姻自主的意识和能力。下面三位知识女性的婚姻故事,就将为我们呈现这样一幅复杂多样的画卷。

1.由抗婚而独身:女校长杨荫榆

很多人可能不知道,被鲁迅先生痛骂的北京女子师范大学校长杨荫榆(1884—1938),在早期却是一位勇于反抗封建婚姻的女权斗士。

1901年,和当时大多数的女孩子一样,时年17岁的杨荫榆遵照父母之命,与寓居在无锡的常州籍蒋姓人家的少爷成亲。但新婚之夜她才发现,原来父母按照"门当户对"给自己选择的丈夫,竟然是一个傻子。不甘心接受命运的杨荫榆,很快就和夫家断绝了关系。随后,她参加了哥哥在无锡组织的理化研究会,每次去上学时,她并不按习俗坐轿,而是大大方方地步行在无锡的街头。后来,在兄长的资助下,杨荫榆先后就读于苏州景海女中和上海务本女校。1907年,她被江宁学务公所录取,由官费资助留学日本,1918年,她又成为教育部首次甄选教师赴欧美留学中的一员,入美国哥伦比亚大学攻读教育专业。

无锡杨荫榆女士,《妇女杂志》,1918年第9期第10页

也许是荒唐的婚姻,给了杨荫榆很大的刺激,她对事业和教育的追求是非常坚决的,以至于曾经和哥哥谈道,"自恨只得了个硕士学位,未能读得博士"。正如杨绛所说:"挣脱

了封建家庭的桎梏,就不屑做什么贤妻良母。她好像忘了自己是女人,对恋爱和结婚全不在念。她跳出家庭,就一心投身社会,指望有所作为。"但另一方面,她对婚姻则选择了远离,终生独居。女师大事件后,杨荫榆回到苏州,却并没有放弃教育事业。1935年,杨荫榆还和俞庆棠等人联合起来,在娄门创办二乐女子学术研究社,并任社长,招收学生。1937年,日军侵占苏州,目睹日军种种暴行,杨荫榆数度到日军司令部提出抗议。1938年1月1日被日军杀害于盘门外吴门桥,时年54岁。

胡彬夏女士肖像,《留美学生年报》,1911年第1期第1页

2.因抗婚而婚姻自主:女权运动领袖胡彬夏

如果说杨荫榆的人生带有很多悲情色彩,那么,她的另一位同乡,无锡胡彬夏(1888—1931)则是近代抗婚成功并且实现了婚姻自主的女权运动领袖。胡彬夏,出生在无锡堰桥的书香之家。先祖胡瑗是北宋著名的教育家,父亲胡壹修和叔父胡雨人是清末民初无锡地区的教育家和水利事业家,兄弟胡敦复、胡刚复和胡明复均是早年留学美国的博士,创办了国人自办的第一所大学——大同大学,是中国科学社的主要发起人和重要成员。胡彬夏早年留学日本,后留学美国,是当时为数不多的接受过系统西方教育的先进知识女性的代表,被胡适赞为"新女界不可多得之人物",是近代妇女解放和新闻事业的先驱。早期教育赋予了胡彬夏追求自主的女权精神和能力,这也在她自己的婚姻问题上得到了验证。和当时的其他家庭一样,胡彬夏兄妹几人都在幼年时订有婚约。不过胡彬夏和男方完全不认识。当胡彬夏(1913年大学毕业)在美国惠而斯来大学念书时,与哈佛留学生朱庭祺(字体仁)相识相爱,约

为夫妇。她知道自己的婚姻必然多有阻碍,却并没有向家人寻求帮助,而是与朱体仁相约,请求他耐心等待。当时,家里的态度有赞成和反对两种,特别是他的叔父,虽然在女子教育上较为开明,却对她在外私定终身的行为大动肝火,一度要和她断绝关系。由于胡彬夏的兄弟们都和她一样留学国外,对她报以同情,特别是她的三弟胡明复,帮助姐姐向家人争取,最终使姐姐和家里的关系趋于缓和。胡彬夏也赢得了自己所追求的婚姻,用亲身经历为当时的女性解放树立了一个榜样。

3.传统与现代的结合:教育家俞庆棠

不过,在近代中国社会的转型过程中,女性的婚姻也往往呈现出新旧杂陈、融合的情况。教育家俞庆棠的婚姻,就是典型的传统与现代的结合。俞庆棠(1897—1949),字凤岐,祖籍江苏太仓城厢,后定居无锡,著名教育家,被誉为"民众教育的保姆"。俞庆棠的父亲俞棣云,较早接受了新式教育,比较开明,是中国上海电报学堂的毕业生,让俞庆棠的兄弟姐妹从小接受了新式教育。但是,在子女的婚姻问题上,她的父母又相对比较保守,在她7岁的时候,由父母做主把她许配给了江苏著名国学教育家、国学大师唐文治的大儿子唐庆诒。

和婚前双方不见面的习俗不同的是,或许是两家本身为亲戚的关系,小时候的俞庆棠和唐庆诒也互有交往,两人更多的是中国传统戏剧讲的"青梅竹马,两小无猜"的感觉。国学大师唐文治虽然提倡国学教育,但并不保守顽固,也主动送儿子接受新式教育。这种亲情加上彼此的了解,为双方的幸福婚姻奠定了坚实的基础。1919年,俞庆棠的父亲去世,时在美国的唐庆诒,鼓励俞庆棠到美国去求学。俞庆棠卖掉父亲留给自己的嫁妆赴美。1922年俞庆棠毕业回国后,

江苏省立教育学院教授俞庆棠,《沪江年刊》,1945年第28卷第32页

江苏省立教育学院第四届民众运动大会名誉会长俞庆棠先生致开
会词,《教育与民众》,1931年第9/10期第1页

双方在无锡举行了简单而隆重的婚礼。

婚后,俞庆棠投身到民众教育的事业中,唐庆诒对俞庆棠的工作表示了
充分的理解和支持。1933年,唐庆诒双目几近失明时,俞庆棠还借赴欧洲给
唐庆诒治病的机会,考察了欧洲的教育,努力做到了家庭和事业的平衡。虽
然和公公唐文治在教育上有分歧,但彼此也能够理解和支持。唐文治在俞庆
棠忙工作时,帮忙照顾和教育孩子。而俞庆棠也尽量照顾唐文治的要求,虽
曾因学生的礼貌问题而被唐文治先生教育,却毫无怨言。正如陈衡哲所说:
"旧婚姻或许有幸福,新婚姻也有不幸。"但问题的关键在于女性是否拥有了
自主选择的权利。

复杂纠葛的家庭情感

1.夫唱妇随的侯氏夫妇

侯鸿鉴是无锡最早的新学倡导者、实践者之一。他的夫人夏冰兰,江阴
人,追随丈夫创办新学,发展教育。19世纪末到20世纪初,随着上海的开放,
无锡一批社会有识之士,提出了办实业、办新学的主张。这一时期,新学的创

竞志女学校长侯鸿鉴,《无锡竞志女学杂志》,1910年第1期第12页

1935年的夏冰兰女士,见《真实劳苦:侯鸿鉴和竞志女校影像》

办蔚然成风,还出现了兴办女学的热潮。

1896年,侯鸿鉴在西溪成立算学研究会,提倡数学研究。这一年的夏天,侯鸿鉴与夏冰兰结婚,在绍衣堂旧宅开馆授徒,侯鸿鉴在那边担任教师的时候,夏冰兰则负责为学生准备膳食。1903年,侯鸿鉴赴日本弘文学院师范科学习,悉心研究教育。1904年,侯鸿鉴学成回国,他选择回到他的家乡无锡,在竢实学堂担任教员,同年10月,他还积极提倡新建女学,他的夫人也支持他。

1905年,夏冰兰从绍兴明道女学回到无锡,侯鸿鉴与她开始盘算着开办女子学校,侯鸿鉴"倾两编译与教授之薪资八百八十金"并出售家中所珍藏的所有古物,加上夫人典卖首饰作为办学经费,租赁水獭桥南首廉宅大厅及后轩等14间为校舍,创设了私立无锡竞志女学(旧址在现东林中学初中部)。侯鸿鉴担任校长,夏冰兰担任教员。夫妻同心,其利断金,夫妻二人共同致力于办新学,第二年竞志女学又增设幼稚园。侯鸿鉴仿效日本办学模式,结合自己劳苦勤学的精神,以"勤、肃、朴、洁"和"真、实、劳、苦"作为竞志的校训。开办时学生仅64人,后扩充为小学、中学、师范3部,办学成绩卓著,与上海的务本、爱国和苏州的振华等女校齐名,为我国近代最早创办的有影响的女校之一。同时,侯鸿鉴还先后组织理科研究会和女子理科研究会,并与锡地同仁合办商余补习学校、西城速成师范学校,撰著《教育丛书》3册。

从1907年起,侯鸿鉴先后担任江苏、江西两省教育厅视学,又奉教育部视察之命,到东三省和河南、陕西、甘肃、山西、内蒙古、台湾等地视察教育,并先后受沈阳、天津、泉州诸校之聘,讲学所及,几乎半个中国。1913年侯鸿鉴再赴日本,参观大正博览会,游东、西京及名古屋。1918年7月从厦门渡海到台湾考察,又南游菲律宾、新加坡、马来西亚、印度尼西亚,写出《南洋旅行记》。

对于竞志而言,侯鸿鉴无疑是标志性的人物,是学校文化的灵魂,但是他常年在外任职、考察,拓展了学校的生存发展空间;而夏冰兰则长期留守校内,维持学校日常管理。建校之初,因聘请教员人数有限,她曾亲任教员。1910年以后,侯鸿鉴出去视学,夏冰兰就开始专任内部的一切管理事务,主持校政,在应急的情况下也兼任国文、算术、理科、体育、乐歌等多门课程。夏冰兰女士追随丈夫侯鸿鉴,为了推动竞志女学的发展,付出了终生的心血。

2.舐犊情深的教育家顾倬

1934年12月4日凌晨,一位名叫顾衡的年轻人在雨花台英勇就义,年仅25岁。在他去世后,他父亲始终无法释怀,仅在当年冬天,就先后写下了100首《哭衡儿诗》,充

江苏省立第三师范学校校长顾倬,见《真实劳苦:侯鸿鉴和竞志女校影像》

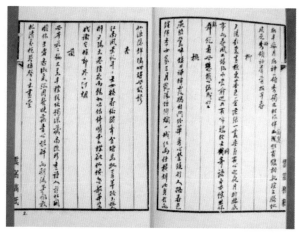

顾倬悼念其子顾衡《哭衡儿诗》，1934年12月4日

分展示了父亲对儿子的深情。这位痛失爱子的父亲，就是无锡省立第三师范学校（即省锡师）校长、无锡教育界前辈顾倬，顾衡正是他的幼子。

顾衡从小十分聪明，数学尤具天赋，中学开始就研究数论。顾倬对儿子的期望很大，本希望他长大后能够去法国留学，成为著名的数学家。不料到1929年年底，顾衡突然放弃在中央大学的学业，赴北京参加革命工作。此后数年，顾衡积极投身革命工作，与家人相聚的时间极其有限，只在去上海的途中回家住过一天。等到家人再次得到他的消息时，他已经因为"反动领袖"的罪名而被捕入狱。原来，由于顾衡出色的工作，他很快就担任了中共南京市委的负责人。可由于叛徒出卖，中共南京市委多次遭到破坏。1934年6月，敌人的第八次破坏，迫使顾衡不得不安排同志们转移，但他自己却坚持留在南京继续斗争。他认为，越是在白色恐怖最集中的地方、在组织遭破坏最严重的时候，越是要让大家知道中共南京党组织还在继续战斗。8月7日，顾衡在中央大学附近一间小屋内秘密印刷党的文件时，不幸被捕。

顾倬得知消息后，就动用一切关系和手段，积极展开营救。为了儿子，顾倬抛掉了自己的尊严，为儿子奔走疏通，最终争取到法官答应不判死刑。正如顾倬在悼亡诗中所写，"此生傲骨销磨尽，为汝低头权要门"。顾倬深知自己儿子的秉性,再三叮嘱儿子庭审时"态度好些",希望他先保全住性命,"留得青山在",才有可能赢得机会。不料,被捕后的顾衡不肯累及任何人,不仅揽下了一切"罪责",还坚称自己叫翟大来,这是他被捕时那个小屋租住者的名字。他政治态度坚决,抱着必死的决心,把审判法庭变成了批判国民党反动、宣传共产主义的讲堂,以至于当宪兵司令谷正伦看到军法官判决为无期徒刑的案卷和庭审记录时,直接批示"秉性顽强,怙恶不悛,改处死刑"。

儿子的牺牲,给顾倬沉重的心理打击。他时时想起儿子,饱含深情地写下了一首首悼亡诗,体现了一位父亲的舐犊深情。

家国情感

清朝末年，在受到外界压力的情况下，清政府进行了一系列改革，其中影响较大的要数教育改革，建立了许多新式学堂。在内忧外患之中，受到"驱逐鞑虏，恢复中华"时代口号的影响，革命党人宣传革命排满思想，主张推翻清朝统治。民国建立之后，"共和"一词逐渐为国人所熟知。不可否认，"共和"一词在当时确已成为一个时髦术语，但是，当时的大多数国人是否对"共和"确有深入理解，却是一个有待商榷的问题。抗日战争爆发以后，日本在中国进行惨绝人寰的大屠杀，占领中国的领土，激起无数爱国志士的奋起反抗。无锡梁溪的教师也积极投身于抗日救国当中，为挽救中国作出贡献。

爱国教育，民众教化

1936年，东北三省已经整整失陷五年了，民族已经到了危亡的时刻，战争的形势再也不容许任何人袖手旁观。只有每个人都能负起救国的责任来，才可以应对战争不断演变的事态。当日的教师，也已到了最后一课的时期了，教师如果还是照着书本教书的方法去教学生，是难以承担匡时救国责任的。这一时期的教师需要付出更大的努力和运用机动的方法来推进教育事业。

在非常时期，无锡县立第一高等小学的教师对儿童的教育也发生了转变,这一时期对学生的教学内容偏重家国情怀的教育,老师们主张应多灌输爱国知识。事实告诉我们,在这一个非常的时期中,教师最需要的不是从书本上去下功夫、去教学,因为求学的基本条件是能有良好的环境,同时也要有空间性。帝国主义者不断地侵略压迫,并且剥夺了每个人的自由,在这样的环境之下,学生缺乏教育的空间性,难以安心学习。所以在这一时期,教师必须认清现实,应当设法增加每一个学生的国家信念,同时也要恳切地告知学生帝国主义的真面目,使得每个学生的脑海中存有一个深刻的印象,将来都成为民族解放运动中的忠实战斗者!

在特殊时期,教师不仅对学生的爱国教育起着重要作用,同时也对大众的教化起着重要作用。民众是我国一支具有庞大数量的后备军,要使这一后备军发挥力量,使各个民众都能做英勇的战士,应该对民众加以相当的训练和熏陶。否则,如果对他们放弃不顾,那就不会对社会、对抗战起到巨大作用。到抗日战争时期,有些未开化的民众甚至还会被汉奸利用,为虎作伥,破坏我们抗敌的阵线。上海发生的"一·二八"事件中的汉奸活动,就是很好的教训。因此,作为教师,绝不能忽视这个问题。

无锡县立第一高等小学的孙治方老师,领导几名老师去附近的乡村,对农民大众进行爱国主义的教化活动。中国最大多数的农民大众,受了几千年的封建荼毒,难以喘过气来,以至于对国家的事情好似漠不关心。鉴于此,教师主动开办民众学校,组织不识字的壮年人加入民校,接受最低限度的识字教育。如果遇到不愿参加的则要用各种方法劝说,最终使得他们都能入学,并接受短期的训练。教师在教授这些学生的时候,还跟学生强调说:你们现在已经学习了相关的知识,那么你们也可以把你们所学到的教给你们的家人,然后由每一个小小的个体再慢慢地扩充到整个社会的全体。

教师去乡村进行民众教化的内容主要是讲授时事、防空常识和杜绝汉奸活动。首先考虑到当时乡村上很少有报纸,就算有了报纸,也很少有人会看,所以对于时事,民众多半是漠然的;但是他们在农间时或晚上,总有许多人聚在一起说古道今地谈论着。趁这个机会,教师就可以同他们谈论时事,谈谈

无锡县立第一高等小学校职员摄影,《无锡县立第一高等小学校杂志》,1921年第3期第6页

国家是怎样被人欺辱压迫、怎样受到羞辱等,激发农民爱国思想,增强农民的抗日心理,一旦战事爆发,自然能发挥伟大的抗战力量。其次是中国在军事实力薄弱的背景下,尤其是空军、海军力量薄弱,一旦战争爆发,沿海附近的各省,随时随地都有受空袭的可能。政府要有防空设备,而农民也需要具备一定的防空常识。所以当时的教师也准备教授农民防控知识及防毒方法,让他们能够临危不惧,避免无谓的牺牲。当时教师将理论与实践相结合,尝试以学校为中心,作小规模的防空演习,起到了一定的成效。最后是杜绝汉奸活动,汉奸的危害是不用多说的,正如上海"一·二八"事件中汉奸活动给我们带来的教训。汉奸往往混迹于乡村,做军事及地理上的刺探工作。因为农村在公安或其他政府机关力量所不及的地方,农民也较为忠实可欺,所以敌方会以重利鼓动农民受其驱使。小学教师离公安或其他政府机关较近,就可以一经发现立刻检举,揭发阴谋。

当时的中国处于非常时期,教师不应忽视了自身的社会作用,同时,更不能放弃身上应负的责任!他们也许没有金钱和物质上的力量来报效国家,但有的是中国人的赤胆忠心。顽暴的野蛮敌人已施展了他最大的力量,得寸进尺地扑到中国的领土上了,在特殊时期教师若是不愿做亡国奴的话,就要尽到应尽的责任!

爱我邦家,护我邦家

顾毓琇,江苏无锡虹桥湾人,集科学家、教育家、诗人、戏剧家、音乐家和佛学家于一身,中国电机、无线电和航空教育的奠基人之一。他是明代思想家顾宪成的后代,祖母是北宋文学家秦观的后人,父亲思想开明,精通算术、地理和物理,母亲则是大名鼎鼎的"书圣"王羲之的后裔。这样的基因,这样的家庭,有父亲教算术,有祖母教唐诗,还有知书达理的母亲教礼仪。6岁时,他就以第一名的好成绩,考进了无锡最早的新式学堂——竢实学堂,也就是今天的连元街小学。1915年,他考入清华学校中等科,此后,顾毓琇留学美国麻省理工学院。

顾毓琇,《癸亥级刊》,1919年6月第25页

江东先贤顾炎武曾写下一句传颂至今的遗训,"天下兴亡,匹夫有责"。顾毓琇生逢乱世,自始至终都保有一个知识分子的风骨和气节。从麻省理工学院毕业后,忧国忧民的他放弃美国通用电气的高薪职位,毅然回到多灾多难的祖国,全心投入科学救国、教育救国的事业。他曾赴浙江大学、国立中央大学、清华大学等名校任教,先后培养了各个领域的大师级人物,这些人物为国家发展都贡献出了突出的力量。"三千弟子尽豪英",这便是顾毓琇执教成果的真实写照。

顾毓琇不仅才华出众,还是个十足的爱

国青年。17岁时,他就参加了"五四"爱国运动,率领清华同学上街示威游行,为赈灾下乡调查灾情,访贫问苦。到了27岁,他毅然放弃美国高薪,选择回到正在遭受苦难的祖国。回国后,他立即就被多所名校聘任。他认为:在民族存亡的生死关头,必须实行"科学救国"。中国要想抵制外侮,必须要枪炮,要弹药,要飞机,要运输的便利、要粮食的供给,这些都依赖于工程师。于是他创立了中国第一个航空研究所。

虽然顾毓琇读的是电机专业,但却从未放弃过文学创作。1932年,日本人在上海挑起"一·二八"事件,淞沪之战爆发。1月29日,十九路军离开南京,开赴前线。顾毓琇率中央大学师生到火车站为部队送行,感慨于战士们慷慨赴死的激昂斗志,他不分昼夜赶写出四幕历史剧《岳飞》。当时,士兵们用的都是购买于意大利的防毒面具,用的是橡皮材料,但橡皮在极端寒冷的天气会开裂,就失去了防护作用。于是,他组织清华的教授和学生夜以继日地研究防毒面具,最终以椰子壳为原料,经蒸汽试验,成功制成了改良版的防毒面具,又亲自将8000具防毒面具送往华北抵抗日军侵略。1936年,他又将1万具面具送给绥远劳军。他还曾负责秘密运送大批宝贵的图书资料和仪器设备到大后方。1937年春,他与北京教育界的蒋梦麟、胡适和梅贻琦等12位知名人士发表声明,要求政府"用全国的力量维持国家领土及行政的完整",他又陆续写出了《国殇》《荆轲》《苏武》等剧本。1940年4月1日起,《岳飞》在重庆"国泰"大戏院公演,连演四日,场场爆满。英国驻华大使卡尔看完后,特意致函国立剧专校长以表敬意。老舍看完后,尊敬地称他为"顾毓琇先生"。

抗战胜利后,顾毓琇向往民主和平,关注经济建设,曾发表《中国经济的改造》《中国的文艺复兴》等著作。1950年,顾毓琇本想留在大陆教书,却被蒋介石要挟必须做出选择,在两难之际,他不得已远去美国,没想到这一去就是24年。在这24年间,顾毓琇拒绝加入美国国籍,虽然洋装在身,却一直是中国心。1973年8月29日,周恩来总理亲自接见了顾毓琇及其夫人,这也被看作是中美关系破冰的一部分。从此,北京的大门向他打开,他也希望能够对中国多做些贡献。随着中国的改革开放,顾毓琇于1979年再次回国访问讲学,先后被聘为五所交通大学(上海、西安、西南、北方和台湾)、清华大学、北京大学等多所高等学校的名誉教授。

一向谦虚低调的朱镕基总理,在谈及恩师的时候,却高调评价:"顾老师毕生治学严谨,文理兼通,为人师表,乃众之楷模,顾老师心系祖国和人民,拳拳之心,永昭后人!"江泽民主席亲笔赠给恩师顾毓琇先生一首诗:"重教尊师新地天,艰辛攻读忆华年。微分运算功无比,耄耋恢恢乡国篇。"顾毓琇曾这样概括自己的一生:"学者、教授、诗人,清风、明月、劲松。"

中编　学生生活

作为教育主角之一的学生,其生活虽然以校园和学习为主,却又不仅仅局限于此。与教师的生活相比,梁溪学生的生活虽有沉重难挨的一面,但总体上似乎更加轻松、愉悦。

《学记》说"君子之于学也,藏焉,修焉,息焉,游焉","大学之教也,时教必有正业,退息必有居学"。课外生活与学习生活是相辅相成的一体两面。近代梁溪各个学校在新式教育理念的指导下,非常重视学生的课外生活,体育锻炼、童军事业、远足旅行、学生社团等丰富多彩的课外活动,成为学生学习之余的重要调节。

不过,崇文重教的传统,让无锡人对学生的学习毫不放松。鼓励学生自主实践的课外作业、增加学生学习机会与提高成绩的课外补习受到了无锡家长和学生的欢迎,而学校中学生视考试为难关、害怕考试的心情,直到今天依然存在。

在校园中,因学生住宿而带来的管理问题也随之出现。学校的严格管理与学生的顽皮越轨之间构成了一种张力,学生自治则为这一矛盾的解决提供了一种新的思路。校园饮食问题,特别是师生共餐还是分餐问题,也一直延续到了今天。随着办学规模的扩大,学生的集体生活给梁溪各校的校园安全带来极大挑战,校园火灾、流行时疫、教学事故、交通事故不时威胁到学生的生命健康。

为了培养学生的公民意识,梁溪各校非常重视组织学生参加各种爱国运动与社会服务。在爱国游行、义务扫盲、协查禁烟等活动中,学生是重要的主力军,而梁溪则是重要的见证地。

本编尝试揭示近代梁溪学生生活的各个面向,在管窥、追忆早期学生教育生活的同时,也为当下丰富学生生活提供一些新的思考与启发。

课
外
生
活

近代中国是在西方人的坚船利炮与鸦片腐蚀下一步步沦为半殖民地半封建社会的。为了摘掉"东亚病夫"的标签,中国人做出了不懈的努力。从最早的强国保种,到军国民教育,在相关教育思潮的推动下,中国的学校体育、社会体育、女子体育、体育竞赛、童子军教育等都取得了长足的发展。

体育锻炼

人类教育发展之初,为了适应古代军事斗争的需要,军事体育一直都是重要的内容。孔子用"礼乐射御书数"六艺教人,也同样重视身体素质的增强。宋代以后,随着重文轻武政策和科举制度的发展,中国读书人愈加忽视身体锻炼,以至于发展到最后,大都成了手无缚鸡之力的文弱书生。在晚清国门被西方的坚船利炮打开以后,为了做到"师夷长技以制夷",1903年《奏定学堂章程》颁布时,体操就被列为新式学堂的课程之一,希望以此来调护儿童身体。竞志女学的创始人侯鸿鉴,非常重视女子体育,在建校之初,就开设了体操课,并亲自任教授课,体操用具有薙刀、木标、条竿、短棒。他还翻译了日本的《薙刀体操法》作为体操教材,希望通过各种符合生理、卫生、美学、教育的游戏与操法训练,弥补女子身体孱弱的缺陷,后来又专门聘请日本的金原村子担任体操教师。

为了女子身体的解放，侯鸿鉴的夫人夏冰兰带领竞志女学的师生，联合本地其他一些女性教育家，如王运新、胡周辉等人，在梁溪发起成立了"天足会"，主张"未缠足者不缠，已缠足者逐渐放宽"。以该校师生为主的"天足会"会员，还前往无锡乡村进行演讲，动员妇女放足、识字，同步推进本地的学校体育和社会体育发展。

进入民国以后，随着体育观念的变化，竞志女学的体育课内容也日益丰富，除了传统的游戏、普通体操外，又增加了球类、田径运动，并将卫生和生理列入课表。当时，竞志女学除了每周2个小时的体育课，还要求学生每天早上7点45分至8点做早操，在体育教师的带领下演习柔软操（周一除外），此外，还要在下午4点30分至5点30分之间进行第2次课外体育运动。竞志女学还把体育课成绩纳入对学生的考核，每学期小考、大考各1次。所考项目包括：徒手操、器械操、排球与篮球发球及投篮准确率等。田径运动成绩作为平时

竞志女学第三次学艺会莅刀体操，《无锡竞志女学杂志》，1910年第1期第16页

成绩积分。对体育分数在90分以上的,颁发"体魄矫健"证书,类似今天的单项奖励;如果学生体育和智育成绩、道德操行成绩都很好,且一学期全勤,就可以拿综合奖学金,并免除一学期的学费,以示德智体并重之意。对于成绩不好的学生,要求进行额外的练习,或者开设专门的"体育补习会",以期达到合格的标准。

为了在学校营造重视体育的氛围,竞志女学每学期会举办一次年级之间的球类比赛,每年举行一次全校的运动会,并选拔优秀学生组成学校代表队,与其他学校进行友谊赛,积极参加全省中等学校体育联合会和省运动会,获得了许多荣誉。其中,学校排球和篮球队成绩尤其突出。

由于有好的体育氛围与成绩,再加上竞志本身有师范部,竞志的很多学生在毕业后也都成了各地的体育教员,把女子体育的观念进一步传播开来,在一定程度上推动了近代中国学校体育与女子体育的发展。

体育比赛

体育是人的身体活动,从其产生之初,体育就带有一定的对抗性、竞争性,既是对自身身体生理状态的突破,也是与他人进行比较,带有一定输赢追求的活动。西方有古希腊的奥林匹克运动会,中国则有传统的射箭、蹴鞠、角力、捶丸等活动。竞技体育和社会体育,与学校体育一样,也是现代体育的重要组成部分。近代西方列强在各国争夺殖民地的过程,本质上也是一种军事力量和综合国力的竞争。因此,西方人非常推崇竞技体育。篮球、排球、乒乓球、田径、体操等,也大都发源于西方。

近代以来,有识之士在提倡学校体育的同时,也高度关注社会体育和大众体育。当时,足球运动在欧洲各大强国流行,我国上海、香港也深受影响。最初,无锡连元街小学教师陶育臣等人,经常与学生在学校踢小皮球作为游戏娱乐。后来,无锡在常州中学的学生,创立了足球会,每年寒暑假回到无锡

参加全国运动会的竞志排球队,《时事新报(上海)》,1931年5月6日

后,经常在下午到新开辟的公园里踢球。1914年,无锡火车站站长黎礼山设立了友声同志社,并且在火车站附近平整了10多亩地作为足球场,当时入社的有100多人,还经常约上海的足球队到无锡比赛。遗憾的是,因为同志社解散,队员离散,足球队沉寂了2年。后陶育臣等人发起成立了无锡青年足球会,再加上无锡公共体育场的建设,无锡足球自此而开始兴盛起来。在当时,无锡最火热的体育比赛项目便是足球。县立第一、第二小学已经毕业的同学,组成了无锡的青年足球队,并在1916年5月与圣公会足球队进行了一场比赛。此后,地方报纸上关于学校青年足球比赛的消息日益增多。

1917年寒假,南洋公学无锡同学会、无锡本地足球队、无锡旅澄同学会、南菁学堂足球队之间进行了多场比赛。

1915年,江苏省教育会为提倡社会体育,专门举办了体育传习所,培养体育人才,并通过省教育厅,要求各地兴办公共体育场,为民众提供体育锻炼的专门场所。起初,接到建立公共体育场要求的无锡县知事丁石怀因为一时没有合适的地点,就有所拖延。后经过省里敦促,决定把县西门大仓共计14亩1分1厘7毫的余地,作为修建体育场的场地,这就是1918年建成的无锡公共体育场。当时,梁溪各个学校大都设有自己的体育场,因此,平时的体操课、校内比赛主要是在各校自己的体育场进行。但是,随着社会体育氛围的浓厚,校际之间,甚至县际之间、全省范围内的体育比赛、运动会日益增多。梁溪区各校因为地理位置的便利,多选用公共体育场进行各项比赛。同时,公共体育场也是举行全县大型活动的场所。

据报道,民国时期无锡每年按惯例开全县公私立各校联合运动会,但是因为时局动荡、兵连祸结,导致运动会的影响力没有预想中的广泛。我国古时就有射御之术,西方各国也都重视身体运动,近代中国对于体育运动也十分提倡,各学校基本都设有体操课程,并且时常举行运动会,借此来提起民众对体育的兴趣。1930年无锡联合运动会报刊资料记录最为丰富。据记载,运动会定于当年5月7日和8日两天,在西门外的公共体育场中举行,共有4000余名运动员参加,分别来自县立初级中学、私立无锡中学、辅仁中学、匡村中学、县立女子中学等31所学校,其中个人竞技运动员有430余人,团体表演运动员多达4000余人。运动会开场先合唱运动会歌,再由正副会长孙祖基、陆仁寿致开幕词,接下来按节目顺序进行,有全体会操、八段锦、柔软操、群羊棍等充满生机与力量的节目,场面热闹非凡。

无锡全县运动会跳远第一路盘卿与二百米第一吕一舟,《申报》,1930年5月9日

除全县联合体育比赛之外,各学校还各自组织开展运动会。1933年,南门外无锡中学于5月4日在学校操场举行第七届运动会。日暖风和,各界人士前往参观,达到了数百人。上午8点开始到下午5点结束。本次运动会的成绩十分优异,有多项打破了历史记录。5日继续比赛各项田径,下午军事训练,演习散兵线,还邀请了八师周秘书检阅。运动会的规模一年比一年盛大,1935年,本地中等学校

体育联合会春季运动大会在私立无锡中学操场举行，运动员到场309人，由杨四箴主持大会。此次共计有16项打破上届纪录，跳高与标枪均有收获。男子高中组竞赛锦标，私中竞争颇为激烈，私立无锡中学以6分之差失败，惟有田径赛以37分遥遥领先，足够扬眉吐气。初中组匡村与启明，分获田径锦标。女子高中组，竞志连获团体、个人冠军。初中组竞志又以37分获得团体第一，荣墨珍获个人总分第一。

足球

最开始，无锡各校师生踢球多是带有游戏色彩，真正按照足球比赛规则进行的最早记录，目前见到的是1918年5月省锡师范附属小学师生的足球赛，当时比赛双方分别是教师队与该校高等商科学生组成的学生队。一开始，教师队2分领先，但就在最后几分钟，学生队也连进2球，最终双方踢平。1918年11月，无锡县立第一高等小学、县立第六高等小学、锡师附小等校学生就开始到公共体育场进行足球比赛，为了鼓励学生，该体育场场长薛明剑，还向各校学生赠送了100张入场券。这种足球比赛的风潮，也影响到了乡村的学校。1921年，无锡足球健将宁树蕃还被选为远东运动会的球员。1925年，无锡中学教师陆翔千还联合车站站长阮国瑞、东吴大学足球队队长史据如等人，发起无锡足球联合会，希望每个周六、周日，全县各足球队能够在公共体育场进行比赛，切磋球技。

不过，作为一种对抗性较强的比赛，足球比赛发生纠纷似乎也是难免的。1929年4月，在中央大学区中等学校联合运动球类比赛中，无锡中学与南菁中学足球队因为下半场罚球而引发纠纷。

1930年3月，江苏省举行全省民众足球预选赛及全省各中学联合运动会，省立锡中足球队全体队员职员15人，田径赛队员职员14人，在学校体育指导员邵子博带领下去省里参会。

1933年，本地中等学校举办足球比赛，初高中两场在省锡师校外操场交锋。高中部辅仁对锡师，裁判为邵子博，整场比赛呈现出一面倒的局势。辅仁队整队功夫略胜一筹，脚头也很准，结果9比0，辅仁大捷，夺得胜利。初中

赴常州比赛的无锡中学足球队,《时报》,1930年11月19日

部省锡师对私中,两队实力难分伯仲,形势紧张,但私中球员因为身材矮小吃亏不少。私中先胜一球后省师反攻激烈连得两球,最终以2比1终局。1934年,省锡师又在无锡中等学校体育联合会足球锦标赛中荣获冠军。

可见,在足球上,地处无锡的省立锡中,有足够的实力。

篮球

与足球类似,无锡的篮球比赛也是由无锡在外地,特别是上海求学的同学带动起来的。1919年寒假,无锡旅外学界与南洋公学无锡同学会,就约在公共体育场比赛足球和篮球。1921年,省锡师邀请苏州第一师范来到无锡,进行了网球、篮球、足球三大球的比赛。

在篮球方面,值得一提的是竞志女学的篮球队,她们颇具实力,享誉一时。两队常与周边城市学校球队进行友谊比赛,如与武进芳晖女子中学球队就曾多次交手。

1930年,无锡各公私立中学,组织了篮球锦标赛。其中,初中部比赛在省锡师操场,第一场省锡师对辅仁,省锡师以33比11取胜;第二场弘达对启明,结果弘达弃权,启明自动获胜。裁判均为过曾望。后面的比赛是省锡师实验小学对战公益一校,在公共体育场进行。同时,苏州东吴大学校工篮球队来锡,与本地私锡中校工组成的民众红星队,借西门公共体育场比赛篮球。东吴校工队向来负有盛誉,前往观看的人很多,结果为25比12,胜利属于东吴

参加锦标赛的无锡中学篮球队,《图画晨报》,1934年第124期第4页

队。后续,东吴校工队还与省锡师篮球队进行比赛。

1928年,苏大中校运动会结束后,南菁学院以24分夺得锦标,第二太仓,第三省锡师,第四上海。

排球

1930年3月13日至24日,夏冰兰、孙超雄、徐东屏等率竞志中学部学生40人赴镇江参加江苏省第三届中等学校联合运动会,获女排锦标,得大银盾、"女界之光"银盾各1枚;田径总分第四名,得银盾1枚;团体操得优胜奖,得银盾1枚,成绩辉煌。

3月28日,排球队12人再代表江苏省女排前往杭州参加全国运动会,以校队代表省队出战,是学校历史上第一次。此后,竞志女子排球队声誉大振,屡获胜利。当时队员有吴若瑾、倪云裳、侯佩芬、顾佩铭、荣梅云、陆颖西、秦端保、窦文德、杨苏保、姚若兰、黄蔷英、张锦荣,后来侯鸿鉴的女儿侯毓芬也成为其中的中坚力量。此次全省联赛,激发了无锡各校运动队的比赛激情与运动热情。

1930年11月底,无锡《民报》报道,男女对于体育运动都是兴致勃勃,以至于球类比赛竟然是无日无之。以竞志排球队为例,该队邀请常州私立芳晖女中排球队来锡进行友谊赛,结果竞志以2比0取胜。

1930年11月29日的几场比赛,被记者称为"将军桥下将军云集,北禅寺巷人头挤挤"。当时,先是私立无锡中学全白排球队到将军桥下与辅仁中学排球队进行比赛,全白胜两局,辅仁胜一局,结果为2比1,全白得胜。取胜后,全白队又到北禅寺与竞志女学的排球队进行比赛。北禅寺巷竞志女学排球队打破男女间隔阂,以求球术上的进步。两方开战,女将勇胜男将,实在是出人意料,胜利属于竞志,巾帼英雄,令女儿扬眉吐气。以至于有人将竞志女学排球队称为"托拉斯"(垄断之意)。据说,后面还要与省锡师黑虎排球队再赛,全县球迷都非常关注,这场比赛也被称为"女将军"大战"黑老虎"。排球赛万人空巷,虽然最后的结果是2比0竞志惨败,但也显示了竞志女排的决心。本来,该女排队还邀请了上海务本女学排球队来锡比赛,但因为当时务本校内小有风潮,未能来锡。

之后几年,竞志女子排球队在与无锡地方各学校球队比赛中屡获佳绩,并获全省冠军,代表江苏省出席全国运动会并获得亚军。

1930年,教育学院各种球队锐意练习已非一日,教职员排球队特地与学生队举行比赛。

1931年11月,省锡师、县女中、教育院、省女中、私锡中、辅仁等8校,鉴于夏季江苏各地遭受水灾,灾民在冬季生计艰难,专门联合发起了排球赈灾赛,决定从11月8日起至29日止,连续进行比赛,售票充赈以惠灾民,受到各界的广泛关注和支持,被认为是无锡空前未有之盛举。比赛首日,先由教师队和学生队比赛,最终优胜者为省锡师和辅仁中学。

1932年羊腰湾私立无锡县中还曾上演过三次师生对垒:足球、篮球和排球。几场赛事的起因都源于学生的"挑衅",老师们迎战。一边是朝气蓬勃的学生,一边是老兴不浅的老师,赛得十分精彩热闹。不过老师们毕竟老骨久不舒展,渐已硬化,虽勉力招架,但是球场上各种创伤、倾扑,层见迭出,一场比拼下来根本无法维持形象,结束时都极为狼狈。单就其中一次排球比赛来说,老师们的代表是W老师。一来到学校便听到W老师说"我们赢了一场",看起来分外激动,刚想开口祝贺,未料到W老师紧接着补充道"赢了一场,输了三场"，神态也顿时像泄了气的皮球一般，懊恼无以复加。但是转念一想，不幸中的万幸是好歹没有"吃鸭蛋"，老师们也就心平气和了，并且学生还贴心地替 W 老师解释道，W 老师的球技其实在足球方面更胜一筹，只因为排球隔了一层网的缘故，而无法发挥出全部实力。对于这些赛事，老师们的态度亦是相当认真的，如 Z 老师踢球以至于跌破了膝盖，因此请假一天，此次排球又打屈了手筋，只得带伤上课。虽然如此，但老师们也是乐在其中。

乒乓球

据说，乒乓球起源于 19 世纪末的英国，但现在，乒乓球却成了我们国家的国球。1904 年年底，上海四马路一家文具店的老板王道平从日本购回 10 套乒乓球器材，放在店里进行娱乐。乒乓球因为占地面积小，参加人数少，对条件要求不高而得到推广，但又因为其缺乏足够的表演性，反而普及较晚。

考虑到无锡与上海的密切关系，乒乓球可能在很早就传入了无锡。乒乓球在无锡被正式纳入体育活动还要追溯到 1919 年，由无锡县体会发令。当时无锡城里已有华一、梁溪、震华等 20 多支民间组织的球队，其中最有名的当属无锡辅仁中学的"晋陵乒乓球队"。"晋陵乒乓球队"由朱葵生、孙鉴渠等学生在华一队的基础上组建。那时还没有标准的球拍，"晋陵队"队员使用的全是自制的大小不一的圆形木片，但这支球队组建几年就成为一支闻名全国的乒乓球队。乒乓球被称为中国的"国球"，是一项世界流行的球类体育项目，其实早在民国初期无锡籍的乒坛高手就已名闻天下。

1926 年 4 月，当时无锡乒乓研究会赴上海前去比赛，与上海青年会、华一、日本青年会、岭南体育会、明镜乒乓会等名队进行友谊比赛，结果 4 胜 1 和。从这条记录来看，无锡乒乓球的引入似乎要到了南京国民政府时期，较其他地方、其他项目不算早。

1927 年 8 月 27 日至 9 月 3 日，第八届远东运动会在上海召开。"晋陵队"的孙鉴渠、朱葵生代表中华队参加了乒乓球表演赛，孙鉴渠为中国代表团夺取了唯一的 1 分。

事后，有人分析认为，当时远东运动会报名时，乒乓球只有 34 人，其中以

第八届远东运动会中华队选手与职员，见《远东乒乓指南》

上海最多，无锡次之，可见国人精于此道者，寥寥无几。

1937年，无锡的混合队出征上海，与上海7支强队激烈交锋，又以7战7捷的佳绩震动上海乒坛。学校乒乓球队还曾与国学专修馆作友谊赛，辅仁球艺娴熟，抽杀厉害，最终以4比1获胜。

水上运动与游泳

在当时，水上运动同样受学校关注。学前街省锡师附属小学的学生对于游泳练习认真，成绩优异。1920年，学校在学前街溪河内举行水上运动会，表演各种项目。开始前先开会奏乐，而后学生报告、唱游泳歌，等到现场氛围热烈起来就开始汇报成果，有操油板、抛救命圈法、水中书扇、跳跃入水、胸泳、背泳、水底寻物、水中脱衣、侧泳、提灯竞游、立泳、救命衣穿法、潜水游泳、索缚泳、却病、救生术、界球比赛，最后以来宾演说作为运动会的收尾。此类运动的趣味性与专业性并存，且形式新颖，既关注学生能力发展，也注重安全防护知识的掌握，切实从学生需求出发设计项目，值得借鉴与学习。

除此之外，在田径和其他方面，无锡各校学生也有精彩表现。1948年，教

江苏省立第三师范附属小学第四次水上运动会提灯竞游,《教育杂志》,1920年第11期第1页

育局奉教厅指令要求各中小学需重视体育课程,并规定教学时间,提倡课外运动,正值第七学年度开学,各中小学都应该重视体育,并将其列为首要课程,办理经过也需要上报检查。对于体育课程早操及课外运动,需要按照规定切实进行教学。对于竞走、爬山、远足、骑马、划船、游泳、骑自行车等活动,也应该普遍提倡。至于体育场地及设施,尤其应该设法充分利用。

童军事业

童子军是由英国退伍军官贝登堡爵士在1907年创立的,其宗旨在于通过集体化、游戏化的侦察与野营训练,提高英国青年的体格和德行。1908年,他出版了《少年警探》一书,对如何建立童子军进行了详细的说明。由于这一提议符合人们对儿童,特别是男孩的认知,引起了世界各国教育家的关注,并得到迅速推广。

中国的第一支童子军,是由严家麟于1912年2月25日在武昌文华书院创建的。第二年,上海华童公学、青年会中学等也相继建立了童子军组织,并成立了"上海中华童子军会"。但这一时期,童子军组织主要是由外国人在教会学校创建。真正让国内教育家注意到童子军,是1915年在上海举行的第二届远东运动会。当时,上海各校400多名童子军在运动会上的表演与服务,给人们留下了深刻的印象。随后,我国教育界人士开始号召在全国范围内提倡、推广童子军组织。

1915年春季,江苏省立无锡师范学校附属小学的教师吴江、唐昌言,决定在锡师附小组建童子军,这是江苏较早成立的一支童子军。随后,梁溪各校纷纷跟进,队伍急剧增加。与此同时,全国各地的童子军也纷纷成立。为了相互联络,1915年11月,"中华全国童子军协会"在上海成立,并在广州、南京、汉口、北京、天津等地设立了分会。1916年春,唐昌言与三师附小体操教师高鹏提议,成立了中华江苏无锡童子义勇军联合会,暂借附属小学为会所,选举唐昌言为会长,秦执中、陶守恒为副会长,高鹏为总教练,并按照

童子军创始人罗伯特·贝登堡,《童育》,1934年第2期第9页　　国际童子军徽章

无锡县立第一高等小学童子军,《中华教育界》,1918年第5期第1页

成立的先后顺序编定各校童子军队次。

1917年,无锡全县童子军在锡师附小操场举行了第一次大会操,城乡各校的童子军齐聚一起,共计20团764人,教职员57人。会操时,各团根据成立的先后顺序鱼贯而入,并根据会长和总教练的命令,奏军乐、对国旗敬礼、行阅兵式,一时之间,军乐悠扬,军旗飘扬,场面极为盛大。这次大会操,进一步推动了各校童军训练的积极性。他们操演的形式愈加丰富,不少学校组织了校内的检阅仪式,像省锡师、积余、东林、无锡师范等学校还各自开展了露营、庆祝、宣誓活动,吸引了省内外甚至海外的童子军团体前来参观学习。

1918年,无锡童子军联合会又选派代表,统一乘坐火车赴南京参加江苏全省童子军大会操。1919年,无锡第二届童子军会操改在公共体育场。此次会操,还专门邀请上海华童公学童子军第一队、丹阳县童子军等外地童军参加,共有27个团1000多人。尽管当天天公不作美,天阴风狂,气温骤降,参加的各队童军并没有受到天气的影响,仍冒雨进行了汇演,且精神活泼,颇有尚武气概。童子军联合会成立后进行了许多卓有成效的工作。此后,但凡地方

无锡女子中学童子军操演,《大亚画报》,1930年第266期第1页

重大活动,人们总能看到童子军的身影。

由于训练有素,1924年,江苏省教育厅和江苏教育会决定拨款选派童子军6人,在教练李启藩等人率领下参加国际童子军总会在丹麦哥本哈根举行的第二次国际童子军大会,这是中国童子军参加国际童子军运动的开始。在这次大会比赛中,中国童子军取得了总分第五名的好成绩。

南京国民政府成立后,童子军被纳入国民党的改组与管理事业中。1927年6月10日,国民党中央训练部设立了"中国国民党童子军司令部",委任张忠仁为司令,令其即日组织童子军,领导和办理全国童子军事务。1929年,中国国民党童子军司令部改组为"中国童子军司令部",由中央训练部部长何应钦兼任司令。

随着童子军事业的发展,无锡县立女子中学也成立了女童子军。

1930年4月18日至22日,第一次全国童子军总检阅和大露营在南京小营举行,蒋介石亲自到会检阅并作训词。同年8月,江苏省省党部童子军教练员暑期学校全体童军男女教练员133人（其中女教员10人），在省指导员徐国治，教练朱梦洲、陈邦才等人的带领下，来到无锡西门公共体育场进行为期一周的露营。省党整会暨教练员张润扬、教练员顾拯来等人决定来无锡检阅。

受此影响，为了让社会检阅童子军的训练，并且推动童子军事业走向社会，实现品高、学富、体健的培养目标，1931年，无锡在西门外公共体育场举行全县童子军大露营，共有13团32队来锡参加。各团童子军精神抖擞，实小的女童子军天真烂漫，活泼异常，让人印象深刻。

当时，无锡省立师范学校附属小学也曾组织露营活动，全体童子军由杨老师等3人带队向惠山出发，大家在山脚下扎营、准备晚饭，之后又举行营火会。大家在火的周围团团围住，唱歌、游戏、讲故事、谈笑话，尽欢尽乐，如痴如醉。第二天一早又鼓着勇气向山顶进发，见到了日出的奇景。早餐结束后，大家又开始各种课程比赛，生火啦、结绳啦、缝补啦、刀斧使用啦，吸引了不少人围观，他们都面露惊奇，队员们收获了不少赞美，这愈加激起社会对童子军的关注。

1932年4月，国民党中央常会决定成立"中国童子军总会"，以蒋介石为总会长，戴季陶、何应钦为副会长。1934年6月，教育部成立了中国童子军理事会，朱家骅、陈立夫、张治中等15人任第一届理事，蒋介石为理事会会长，戴季陶为副会长，王世杰为理事长。同年11月1日，中国童子军总会正式宣告成立。中国童子军总会是全国童子军的最高领导机构，但实际工作则由童子军全国理事会负责。随着国民党对童子军的重视程度日益提高，童子军的训练也日益规范化，并被正式纳入中小学的课程与教学中。

1933年，考虑到各地童子军大都已经组建，也都进行了积极的训练，但是，在中小学课程表，特别是每周各科教学与自学时数表中，并没有明确规定童子军训练这项内容，于是教育部与江苏省教育厅明确要求，各地应将童子军训练列入课外活动之中。1934年，教育部通令全国公、私立初级中学，增加童子军课程，修习时间定为3学年，每年度每星期实施3小时，课内1小时，课外2小时，与高中的军事训练及军事管理衔接。小学儿童由于年龄较幼，办理童子军仍列为课外作业,不要求在课内统一实施。1935年,教育部进一步要求把童子军的各项训练内容,纳入学生寒假作业之中,要求各童子军团,在寒假内补充童子军课程,并对其进行指导,力求学生学习到要领。

1936年10月,童子军总会在南京陵园新村举行第二次全国童子军大检阅和大露营,全国30个省市的10726名童子军参加了这次大集会。据童子军总会统计,当时向总会登记的童子军人数已达20余万。1939年4月,第三次全国教育会议通过教育部交议的中学教育改进案,"六年一贯制"中学教学科目及时数表中,童子军作为从第1学年至第3学年的课程,上、下学期每周各上两小时。

童子军训练是同伴团体与体育运动的有效结合。小队之上再有中队、童子军团等各级组织。在童军小队当中,通过选举小队长,商定小队名称、队徽、队歌、口号、欢呼、队旗等等活动,儿童可以了解个人与团体的关系,体验民主生活、培养责任意识;在童子军的日常训练和社会服务中,各司其职又团体协作的方式能让儿童在集体中养成良好的社会态度,练习社会生活的行为方式与规则。

此外,进入20世纪30年代以后,国民政府又把军事训练加入学校教育的内容之中。省锡师曾开展实地射击,因为当时学校对于军事教育十分重视,在平时的训练中就非常注意,所以常常组织学生进行射击实践。师范二年级学生在1933年12月就已演习弹药射击一次,到第二年的3月17日又在惠山进行了演习,从上午9点开始到下午4点才结束,除了由学校唐教官指导外,同时聘请了省立教育学院王教官协助工作,可见学校对军事教育的重视。

远足旅行

中国自古就有"游学"传统,古人认为,"读万卷书,行万里路",旅行是增加修养和见识的重要方式。在西方,古希腊哲人也非常重视游历,到了近代,英、法等国更是形成了"壮游"传统。日本在学习西方的过程中,提出了"修学旅行"的主张,得到了中国教育家的认可。康有为不仅将旅行作为一门定期开设的课程列入课程表之中,他在桂林讲学期间,更采用"寓教于游"的教育方法,选择风景名胜地进行唱歌、跳舞、游戏等文体活动,并就游览中见到的自然现象进行"直观教学"。于是,在新式学堂中,人们开始组织"远足会",在远足中或凭吊古迹,或采访事物,借以扩展心胸、锻炼体格、增长见识。更有一些学校老师,会结合课程教学,在修学旅行中注重校外实地教学,教师指导学生考察社会实况和自然现象、采集动植矿物标本、绘图写生、即景写作或归来撰写"远足记",从而进行具有通识意味的直观训育。

由于无锡交通便利,风景出众,当时许多地方学校都把无锡作为修学旅行的目的地。1907年10月,上海中等商业学堂曾组织60多名学生到无锡旅行,登惠山,游太湖,采集动植物标本。1908年,上海龙门师范学院附属小学学生也到无锡修学旅行。在这些学校的影响下,无锡本地的学校也开始组织学生,在春秋合适的时间进行远足或旅行。

1909年3月3日下午,无锡三等公学与城外四小学堂200多名师生,一起到惠山进行春季旅行,颇为壮观。同年,常熟石梅公立高等小学6名教师、37名学生乘坐轮船到苏州,再转车到无锡,参观了连元街、东林2所学校。当时,

无锡菁义、致毅、侯氏三校春季旅行合影,《时报》,1910年2月1日

无锡竞志女学女子旅行歌,《无锡竞志女学杂志》,1910年第1期第214页

竞志女学不仅组织学生旅行,还专门编唱了《女子旅行歌》。1910年,无锡菁义、致毅、侯氏三校也在寒假进行了联合旅行。

1914年,随着无锡本地学校数量的增多,学校教育观念的转变,学校旅行也更加频繁。比如,北门外振秀女学校,也在春季由教师带领学生到惠山进行旅行,先从学校排队到三里桥坐船,在宝善桥停靠后排队上岸,在浙盐公所午餐后游览黄公涧。积余学校也进行了旅行。可见,这一时期,惠山旅行既是大多数本地学校的首选,也是外地来锡的旅行目的地。1914年秋,县立第二高等小学(东林学校)举行全校学生旅行,午后1点由该学校教师率领出发,到惠山后略事休息就整队返回,全程秩序井然,看到的路人都啧啧称赞,为学校赢得了良好的声誉。当年,省锡师鉴于讲习科学生毕业在即,安排该班学生外出参观实习,实习地包括苏州、上海、通州等。同时,学校还安排了其他学生到杭州旅行,行程是由锡乘驳船,雇小轮拖至苏州,再由苏州拖至杭州,学校事先联系了廉惠卿的小万柳庄住宅寄宿,节省了旅馆费用。据报道,当时前往杭州的师生一开始有40多人,但是,船在太湖时风浪很大,难以前进,

其中有一些学生就放弃了，只有那些富有冒险精神的师生才坚持继续前行。1915年，无锡县立第四高等小学全体学生到苏州虎丘山旅行。

1915年，省锡师全体学生举行远足活动，到惠山登顶望太湖风景，遍游山麓。当时还有城中正蒙小学等市乡各小学，共有七八个学校。到了下午，大家摄影留念后，才整队离开。也有部分学校选择到周边城市或进行较远距离的参观。无锡中学校的远足队是由教师和学生共同组织的，常常利用假期时间进行远距离野外步行，同时游览四乡和名胜古迹，以激发学生们的爱乡之心为宗旨。

1916年，初冬时节，天高气爽，各学校学生便准备筹资旅行，大家都极为踊跃。旅行目的地开始向无锡四周的乡村拓展，省锡师童子军、师生曾到高子水居、望湖楼、梅园、管社山、万顷堂等处游览。这些也成为惠山之外本地与外地师生的重要修学旅行目的地。

1917年春，沪宁、沪杭两铁路局，为优待春季旅行，决定自阳历4月5日至

无锡私立积余初等高等小学旅行合影，《中华教育界》，1914年第15期第1页

无锡县立第三高等小学远足惠山,《中华学生界》,1916年第2期第1页

10日,即所谓的外国清明节,专门发售减价优惠券,优待春季旅行之人,无锡恰是沪宁铁路线上的重要一站。随后,两铁路局又推出了优待团体乘车章程。由于当时两路的具体优待办法并不完全相同,经过调整,最终在7月份发布了一个统一版本,其中特别规定:"凡各公立学堂之学生,如有15人以上,给团体旅行券者,来回团体章程车价。"章程会根据是单程还是往返,以及行程的公里远近,分别给予不同的折扣优惠。同年,教育行政会议决议规定假期修学旅行办法,要求学生珍惜假期时光,通过旅行、调查、实习参观、研习课业等方式提高自己的能力。在该规定中,还提出了对学生修学旅行成绩进行考核的办法:"修学成绩于假期届满时报告学校由教员评定之。"在教育界的努力下,各界支持与配合,更是促成了学校师生的假期旅行与修学旅行。每到春秋两季,学校就开始组织学生旅行,这不仅是学生们出游放松的好机会,同时也是显示学校的教学能力与教学质量的机会。

1922年入秋之后,无锡中学的师生们已经举行了多次远足,城内的诸多胜迹都已经游览过,于是大家便来到了鸿山泰伯墓,大约在县城东50里,离学校大概也有40里。大家上午9点出发,顺道参观了梅村第四高小和泰伯寺。

到了鸿山后，就立即赶赴鸿山寺，循着墓道拾级而上，登3000年前的古冢，在墓旁还见到了一株山茶，是明朝的遗物。结束游览之后，天色已晚，便向第四高小借了一盏桅灯。一路上月光与灯光伴着师生，等回到学校已经是晚上9点15分。下周，师生们准备去雪浪军将山。

省锡师还组织本科四年级学生赴京津沪汉各处旅行。定在早上出发，先赴南京参观高师、暨南两学校，而后乘津浦快车顺道前往曲阜、泰安、济南等地，到天津、北京，乘京汉铁路至保定及开封，耽搁一两天，再到汉口、武昌参观三天。之后便乘船东下至九江、南昌，到安庆参观三四天。最后到上海、苏州参观，然后回到无锡。此次旅行总共20人，往返大概需要一个月，每人花费60多元，本系贴补20元，学校贴补10元，自备20元，学生入校的保证金10元。行程跨越了五六个省，走陆路四五千里，水路两三千里，是学校罕有的长途旅行。

1923年，连元街县立第一高等小学，同样组织了一次远距离旅行活动。全体学生一共分为两队，各自出发，一队赴苏州参观教育成绩展览会，约有一百学生；其余留校学生则到惠山及青山远足。学校之间也常常举行联合远足活动。1923年，无锡市立各小学校长，为了不负明媚春光，联合市立各校组织旅行惠山。他们在劝学所开办联席会议，到会者有市一陶达三、市二高涵叔、市三秦秉成、市六陈云耕等，当即一致赞成。各校约定下午3点出发，在惠山集合。同年，省锡师也选择了周边城市作为目的地，本科二年级去往杭州旅行，本科一年级学生同时往南京，本科三年级学生赴杭州，预科生前往苏州附属高小。工商学校各级学生也定于中旬分别前往杭州、上海、南通、南京等地旅行。

除学校组织外，学生、老师们也会自发组队旅行，对于远足的热情格外高涨。无锡旅外学生蒋学渊、周方凯等在寒假里组织了学生俱乐部，或赛球或演剧，开展各种有趣的娱乐活动。1923年，蒋学渊又发起了学生探险队，准备到太湖群山中采集奇异生物。队员们特地准备了一切探险要用的物品，定在2月27日出发。该队队员连舟子共计34人，分乘帆船2艘。活动前推定蒋、周二人为探险队长。携带枪械10余杆、篷帐4具、猎狗6头、白鸽2只,其余的像摄影器材、医药品等琐碎的也一应准备。一队人在阴历正月初二清晨开船出发,送行的有校友亲戚等,大概百余人。初四这天,探险队用白鸽传信至俱乐部,说已经安全抵达太湖小孤山,只是因为天雨风狂,一时不察开到了别的地方,等到天晴风定,会继续前进。

此外,为了更好地将旅行与教学结合,不少学校都拿出了自己的方案。以无锡中学实验小学为例,学校准备了一些相关教材,可供各校参考。1927年,学校成立了"远足教学中心",总体目标在于让学生观察自然物及自然现象、欣赏自然界的美、参观古迹名胜。对教师来说,教学时的注意点有使用远足地图的指导、观察力法的指导、记载方法的指导、风景写生的指导、采集标本的指导;教学实施要点有指导准备各种用具、远足时注意遵守秩序服从信号等;远足后指导整理和发表。在过程中需要注意,若学生在实地观察时产生疑问,则由儿童解答或教师随时解答,如果是在回校后就之前发生的事发表疑问,也由儿童解答或教师解答。尤其要提醒教师的是,解答一定要正确明了,儿童解答如果出现误谬,由教师及时进行矫正。最后全部结束后,要开一个远足后的展览会作为反思总结。与修学远足教学联系起来的科目有自然、文艺、社会、体育、音乐等多种,因此既要关注各科知识的融会贯通,又不能失去远足的乐趣。

1928年,无锡中学实验小学如期举行了修学远足旅行,在实际工作中学校也根据之前制定的内容做出了更符合实际的调整。在教学目标上,新增加了增进旅行常识、观察社会状况、增进体力这三个目标。在教学上的注意点上,新增加了旅行常识的指导这一点。实施要点还是和之前一样,但联络的科目增加了阅读、书法和卫生。尤其值得借鉴的是增加了旅行常识和指导,远足同样也是一次旅行,对旅行基本知识的掌握有助于学生更好地进行研学。

1929年,第一学区试行中心小学区后,关于全区的教育事宜,已经由中心小学规划,拟分别施行。同年,在中心小学第二部举行第二次校长会议,出席的人员除了各校校长之外，还有中心小学各部主任。由费校长主持，会议决定举行各校联合远足大会。即使一些学校有经费上的困难，像杨名乡由于学款素来人不敷出，除了正常的开支以外，如果有临时发生的事件，不能应付，也决定尽力参加。

1934年，江苏私立无锡中学高三级学生23人，在学校陈、沈两位教师带领下，乘火车至杭州旅行。一行人入住了湖滨旅馆，由于连日来天气阴雨，大家便只能带着雨具到各处名胜游览，还去了航空学校以及浙江大学等教育机构参观。

竞志女学校长侯鸿鉴是我国当代知名教育家，喜欢游历，足迹遍布海内外。1935年游览了西北西南各省的名山大川，旅途完成返回后，除了将游历所得记录成册，分别赠送给好友纪念外，为了增进学校学生对于我国各省风土人情知识的了解，特地带回了各省的风物，在学校百一楼开放展览。包括了甘肃、宁夏、陕西、新疆、西藏、贵州、云南、广西等地的佛经、佛像、柳州碑、阳明手迹、玉杯、古泉、中法之战利品及各种化石矿石等，陈列了两间教室，分别予以注明解释。学生参观者甚多，摩肩接踵，望眼欲穿，异常踊跃。

民国时期学校开展的修学旅行活动，是提高学生综合素养的校外教育活动，也成了学生与社会连接的途径之一。修学旅行活动的开展得益于文化、政策和经济的历史发展，离不开各级学校、教育部、交通部等各部门的联动支持。政权更迭、政策多变的时期，修学旅行给校园生活增添了一抹色彩，学生与教师共同创造了美好难忘的回忆。

可以看到，修学旅行旨在让学生学会观察自然，欣赏自然，并养成一双善于发现的眼睛。同时，还应该注意到修学旅行强调各学科之间的联系，将旅行与其他学科结合在一起，具有一定的跨学科思想。修学旅行活动表现出涉及地域的广阔性、时间利用的高效性和团体组织的特征，对学生产生了一系列积极的影响，尤其是开阔视野，获取丰富知识；锻炼坚强意志，增强环境适应力；形成自我反思意识、培养问题解决能力；激发爱国情感，厚植救国信念。内容丰富、形式多样的修学旅行使学生在知识、能力、品质、价值观等方面得到充分的训练，这些积极作用甚至延续到实际的工作中,可见修学旅行对学生成长的帮助。

课外活动

课外活动,是指在必修的教学内容和教学大纲要求之外举办的形形色色的具有教育性质的教育措施,是整个教育过程的必要组成部分,是一种利用课余时间对学生进行教育的灵活多样的教育形式。民国时期,课外活动一词就已经出现在我国相关教育学论著之中。以蔡元培为代表的"尚自然、展个性"教育理念为课外活动的发展奠定了理论基石。继蔡元培思想之后,杜威来华讲学,使得实用教育哲学广为传播,在教育史上直接掀起了著名的新教育思潮,提高了课外活动在学校教育活动体系中的地位。这一时期梁溪的课外活动尤为丰富,其中演说比赛、校外调查、音乐舞会这三种课外活动比较突出。

演说比赛

在《论语》中,孔子最欣赏的学生是"讷于言而敏于行"的颜回。在儒家思想影响下,战国时期纵横家们高超的辞令,反而会被中国人认为过于夸夸其谈。但是,到了近代中国,人们的观念开始发生转变。演说作为一种有力的社会宣传方式,有助于启蒙大众,再加上当时的国语运动,学校对于学生的演说能力培养十分重视,举行演说比赛就是一种很好的方式。

1919年五四运动爆发后,各地学生纷纷走上街头,在游行示威的同时,也发表各种演说,政府当局一再禁止,甚至为此逮捕了一些学生。此举引起了人们的质疑和反对。早在1917年,江苏省教育会曾发起全省中小学生的演说竞进会,在南京、上海等江苏各地轮流举办。

1922年12月,第五届演说竞进会准备在无锡明伦堂举行,带动了无锡各个学校的演说热情。无锡中学在校内举行演说预备赛,演说范围是整理财政计划,每个年级推荐2名学生代表参赛,由学校教师担任评委,从意义、态度、语法三个方面进行评判,结果孙树勋、许鸿达、顾衡、师庆松当选。下午举行决赛,师庆松夺得第一,孙树勋第二,两人被推举为代表参加江苏全省中学学校演说会。

12月15日全省举行预赛,来宾有400多人,参赛学校有大学9所,中学21所,其中,女校4所;参赛选手55人,内有女生8人;黄任之、章伯寅、秦有成3人任评委。每位选手的比赛时间为5分钟,计分采取百分制,分值比例是思想占40%,结构占20%,态度占20%,国语与音调占20%。第二天下午决赛,由薛毓津、朱经农、庄百俞为评委,结果高等组第一名是国立东南大学的黄国元;中等组第一名为江苏省立第一女子师范学校的叶华。当时,担任主席的袁观澜,对统一国语、青年辩论、提倡演说、女子演讲都给予了肯定,对无锡学界听讲的热情尤其赞赏。

1926年,无锡县教育会为了提倡国语,在国耻日举行第一届国语演说竞进会。提前一天举行了预赛,由会长侯鸿鉴任主席,秦颂硕、张杏村、唐卢锋、张正三、薛溱龄等为评判,高级小学与赛者有7校,初级与赛者有9校。结果高级晋级了6名,其中县二学生孙欧最佳,初级晋级了12名,章氏用宾小学周家珍最佳。决赛日的结果也同预赛一致,高级锦标为县二所得,低级锦标为开原一校所得。

1928年11月24日至25日,无锡教育界举行全县儿童自治成绩展览会与演说竞赛会。演说竞赛会颁奖礼,由教育局薛局长任主席,教育部普通教育司司长朱经农颁奖。学生们都一一上台领奖。到了第五个,是一个13岁县六的学生顾宝良,他忽然起立声明,用从容的态度,国语流利,向主席说道,学生生长乡间,一个村童,此次来城里参会,自惭形秽,只是迫于师命来参赛罢了,并不希望得奖,只当是练习,不敢领奖。况且昨天决赛后宣布名次,并没有自己的名字,今天是不是有什么错误。如果说是昨天的分数计算有误,按道理如此重大慎重的演说比赛,应该不至于如此,否则,其他大事,又会如何呢?无知之言,希望各位先生见谅。此话让在场观众个个动容,赢得掌声雷动。后经薛局长解释,朱经农劝说,才由县六孙校长命令另一位同学替他领取。但实际上,《新无锡》报公布的新闻中,第5名的确是他。

演说比赛可以锻炼儿童的口才和表达能力,在比赛中,学生们需要充分准备,细心研究演讲的题目和内容,并进行准确的表达。演说比赛在实践中,能增强他们的说服力和感染力,做到言之有物、言之有理,是训练学生的重要方式。

校外调查

中国虽然自古就重视编户齐民、土地账册,但是,与近代其他国家相比,无论是调查的内容、方法、人力等,都相对薄弱。晚清以来,国家为了兴办新式学堂、发展经济、改革政治等,对各类调查开始重视。1905年11月,裴剑岑等人发起成立锡金调查会,侯鸿鉴被推举为会长,并在学务公所设立通讯联络处,开展教育调查。当时,即调查出无锡在外任教求学之人已经超过500,城乡内外公私立学校有71处,男女学生2700多人。

1908年,在江苏省咨议局的统一安排下,无锡金匮两县又专门拟定了调查简章,准备通过设立专职调查员,调查本地户口,为立宪自治做准备。当时,各地调查员中,相当一部分就出自教育界,特别是新式学堂的教师和学生,是其中的主力。

国民政府成立后,对于各项调查事业更加重视。江苏省立第三师范校长顾倬,鉴于无锡本地工商业发达,拟添设商业科,于是,对本地工商业进行了细致调查。1915年4月,无锡县署要求各地教育会协助调查烟苗。5月,教育部要求各地调查儿童学龄,预备实行强迫教育。10月,内政部要求各地调查户口。12月,又要求调查私塾,限期详细报告。1915年,江苏省立第二师范学校学生开始在学校老师引导下进行乡土调查。1916年,凡是政绩、实业、蚕茧、烟苗、面粉、保险、银行、洋药、行政费用、寺院财产、枪械、酒捐、纸烟牌号等,几乎无一不有调查,甚至日本人、英国人、美国人、俄国人等也都到无锡调查了解各种情况。教育方面,义务教育、通俗教育、社会教育、私塾也都有专项调查。

但实际上,各种调查,仅纸张一项,花费就很多,还有人员旅费支出等,实际很困难。1917年6月,内政部拟定了《调查户口办法》,对经费、程序、标准和日期做了规定。1918年,全国教育联合会鉴于全国各项调查事业亟需人力,而青年学子也需要了解社会,于是,倡议全国各校学生在假期内实行调查,以增长知识,增加阅历,并弥补学校教材和社会调查资料更新之用。该提议被江苏省教育厅采纳。

1917年4月,教育部曾颁布《假期修学办法令》,要求中等以上学校假期内进行调查、采集、旅行等事项。但对于调查的方法,并没有明确规定。实际上,调查是事业的基础,统计是国家的表征。国民应该具备调查能力,而调查知识技能,需要平时培养。中国人过去缺乏实地调查知识,没有数字统计观念。导致各种调查,多虚而不实,略而不详,不如外国人调查得精确。暑假调查,可以养成学生调查能力,唤起爱乡爱国心,使其成为振兴地方事业的一员,也可供国家社会调查统计和学校教材参考。因此,拟定办法,发给各种调查表格,假期结束时完成报告,再由教师评定优劣。平时,也要指导学生调查汇报。调查内容包括乡土历史、地理、物产、职业、教育状况、公共事业等。1919年2月,江苏省教育厅要求,全省各中等以上各校学生需要在假期内进行实地调查。无锡县积极响应,要求县内省立锡师、县立女子师范等积极开展。但五四运动爆发,影响了其开展。年底,省公署又要求调查户口、调查学龄儿童合并办理。为了避免民众误解,无锡县专门发布了一个告示,用通俗易懂的语言说明为什么调查、如何调查。但实际上,调查户口是非常敏感的事情,乡民顾忌多,往往隐瞒不报,类似前清填写门牌,每户三男两女成为惯例。五四运动的爆发,一度影响了学生的调查。不过,这年7月,无锡旅外学生联合会干事部,专门在无锡调查日货情形。当时,他们了解到南货业私自买进日糖,就派干事员到南货号分发不进日货的志愿书,当时,北门一带大都填过。只有大市桥裕源南货店没填,结果该会张、过2位同学去交涉时,店员赵、朱两人极力反对,并出言不逊,学生骂他们为卖国贼,并呼吁了其他同学一同到该货号理论,差点酿成严重冲突。后经报告警局,由警察局判罚该店员大洋5元,并要求登报道歉结束。1921年年底,省锡师附小商业科,为了让学生了解校外商业,专门派2名小学生到北门调查各大商号营业状况,准备做商业调查报告。由于无锡工商业发达,上海吴淞公学、暨南大学本年也都曾派学生来无锡调查。

除了实习之外,不少学校为了能让学生接触到多方面的知识,积极开展各类实践活动,形式多样。省锡师及代用女子中学、私立辅仁中学、县立女子师范学校均遵照执行。学生利用假期进行实地调查,既可以增长学识,又可以阅读所得调查资料,并且还能帮助社会调查,补充学校教材,所以学校都非常乐意组织学生开展。

音乐舞会

除此之外,还会有一些音乐类的演出。1914年4月,东吴大学师生到无锡旅行,在游览了惠山后,受无锡籍毕业校友邀请,下午在公园开音乐会,听众有近千人,带动了无锡人的音乐热情。

1918年年底,为了庆祝元旦,竞志女学先是在28日开第13次学艺会,后又在29日开第一次音乐会。下午2点30分开音乐会,全体学生合奏大中华歌。其余节目有独奏,有合唱,大概有20多个。有人想去听音乐会,但没有入场券,就只能在北禅寺巷一带一直徘徊至音乐会结束,被人戏称"送客姿势甚佳"。

1919年11月,无锡县各学校举行联合运动会前,学务科钱孙卿,专门邀请广勤音乐队,助兴表演。该队是由杨瀚西所办,服装仿照美国童子军式样,军乐器一应俱全,教师段某热心教授,主任谢作良管理周到,成绩很好。该会开办章程明确,仅限于广勤区内年龄稍长未入小学的子弟志愿入会,由该会教授音乐,并在夜间补习小学课程,以养成音乐素养,提倡音乐职业,促进地方文脉。乐器由杨瀚西捐赠,地点附设在广勤国民学校内,学习年限2年,毕业后即为音乐会队员,发放文凭。可见,这个带有职业教育性质。音乐会队员名额为20至24人,2排1队,预备队员2至3人为补充。章程还明确,这是为养成音乐职业而设,不担任外界应酬。但可以在各学校举行联合大典或官方、地方公园举行大型典礼时,受地方官厅、团体主任、教育界等邀请而义务参加。不参与私家典礼。捐助经费在40元以上者可为会董。

1921年6月,江阴巷浸会两等学校为了筹款,专门邀请广州岭南大学银乐队与上海商务印书馆的影戏灯,在学前街省锡师大礼堂内举行表演,第二天又邀请精武武术社进行表演。当时,无锡尚无钢琴。

1922年，美国大音乐家、波士顿和芝加哥音乐队首席教授爱希海姆携带家属来到中国，从北京到无锡，为考察音乐，由圣公会赫路义女教士介绍给天韵社社员，约定周五到赫女士家进行中西合奏。爱希海姆用三百年前凡哀芙

无锡荣氏女学音乐表演，《时报》，1922年3月13日

（小提琴），与夫人钢琴合奏《爱情的忧思》《孩童之梦》，他所用的琴价值1万多华银；中国方面，沈养卿奏《平沙落雁》，用章秉嘉所藏宋代古琴。爱希海姆对章的三弦和范鸣琴的鼓板尤为注意，证明音乐相通。

1923年，英文暑期补习学校在学习结束后，举行了一场中英文的音乐会。1924年8月，由无锡学生组成的锡社，决定在省锡师大礼堂举行音乐舞会，有双人舞、单人舞、蝴蝶舞、林中仙舞、五月花舞、表情舞等，歌曲有流行的《小孩与麻雀》，还有钢琴、中西音乐合奏、独奏、京剧等精彩表演。舞台上，锡师附小学生表演《小孩与麻雀》时，还有五色电光助兴，尤其让人印象深刻。独幕歌剧《葡萄仙子》，由开原乡立第一小学学生表演，并辅助以音乐、布景，表演纯熟，歌声妙曼，舞台翩翩。县女师范的滑稽舞，让人精神饱满，叹为观止。

1925年，杨荫浏、胡汀鹭等人，受光复门内南阳里学艺女学的邀请，担任该校音乐、图画研究会指导员，并在结束时举行音乐会，除音乐研究会师生表演外，还邀请了振秀女学、培新学校学生一起表演。

1929年6月，县政府公余学艺社，在原有学艺部外，又增加了体育、音乐、游艺等各部。音乐部特别邀请国乐专家周少梅担任指导，每周二、四、六下午5至6点练习。10月，县立民众教育馆中，也组织了音乐研究会，推广娱乐，1931年改为民众音乐会。1930年，有市民周志成，联合一些志同道合者，集资几千元，希望能在公园租地造屋，建一音乐室，建成后免费开放给公众使用，

以便提倡高尚娱乐，怡悦性情。

学前街省立无锡师范学生，平时对于音乐一科，无论是理论研究还是技艺练习，都很有兴趣。为了表演平时成绩，引起大家的音乐兴趣，并宣扬音乐的功效，1933年，在学校大礼堂开了音乐演奏会，节目繁多，锡师附小也特别开音乐会，并且利用槐花等儿童美工成绩装扮大礼堂会场，共表演各种节目37个。1933年6月，有感于社会一般人士，大都喜欢靡靡之音，对于沉毅雄壮的歌曲，少有人提倡，为了让大家知道振作，同仇敌忾，锡师在周六下午3至4点，借教育学院播送爱国歌曲，有《风萧萧兮》《黄花岗》等名曲。12月，再次举行音乐会，内容包括国乐合奏、国乐独奏、钢琴合奏、钢琴独奏、口琴独奏等，尤为精彩。

1935年，省锡师校长潘仁等人，向江苏省教育厅建议，认为当时师范学校学生，对各项功课过于偏重知识科目学习，而对于音乐、体育、美术、劳作等科不太重视，特别是会考实施后，情况更严重。如果自己都学不好，将来当老师怎么能胜任呢，希望省教育厅统一要求、强调。教育厅接受了建议，要求师范学校学生注意音体美劳等科目学习。

无锡音乐家合影，《工商日报》，1927年9月12日

无锡女子音乐体育学校口琴班,《上海口琴界》,1941年第7期第1页

　　1948年,为了提高学生欣赏音乐的能力以及练习弹琴,学校又举行了音乐会,分为初中和师范两组,全校共有16级,其中初中6级、师范10级,每级出席代表1人,聘请杨心泉、杨文志、章雅为评判员。早上8点全体学生就已经在大礼堂集合完毕,主席致开幕词后正式开始歌咏弹琴比赛。最后结果是,歌咏方面,初中组姚冰澄第一,吴美琰第二,江焕林第三;师范组李善身第一,嵇默英第二,苏敏第三。弹琴方面,邢剑凌第一,杭一竹第二,吴永清第三,朱培厚第四,张竞秋第五。

学习生活

学校教育对人发展的影响是长足而深远的。学生作为知识的学习者,其学习生活是学校生活的重要组成部分。民国时期梁溪学生的学习生活样态是怎样的,与今天学生的学习生活是否也有相同之处? 以下主要从课外作业、课外补习以及学业考试三个方面来展现当时学生学习生活的风貌。

课外作业

在无锡,"课外作业"一词最早频繁被提及,是在1919年的秋季学期。或许是因为五四运动爆发后学生自治,特别是运动情绪高涨;也或许是因为杜威来华讲学,出于对杜威教育思想与主张的宣传,无锡许多学校开始纷纷对学生进行课外指导。最开始,由于人们对于课外作业还不是十分理解,每个学校所谓的"课外作业"差别也很大,但已经基本涵盖了后来课外作业的主要内容和形式。

陶锡侯创办的私立绩成学校,校长张遄喜,主任汤时斋,他们对学生课外作业的理解,主要是课外补习。每日下午课业结束后,再教授学生国文或算术1个小时。另外,还要求学生每天回家后写几页字,或者算几道数学题,希望学生能够勤奋学习,并且每周研究教授管理训练等事情。此外,还有读书会,使得学生获得课外知识;有贩卖部,让学生了解学习经商知识。这些与今日理解的课外作业更为接近。真应道巷的唐氏私立益友学校,所规定的课外作业主要侧重运动,比如田径赛、童子军等,还有新闻部、贩卖部、音乐部、演说会,更近似于今日所说的社团活动。 当时,南延市荡口第一国民学校校长周贺欧,也在学校组织学生,做音乐会、演讲会、童子军、英文部、儿童读书会、小商店等。而且这些活动多由儿童自行组织,教师从旁指导。这些学校,算是对教育动态了解比较及时到位的,但也有一些学校,对此尚不十分了解,却也想能够跟上潮流。当时《新无锡》就报道说,课外作业是国民学校的一件"时兴事儿"。但在记者看来,课外作业的核心,是开发儿童的自动本能,而不是出风头、赶时髦。有所国民学校的校长,说许多学校都在办课外作业,自己也不得不应景办一下,只是不知道该从哪里入手。记者还跟他好好地谈了一次。记者特别提醒,教育事业不能犯"一窝蜂"的毛病,因为前面办理童子军,有些团只是挂了一块牌子。

城内连元街县立第一高小,课外作业则主要以学生自主活动与管理为主。1922年秋季开学后,学校在区域内设立了一、二、三各级学级园,平日里,学生们的课外作业便是管理学级园。比如,在三年级的学级园中,学生们开掘河地、堆叠假山、建筑茅亭,亭中还饲养了两只白兔作为点缀。一、二年级的学生一般就是做做栽植草木、种种菊花、扫除清洁的工作。每年秋天,景物宜人的时候,这些园区就变成师生们工作与学习之后的放松地,看花赏景,也是不辜负平时的细心呵护。根据学校三年级学生谢云骏的回忆,为了让学生们振奋自强,国家版图不被列强蚕食,学级园中还特别建筑了民国地形图,同学们每天往来都可以看见,借此牢牢种植爱国之心。学生华道一在学级园的艺圃劳动中认识了用来制作鸦片的原材料罂粟花和一接触就把叶子缩起来的含羞草,这些原本都只在书本中看过,没想到能见到实物,甚至亲手触摸,感觉尤为奇妙。学级园仿佛成了学生们的动态课堂。此外学校还附设了图书馆,成立多年。学校里的学生在课后都纷纷向该馆借书,同时还有外界人士入内阅读。

1926年,江苏省教育厅明确通令全省各地,要求小学校要实行课外作业,并做出了详细规定。首先是训练方面,在课外,学校要检查学生衣服身体的清洁,让学生打扫教室卫生,参与校园绿化、种植灌溉,整理图书器具,在小卖部实习,做一些有益学生身心的游戏等。其次,学业方面,可以利用课外时间补习缺失的课程,指导学生进行书报阅览并做好摘抄,定期进行智力测验或者常识测验,要求学校在校内设立小图书馆、小博物馆和学级园,种植花草,若是经费不足,也可以组织学生各自搜集有研究价值的材料。最后,时间上,从清明到重阳的这段时间内,每天课程结束后,都要安排1小时到1个半小时的课外作业,至于内容学校可以根据情况自己决定,大约到5点30分再放学。至此,课外作业开始从各校自行探索,变成了教育政策引导下的学校正式教育活动。

通函发布之后的几年,无锡各学校学生的课外作业逐渐丰富,并且开始由特定的团体组织开展,像是教育研究会、青萍文艺社、擎空书社、国乐研究会、唱歌团、民众夜校、各种球队及膳食委员会、消费合作社等等,学生可以根据兴趣加入。1932年,江苏省立无锡师范学校校长在12月开学后,看到了学生们对于课外作业的热情,认为课外作业对于学生而言,确实是发挥个性,养成自主精神的重要途径,有鼓励开展的必要。于是由校务会议决定,组织了学生课外作业设计委员会,对活动组织、办事室分配、费用和津贴以及指导人员的聘请这类事务都加以适当规定。各项工作都更加清晰有条理,越来越多的同学被吸引参加,各个团体开办得越来越好。除了以上所列,各学校还根据大家的兴趣新开办了教育研究社、自然科学研究会、社会科学研究社、摄影研究社及田径赛队等。其中的教育研究社,虽然是原有教育研究会加以扩充,但之前的教育研究会,不过是专门研究教育方面的理论及实际问题,现在组织教育研究社,则更加细化,分设了语文社会组、数理自然组、艺术体育组。

尽管各校都非常注重给学生提供丰富多彩的课外作业方式,但是,1930年以后,由于升学和失业的压力,师生们体育锻炼的热情也受到了影响。1932年教育部大中小学举行毕业会考政策的推出,更是加剧了各地中小学应对毕业考试的压力,无形中就把课外作业更多地导向了课外补习。而抗日战

竞志女学幼稚生及小学生在运动会上表演节目,见《真实劳苦:侯鸿鉴和竞志女校影像》

争的形势发展,实际上又对国民的身体素质提出了更高的要求。1937年,教育部又专门发文,要求各个学校不能够擅自增加学生的课程时间或书本学习时间,而是要给学生留出课外活动的时间。从新学期开始,所有初高中每天的授课时间从上午8点开始到下午3点结束,下午3点以后作为学生的课外运动时间,学校绝对不能占用进行授课,并且要尽量保证每位学生每天的运动量至少2个小时;早操或者课间操应该安排在上午,以15分钟为标准,全体学生必须参加,教育行政机关要随时视察监督,务必督促各学校施行,之后也会列为学校成绩检查之一。在冬季天气寒冷或者白天时间变短以及雨季到来的情况下,早操可以改成课间操。考虑到各地运动条件不一,教育部还指出,如果学校场地设备充足,那么就可以安排全校学生同时出场参加运动。如果学校运动场地设备不那么充分,全校学生可以分组轮流出场运动。当一组同学在运动时,教师可以指定其他组别的学生进行适当的课外作业,比如音乐、绘画、劳作及短途校外旅行等。每一位学生需要在事前选择好自己要参加的运动项目,由体育老师进行适当的分配调整,并将正式体育课中所教授的项目,选择重难点进行同时练习。女生除了在早操、课间操期间是与男生合并教授外,课外运动应该与男生分开练习。各学校试行的强迫课外活动计划,还应该制定详细的组织与计划表,递交上级主管教育机构进行审核批准。

可见,1937年以后,有关学校课外活动的规定越来越精细化。抗日战争胜利后,江苏省专门制定出台了《江苏省中等学校学生课外活动实施办法》,要求全省中等学校学生都要参加课外活动,内容包括参加星期讲座或其他演讲会;办理学艺竞赛;办理测验智力比赛;办理体育竞赛;实施劳动服务;指导学生自治;实施家事训练;防空训练等。在课外活动实施时,学生必须参加,不得无故逃避。举办课外活动时,校长及各级教师均应在学校监督、指导、评定成绩,凡是成绩优良的学生,应该由学校给予奖励;成绩低劣的,应该切实指导惩戒。

1948年,无锡教育局专门指令各中小学重视体育课程,并将其列为首要课程,对于体育课程早操及课外运动,需要按照规定切实进行教学。对于竞走、爬山、远足、骑马、划船、游泳、骑自行车等活动,也应该普遍提倡。尤其是体育场地及设施,应该设法充实利用。

民国时,尽管课外活动的种类、形式受到了时代发展以及科学技术水平的制约,但其教育与社会意义却是无法忽视的。开展课外活动使得学生们在学习书本上的文化知识之余,锻炼了自己的综合素质,并且有助于师生劳逸结合、放松身心,陶冶情操,还在潜移默化中提升了社会责任感。对于女生而言,课外活动使得当时的女性充分认识到自己的价值和男女平等的重要意义,逐渐摆脱传统观念对自己的束缚,开始寻求个人的成长与发展。

民国时期多元化的课外作业,既帮助学生开发动手能力又切实优化了校园环境,让作业也变得更加生动有趣。学生们可以根据各自的爱好,有目标有方向地发展个性,这便是真正从育人出发,关注儿童发展的好事。也为今天的课外作业与课外活动提供了很好的参考。但直至今日,许多学校仍然没有处理好学生的知识学习与身体锻炼的关系。

课外补习

课外补习,是随着新式教育兴起而出现的一种新型学习方式。

晚清时期,为了提倡新学,好学的无锡人曾自发组成了一些学习会,邀请志同道合之人一起学习。比如,1903年,留日学生杨荫杭、蔡文森、华裳吉等人联合创办无锡理化研究会,会址就设在无锡城中,为无锡第一所以讲授自然科学为主的补习学校。无锡县还每年补助该会500大洋,胡雨人、胡刚复等人都曾入会学习,表明了无锡人勇于接受新鲜事物、热爱学习的好品质。

民国时期,由于许多无锡人都开始到上海做生意或出国留学,学会日文和英文就非常有必要。1914年暑假,在圣约翰书院读书的无锡人薛荣祖,在崇安寺慧海堂设立英文补习社,根据学生的程度,分班教授,每天4个小时,分别是上午9点至11点,下午3点至5点,学生可以自由选择上午或是下午班学习。1918年,他从圣约翰大学毕业,暑假又租借城中水獭桥张家房屋,仍旧在城中为学生补习英文。

1915年,暑假补习的思想也影响到了乡村学校。怀下市市立第二小学校教师诸葛凤条,考虑到学生暑假闲暇无事,终日在外游戏,浪费光阴,且于卫生也有妨碍,于是与学生家长商量,邀请王云轩到乡里开办补习课,每天半日上课,从7月24日开课,得到家长的支持。

1916年暑假,《无锡日报》专门刊登了一篇文章,要求各地设立暑假补习学校。文中提出,世界各国的竞争,不管是国与国之间的竞争,还是民与民之间的竞争,关键都在于学。因此,有学胜无学,学多胜学少。作者希望大家爱惜光阴,不畏暑热,积极组织或参加补习。当时,无锡县三高小,有60多名学生,为了方便秋季学期的招生,决定开办暑期补习科,为学生升入一年级做准备。

1917年，江苏省教育行政会议议决，各县小学应该在暑假内酌定时间，分别补习，以免学生旷废学业。无锡县署要求各区学务委员遵照办理。在政府的支持下，梁溪各校积极开展补习。

1918年，竞志女学校长侯鸿鉴，鉴于中学四年级学生即将毕业，但几何画与透视画，以及图书教法都还没有来得及讲完，于是与教师王师梅商量，在暑假设立补习会，帮助学生补习。同时，考虑到各地纷纷到无锡聘请教师，而教师最应该知道的是教育原理，于是，每日在校内教1个小时的教育学、1个小时的国语教授，与王师梅的图画教学合计每天4小时。参加补习的人，除了本校四年级的10多个学生，还有在各处担任教师的毕业校友20多人。

五四运动以后，学生群体开始分化。一方面，一些关注国家和民族前途的积极分子，比较热衷社会运动，学业无形中会受到一些影响；另一方面，一些对政治运动不感兴趣的学生，对于专心学习，特别是升学的渴望则表现得更加强烈。

当时，由于英文、算术两科用途广，学习难度大，学生对于补习需求强烈，许多学校在服务本校的同时，也开始面向社会开办补习班。1919年，无锡市第一中学就在晚上开设英算补习课，除了本校学生外，也向校外学生开放。1921年暑假，无锡市第一中学的暑假补课班又增加了国文，每天上午9点至11点30分，补习国文、英文、算术3科，本校在校生与商余夜课的学生收讲义费大洋5角，校外学生加收学费5角。1920年，省锡师附小职员会议决定，暑假在学校组织补习班，以国民科四年级以上的学生为主，凡是在国文、英文、算数三科中有不及格的，都要求加入，其余学生可以自愿加入。为了表示对补习班的重视，特别选定李康复老师为主任，薛尊龄、顾执中两老师担任主讲教师，两位老师都是当时颇有名望和学术造诣的名师。最后，各级儿童一共有40多人加入。1921年，杨翰西捐资兴办的广勤学校，也在暑假开办了补习班，课程有读法、书法、珠算、童子军等，到校补习者有50多名。

1922年新学制颁布后，实际上对于各校的教学带来了极大的冲击，也改变了无锡课外补习的格局。在此之前，无锡各个小学采取的是初小、高小各4

年的"四四制",现在则变成了初小4年、高小2年的"四二制"。由于小学毕业年限缩短,学生基础有所削弱,在中学入学、就读和升学考试上就不太顺利,而且,高小毕业后的学生在外就职时,也常常会感到程度不够。暑假补习似乎已经是各个学校不得不采取的提高教育质量的方式。

1925年,无锡私立公益中学借用学前街的国学专修馆进行暑假补习,由校长先将所有学生分为甲乙两组,凡是学年考试中有不及格的初一学生,以及自愿加入补习的一年级学生和二年级插班生,都将编入甲组补习。乙组则是由从本校附小毕业,但升学程度不足的学生和自愿参加补习的本校附小毕业生组成。先将本校学生尽数编配之后,如果还有名额,那么其他学校有意愿补习的学生也可以加入,只需提交报告但不需要考试。甲乙两组各有50个名额,课程以语数外三科为主,上课时间从每天上午8点到11点。到第6周时,成绩合格的本校学生,可以免去本校国、英、算的考试,其他学校的合格者就可以获得修业证书,并且凭此证报考本校初中一二年级,可以免试入学。费用方面,本校学生每人缴纳2元,外校学生每人2元4角,讲义费一律5角,其他杂费一律2角。7月12日开学,至8月23日结束。由于补习班效果较好,公益工商中学在1926年继续开办暑期补习班。不过,地址改在四郎君庙,学生竟有105人,分为甲乙丙三组。教员都为知名教育家,如蔡虎臣、朱梦花、许心鲁、杨清如。补习内容为国文、英文、算术三科,同时每周六请名人演讲,包括钱基博、唐庆怡、侯鸿鉴、杨石花4人。

私立公益商业中学暑期补习科后来改在四郎君庙,是因为国学专修馆要自己开办暑期补习班。原来,无锡国学专修馆的校长唐文治,从一开始就兼任私立无锡中学的校长。或许是私立公益工商中学暑期班的成功启发了他,他也认为,内地高小毕业生在投考中学时,大都因为程度不够而落榜,于是决定在1926年暑假开办补习学校,凡是高小毕业想考中学的学生、私立无锡中学平时功课不及格的学生,以及想要补习国文、英语、算术的中学生,都可以报名入学。与其他学校办补习班主要靠自有教师不同,唐文治的暑期补习学校,是父子三人齐上阵,他本人亲自教授国文,他的大儿子留美硕士唐庆怡教英文,他的二儿子硕士唐叔高,讲中学学生的自修方法。此外,东门内将军桥辅仁中学在历年暑假中也设立了暑期学校。

除了各个学校充分利用暑假进行补习,进入20世纪20年代,无锡城内专门辅导学生学业,特别是升学的补习班也大量增多。因为城中交通便利,许多补习学校,要么依托已有的城内各大中小学,要么就租赁城区周围的民居、公屋。

城中大河上下岸的"考中预备英算学社",名字虽然复杂却很直白,是专门为有志升学的学生准备的辅导班。1921年暑假,由于报名人数增多,该社专门扩充了教室,并增加了法文教学,增聘男女教师各1位,名字也改成了"英法算暑期补习馆",分初级、高小、中学三个班。上午教授男生,下午教授女生,一共6周。

在城中沙巷,由苏州大学理科高级生陆钟英等人创办的暑期学校,主要也是为了帮助一般学子升学做准备。补习班所授科目,有国文、英文、德文、法文、算学、科学、史地等,教师均由在外地求学的本地大学毕业生或在读学生担任,办学成绩较好,学生有五六十人之多。1924年暑假,该补习学校为了让教师和学生充分交换意见,以求课程更为完善,设备更加周密,还专门在第四教室内召开全体大会,聘请蒋士杰为教务长。可见,这些补习学校还具有连续性与改进意识。

1921年,城中图书馆附近吴氏宗祠内,也设有暑假补习馆,报名者有10多人,每天教授英文、算术、国文各1个小时,上午8点30分至11点30分。1922年,北京协和大学学生陶懋钧,也联合一些大学生,面向本地有意愿在暑期内补习及预备投考大学的学生,合作开办暑期补习学校,男女各1所。其中,男校借连元街第一高小、女校借旗杆下荣氏女学作为办学场地。教授的科目有英文、德文、法文、算学等,报名的学生非常踊跃。

南京国民政府时期,无锡暑期补习教育兴盛,无锡学生的升学需求似乎也更大了。从1927年开始,无锡旅沪学生会就一直在城中开办暑期学校,由上海各大学毕业或读书的无锡人担任教师。1928年,该会除了在县一小继续开办暑期学校外,又专门组织了投考沪校指导委员会,为无锡考生提供义务咨询与辅导服务;同时,还在新由省立三师改组来的省锡中专设推广部,准备面向本地学生开办商业补习与英文补习两个夜班。1931年,竞志女学的一些教师,特地在三皇街小学内设立女子暑期学校,主要招收初中一、二、三年级以及小学五六年级,教学科目以国文、英语、算术为主,每天上午开始授课。

抗战胜利以后,暑期补习学校依然存在。1947年,南洋大学无锡同学会自发组织了义务暑期补习学校,校址设在崇安寺小学,一方面是为有需要的学生提供指导,做好投考各大学的准备,另一方面是代为办理学校新生报名等事项。

可以说,除了高水平的师资和优良的办学,无锡丰富的校外办学资源、大量的校外补习学校,特别是暑期学校,也为无锡近代人才的成长与涌现做出了重要贡献。

学业考试

《学记》说:"比年入学,中年考校。"作为一个有着悠久考试历史的国家,中国社会非常注重考试,并在隋唐时期就发明了科举制度,打破了传统贵族社会依靠血缘出身的习俗。但是,考试在发挥个人才能、推动社会公平与流动的同时,也影响了人们的自由发展和创造性的发挥。科举制虽然在1905年被废除,但考试在国人心中的地位和影响并没有彻底改变。直至今天,考试依然是检验学生学习成绩、教师教学成绩、学校办学成绩的一个重要方式。因此,考试恐怕是所有学生学校生活中最难忘怀的一份记忆。

有一位叫云五的人回忆自己的小学时期时,对于考试记忆深刻。由于小时候比较顽皮,她学习听讲并不认真,甚至有时候会趴在桌子上睡觉。一开始,老师还会责罚,后来,她大哭一场,把母亲叫到学校为自己辩解,甚至一度向校长告老师的状,时间久了,老师也就不愿意管了。在这种学习态度下,她的学习成绩也不太理想,所以对于老师的随堂作业也不用心,经常涂涂改改,不够干净和工整。于是,她开始耍小聪明,先用白粉笔把写错的地方涂白,然后再把正确的内容写上去,只可惜时间一长,粉笔屑掉了以后,原本好好的卷子变得更加难认。她还回忆说,读三年级时,年假考试排在丙等第七,倒数第二,实际上倒数第一,因为倒数第一的是同级一个姓钱的同学,因为生病缺考成绩为0。当时,同学们都拿"落榜"二字笑话她,她自己心里也很难过,恨不得一等放了年假就背地里将学校墙上的成绩排行榜完全撕去。实际上,当时学生的学习成绩不仅会在校内张榜公布,甚至还会在地方报纸上刊登。这也是中国科举时代考试文化的延续,与现在主流的把考试成绩视为学生的隐私相比,现在的成绩观和考试文化已经发生了很大的变化。

当然,与现在的学生类似,当年学生们对于考试的态度也是非常多样的。有的学生考前非常紧张,认真复习,不放过任何一个知识点,而有的学生则心态从容,认为临时抱佛脚也不会有什么用。一位笔名叫"曼曼"的学生,描述了一次大考前同学们的状态。大家脸上都布满愁容,好像把"考试"视为平生第一难关,许多人都拼尽全力去复习,平常喧哗、嘈杂的运动场变得冷寂、萧条,即使是那些运动健将也不例外。他还生动描述了一个考前宿舍的场景:拼命备考的陈同学在问宿舍同学是否已经牢记了牛顿力学,喜爱戏剧、对功课比较敷衍的张同学却不以为意地说,物理不是下周二才考吗;喜爱看电影的同学还在继续讨论电影中女演员的身姿与歌声,言谈中还不时蹦出几个英文单词来。适逢外宿舍的小七同学前来串门,他略带牢骚地跟陈同学说:"老陈,留神吐血,一百分不治吐血症啊,更何况物理不是什么了不得的功课。哪里切实用啊,定律背得透熟,在社会里也不能谋一席地……"这边小七还在长篇大论地抱怨学校教授的知识无助于就业,对面正在努力思考一个三角算题答案的三哥毫不客气地打断了他:"小七,陈君念书,你如果有气也快去念去,何苦搅扰人呢?"旁边的"戏剧家"老张,仰着身子躺在自己的床上,手里也拿本洋装而很厚的英文物理,但是没有心思去看,只好唱那拿手的武家坡来过过戏瘾。

近代新式学堂兴起以来，由于中央政府对地方的管控相对较弱，且政治局势动荡，教育事务大都采取地方自治、学校自主办理的方式，以至于各个学校的教学条件、教学内容、教学水平差异极大。南京国民政府成立后，为了加强对教育的统一管理，教育部于1932年发布了《中小学学生毕业会考暂行章程》，决定对由原学校审定及格的应届中小学毕业生进行毕业会考，希望通过严格考试标准，确保各个学校的教育质量与学生培养质量。

1932年，为了整肃小学、初级中学、高级中学普通科的学生毕业标准，增进教学效率，国民政府会考学科确定为：小学以国语、算术、社会、自然、体育为主；初中以党义、国文、算学、历史、地理、自然、体育、外国语为主；高级中学普通科以党义、国文、算学、历史、地理、物理、化学、生物学、外国语、体育为主。《章程》规定，只有各科全都合格的学生才能够毕业；有1或2科不合格的学生，不合格科目可以重考，重考仍不合格，则要留级补习一年再参加会考；3科及以上不合格的学生则要直接留级，来年再参加会考。所有补考和重考，都只有一次机会。

为了执行教育部的政策，江苏省教育厅决定对1933年毕业的中学生进行毕业统一会考，小学生会考则交由地方统一举行。但是，由于各校所教内容、所用教材并不统一，无论是学校还是学生，对于教育厅的决定都不无抵触。无锡好几所中学都以各个学校的课程并不统一为由，反对毕业会考。但是，教育厅以会考是国家法令为由，驳回了这些中学的请求。受身份所限，这些中学校长和教师们，只能尽可能帮学生争取一些权益，多为学生提供一些支持。

1933年4月2日，江苏省省立中等学校教职员联合会在省锡师召开第12届代表大会，江苏各中学与会代表24人，决定编印民国二十一年江苏省中等学校入学试题与解答汇刊。同时，针对教育厅颁布的本届高中会考办法，决定提出几项建议。其主要内容包括：1.不及格的标准，应该以学分为比数计算；2.各科均应多出试题，任学生选做；3.照新颁布《章程》，将毕业会考分数，作为2/5，平时成绩作为3/5；对于各科试题，须根据多数学校采用的教材。

江苏各校学生,在未能得到教师的支持后,直接联合起来表示反对,并向教育厅请愿,要求取消会考。1933年5月2日,江苏省各高中学生代表,在无锡召开联席会议,同时决定扩大联盟;14日又在江阴开江苏省民国二十一年高中普通科毕业班联合会,并派代表到省里请愿,要求停止本届会考,但最后却在教育厅的坚决拒绝下不得要领而返;随后,17日,这些学生撰写了《敬告全国同学书》《敬告各界人士书》,通过报纸予以披露,希望能够联系全国的中学生,并得到社会各界的支持。

面对学生们的诉求,江苏省教育厅态度非常坚决。江苏省教育厅严厉要求各校加强对学生的管束,并且发布通告,凡是反对会考者不予毕业,不准投考大学,为首者还要追究责任。学生们惧于这种威慑,不得不接受。

不过,江苏省教育厅自己也知道,由于学生毕业在即,会考日期迫近,学生们实际上的应考准备时间是非常短的。为了表示对学生的体谅与优待,江苏省教育厅不顾交通部收回学生会考轮船免费优惠的决定,仍然要求全省各地对于省内学生的会考交通费予以优惠减免。无锡商会专门开会议决,对于参加毕业会考的中学生,凭各个学校提供的考生名单及其交通信息,会考学生可以免费乘坐所有内河轮船往返各1次。

与此同时,考试前,江苏省教育厅专门召开考务会,决定一方面要执行国家法令,另一方面也要体谅青年学生的困难与诉求,明确提出考试不出偏冷的题目,并决定考试方式分为两种,党义、国文、历史、算学、物理、化学、生物,都用答案;英文、地理,测验与答案兼用。其中,国文选作1题,问答2题;句子10题;地理测验10题,问题2题,其余各科选做4题。试题作答一律用文言,应注明西文原名。考务会还详细规定了考试规则和纪律要求。所有相关考务人员,包括工役,都备有符号,没有符号者,一律不准接近考场。而且,入场后不允许中途退出,考生只能携带笔墨,考试结束后,试题纸也要同时上缴,不能携带出去。当时,教育部对于会考的纪律要求很高,专门下令,要严密关防,免除舞弊,如有泄露试题或其他舞弊情形,教育厅厅长要负失察之责,经办人员都会受到严密彻查。

最初，江苏省教育厅决定把全省中学毕业会考分为15个考区，后来实际上分成了11个考区。无锡为第2区，所有无锡、武进、宜兴、江阴、靖江5县的考生，都得到无锡来考试，考试地点就在社桥头省立教育学院大礼堂。当时，教育厅派往无锡的考务代表是冯策，无锡县长严慎予、教育局局长臧祐、省立教育学院院长高阳为第二区监试员，竞志女中、私立无锡中学、辅仁中学等15所学校的校长，也被派为监视员。

就在考试之前，报载苏州中学有学生提前拿到了党义等5门科目的试题，希望与南通中学交换，被媒体披露出来。但经江苏省教育厅查证，所谓的泄密试题系伪造，与实际考试题目并不吻合。

6月21日，无锡早晨下了小雨，但近200名考生还是早早来到了无锡社桥的省立教育学院，参加第一场考试。8点开始点名验照片，给学生入场券，考试座位都是事先编制好的。上午的考试时间是8点至11点，考试国文，有3个题目，学生任意选择1个。下午1点至3点考历史，出12道题，学生选做4道；3点30分至5点30分考党义，4道题选择1道。由于考试题目容易，学生作答顺利，半个小时左右，就有人交卷了。第二天考试，上午是算术，下午是地理；第三天是物理与生物。考试一结束，试题就被密封，由主考官派人乘坐6点的特快火车送到镇江教育厅。

当年，江苏全省报名考试的人数是1116人，实际参加考试的人数是900多；无锡第二考区本来报名的有7所学校127人，其中无锡有4所学校，锡师37人，私立无锡中学28人，私立辅仁中学20人，私立竞志女中12人，但实际考试时，只到了5所学校119人。

可能是为了照顾学生的利益，第一次全省中学生毕业会考，考试题目难度不大，因此，学生们对成绩估计也比较乐观。7月1日，凡是3科以内不及格者，在各考区同时举行补考。当时，许多中学校长为了学生的前途考虑，专门向教育厅建议，对于只有1科不及格的学生，可以先不给毕业文凭，但要允许他们参加大学入学考试。从7月13日披露的考试成绩看，此次会考实际参加的31校900多考生中，初试及格者有323人，加入平时成绩计算及格者有218

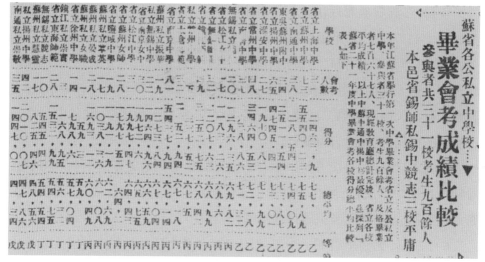

江苏省各公私立中学校毕业会考成绩比较,《人报(无锡)》,1933年10月5日

人,经过补考及格者218人,另外有1门没有及格、特许毕业的有8人,总计767人。从成绩看,首届全省会考,无锡省立锡师、私立锡中、竞志三校成绩并不出众。

此举引起了学生的激烈反对。至此,学生对于毕业会考十分重视,提前进行各项复习。

除了以上还可以算是轻松调皮的学生间生活,那么之后的事情就显得有些严肃了。1920年,梁溪的辅仁中学从去年五四运动以来,对于救国事宜一直在积极推行。学生会自从接到全国学生联合会的罢课通电后,当即由全体学生开会讨论。经决议,4月21日起除了预科之外,本科一律实行罢课。当日便通电各界,又发表了宣言书。省锡师接到上海学生罢课通电以后也召开了会议,并由教职员、学生通函省会及地方各公团,大家共同担负起救国的责任。一方面从事演讲,以促进国民的觉悟,另一方面由全体学生通告各地学生会,声明暂时不罢课的意旨,但是如果当局仍然没有服从民意的表示,只有一致罢课。从上海学生被兵士殴打的消息发布后,学校学生尤为愤慨,已经开会多次共同商讨与沪学生一致行动。

考试是对学生过去一段时间的学习情况的检验与总结,是对学生综合素质的考察。我们应该从考试中学会查漏补缺,制定下一阶段的学习安排,一定不要像上文提到过的同学一样企图抹掉自己未曾努力的"证据"。民国时期的学生对于考试的态度与现在的学生大同小异,但重要的是要学会从考试中查找不足,完善自身,方才不负国家势弱时期学校、社会、政府为学生们的正常学习生活所付出的努力。

日
常
生
活

　　学生在学校中以学习活动为主，但在学习之余的日常活动也是构成学生生活的重要组成部分。"无规矩不成方圆"，学校作为一个学生群体活动的场所，必然要通过各项措施来规范师生的各项行为。学生自治活动自古已有之，民国时期随着中西方思想的不断交流碰撞，部分学校的学生管理方式已经容纳了一些自治性的学生组织。民国时期无锡地区较为有名的一些学生自治组织，如竞志女中学生自治会、东林学校的学生自治机关"东林市"等，都是当时学生们团体活动一抹缤纷的色彩。

　　住宿制作为近代学校制度的有机组成部分，更有利于给学生提供全方位、全时段的教育氛围和成长环境。现代学生住宿规矩多多，但民国时期梁溪各校的住宿规约也已趋于完善，涵盖学生作息、卫生、请假等住宿生活的方方面面，给学生的在校寄宿提供了较为完善的行为规范。

　　学生饮食安全关系到学生的身体健康以及学校、社会、国家对学生的重视程度。清末，近代新式教育迅速发展，学校食堂作为学校的基础设施也随之发展起来。但吃饭问题关系甚大，梁溪部分学校的学生就菜品问题、就餐时间问题与学校方面产生过摩擦。通过这些事件，也可一窥学生的课余生活。

　　民国时期时局不稳，每一位国家公民都应为支持国家而贡献自己的一份力量。无锡各校学生在知道各自的学校参加了救国储金运动后纷纷在自己力所能及的范围内捐款,也会在学校的组织下向受灾地区捐款捐物。学生是国家的未来,梁溪有如此学生,未来定会兴旺发达。

住宿生活

衣食住行,是人之生活的基本要素。早在古代,学生外出求学,寻访名师,大都需要寄宿。近代以来,由于新式学堂数量较少,分布不均,为了招收足够的学生,学校对于学生的籍贯往往并无明确的限制。而为教师和学生建筑宿舍,也是新学堂开办中除了教室外必须考虑的一个重要因素。

当时,无锡各大中小学,对于学生住宿大都采取志愿的态度。学校在招生简章中就会写明,学生可以采取住宿和走读两种方式,分别称为住读生和通学生。其中,住读生除了学费,要收住宿费和膳食费,而对于走读的通学生,又可以根据学生和家长意愿,选择是否在学校用餐,费用自然也有差别。

与私塾不同的是,新式学堂由于采取集体授课,有住宿需求的学生往往较多,因此,也就对学校的住宿管理,连带着学校的门禁管理和出入政策提出了新的要求。当时,学生入学和住宿都需要有人担保。因此,学生入校时,一般要有家长或保人送到学校,而学生平时一般不允许随意出校,要出校必须有正当理由,大多数时候还要家长或其委托人领回。由于当时社会风气尚未开放,女学的宿舍管理和门禁制度规定尤其严格。竞志女学的宿舍规约,不仅对学生在校的作息、卫生、请假等方面有明确规定,同时还强调,学生行李中不得携带贵重饰品,如果真的误带来学校,一律要交给指导员代管,寒暑假再返还,否则,即使遗失,学校也概不负责。同时,对于携带银元满2元以上者,也要交给指导员代收,等到要用时再领用。这些规定,一方面是为了保证学生的财产安全,另一方面也是为了养成学生艰苦朴素的生活习惯。

1913年9月,省锡师附小开办之初,由于其属于省立学校,招生范围并不限于本地,因此,当时就有周围乡下和邻县的儿童要求来校寄宿。由于住宿学生人数并不多,学校就直接将这些学生安排在了教师宿舍,由一个教师负责管理。这些孩子与老师一起吃饭,一起就寝,整个生活与老师紧密联系在一起。每周伊始,教师们就会带他们一起去校外购物游览,双方结成了亲如父子般的深厚情谊。第二年开学时,要求寄宿的儿童增加到了60多人,于是,学校不得不增辟几间学生宿舍,另外安排2位老师负责管理。由于住在校内,课余时间里,老师们就带着这些学生在课后进行体育锻炼,办音乐会,在晚餐之后开夕会,每周设补习会、远足会等,以增加儿童生活的趣味。这一时期,省锡师附小还没有太过明确的宿舍管理规定,教师对儿童的管理,全凭师生之间的自然感情。

随后的几年里,该校学生人数更加发达,到1919年暑假,已经增加到了近百人,学生宿舍有4间,管理学生的教师也相应地增加到了4人。同时,由于高年级学生对于住宿生活已经相当熟悉,老师们开始引导儿童进行自主管理。经教师指导,学生们推举出了各种各样的同辈领袖,比如,寝室、自修室、休息室的室长,早起会、音乐会的会长,出校时各分组的组长,并由他们组成室长会议和各小团体的会议。同时,像课外运动、日常学习等事情,通通在学级园中举行。这种尝试,既增强了儿童的责任心,也能够锻炼、增进儿童做事的能力。

1920年,在五四运动的影响下,儿童自治的意愿更加高涨。同时,教师也感觉到前期儿童自治的探索,仍然局限于少数学生,大都还是以教师指导为主,不利于全体儿童自治能力的培养。于是开始大胆改良,让儿童模仿真实的自治村,互选出议员、村长等组织议会、政厅、裁判所三部,处理宿舍中的自治事项,再由教师随时去指导他们。

当时,省锡师附小规定,儿童睡眠要不少于8个小时,并结合一年四季中昼夜长短的变化及时调整。春分到谷雨期间,6点起床,9点就寝;谷雨到霜降期间,5点30分起身,8点就寝;霜降到春分期间,6点30分起身,9点就寝。同时,学校还提醒儿童:睡觉之前要注意休息状况;要根据天气变化增减被褥;摇起身铃半小时后寝室锁门,以督促儿童早起;在配置床位时,要重点关注身体柔弱的人和没有清洁习惯的人。

与睡眠休息相配合，省锡师附小对于学生的用餐时间也有明确规定。在春分到谷雨之间，7点早饭，12点午饭，6点晚饭；在谷雨到霜降之间，6点30分早饭，12点午饭，6点晚饭；在霜降到春分之间，7点30分早饭，12点午饭，6点晚饭。饮食前后，儿童应有充分的休息，除三餐外禁止吃零食。大病后身体没有康复的人、体质很弱的人，经校医鉴定后，在定期内可以吃补品。补品分为普通的鸡蛋、牛肉、豆浆和特殊的由校医临时指定的两种。吃补品的地方在食堂内或者在休养室内，时间普遍在清晨或夜晚或特别由校医指定的时间，并且吃补品的人要按照表格填写姓名、补品名称、期限和备注等信息。

在运动方面，早上起床半小时以后要进行体操训练，地点在校内室外或室内以及校外空地。教材方面是米勒氏5分钟体操、普通操和拳术，并且一个时期内只练习一种。通过运动，要让儿童养成终身体操的习惯，并且要根据儿童身体强弱和健康程度，随时加以调整。在星期日和特殊的假期，如国庆纪念、中秋开校纪念、戊祭等，可以进行假期远足，地点在惠山、梅园、省锡师附小农场和其他附近各地。组织方式上，有完全由儿童组织、由职员和儿童共同组织两种。组织外出活动时需要注意：儿童所到地点的远近和他们的实力是否相称；天气的预测和身上衣服的多少；完全由儿童组织的团体，教师要对途中可以休息的地方和来往时间的预定进行指导。

学校还非常注重学生的清洁卫生，严格规定了学生洗澡的次数与时间。浴室开放的次数随天气的寒暖不同也有所不同。26.7℃以上每天开放1次；21.1℃以上每周开放4次；21.1℃以下每周开放2次。浴室开放时间从下午课程结束之后到吃晚饭的时候为止，21.1℃以下会用火炉。有皮肤病的人、病后身体未复原的人和身体虚弱的人要注意自己能否洗浴，要防止传染，也要注意水的温度和气温。对于当天不清洁的人，其他人要注意督促他洗浴，洗浴之后要填写检查表。儿童洗换衣服、被褥的次数随个人的习惯会有出入。一般情况下，热天被褥每周晒一次，每两周洗一次，席每周擦一次，衣服两天换一次。冷天被褥每月洗一次、晒一次，衣服每周换一次。换下来的脏衣服不可以随便堆在寝室内。省锡师要求教师要随时催促儿童晒被褥,也要随时催促儿童换棉衣。蚊虫出现后,教师要让儿童在睡眠时注意将帐门关好。温度在15.6℃以上,要让儿童在早起后把帐衣搭开在帐顶上。

在修发盥洗方面,理发寒天每月一次,热天每月两次。盥洗,早起后一次,三餐后各一次。理发的器具、手巾由学生个人自带,剃刀、剪刀由理发匠带来。盥洗由学生自备面盆、手巾和牙刷。要注意理发匠的器具干净不干净,有皮屑病的儿童理发和盥洗时需要隔离。教师除了平时的督促指导以外,每月要按照表格上的要求检查儿童的榻位、被褥、衣服、皮屑、牙齿、手指等等。

在疾病方面,也会安排校医定期进行检查,由儿童自己报告,教师随时考察,有疾病儿童的姓名要登记在考查簿上。如果产生疾病需要治疗的,轻症由病人向管理员领取诊病单到校医室诊治,时间在每天下午4点到7点的中间。重症请校医到宿舍里诊治,有时需要通知家属领回看诊。看诊时,按照校医的指示看事情的难易由管理员、看护生和校工分别担任。重症的症状每天照表格记载一次。病人的饮食时间和食品安全,依照校医指示进行。

与锡师附小类似,当时的无锡国学专修学校对于学生的宿舍舍务,也有明确的规定。首先,学生需要缴费注册,领到入舍证才能入住宿舍,且每个宿舍的名次和床位都由训育处统一编定,不能擅自更换。物品方面,宿舍内的桌椅书架和一切用品数目及摆放位置都要按照学校规定,甚至是电灯的亮度也是由学校管理,不能擅自装接,熄灯后也不能燃点灯烛。作息方面,学生起床就寝时间都要按照校规,起床后要将蚊帐被子等整理妥当,就寝前后不能谈话或者发出其他声音。自修时间学生一律在宿舍内认真研习,不能高谈阔论或者去到其他宿舍妨碍他人。卫生方面,每个宿舍要选出一位室长主持卫生工作,每天要安排一个值日生协助室长处理一切事务。平时如果不是因为生病或其他得到训育处特许的学生,不能在宿舍吃饭,也不能在宿舍接待或留宿亲友。礼仪方面,凡是遇到教职员到寝室点名或者巡视时,所有学生要起立致敬。其他方面,宿舍的玻璃窗上不能装挂钩或者其他妨碍视线的东西,也不能在室内装置收音机。宿舍不是娱乐场所,所以不能玩弄乐器、唱歌或是演戏剧,煮东西、饮酒、赌博和一切有害秩序的事情同样是明令禁止的。除此之外,还规定寒暑假住校学生需要在假期前五天内向训育处报名,得到批准后会发给每人准住证,学生持证向会计科缴清各项费用后才可留校住宿。

无锡县立女子中学校舍,《无锡县政公报》,1929年第9期第1页

作为学生集体生活的场所,宿舍有助于学生之间加强交往,结成长久的深厚友谊。但是,对于一些个性较强、很难合群的人来说,宿舍生活可能也会比较单调和孤寂。当然,作为调皮和叛逆期的学生,如何逃避舍监老师的监督,也是学校生活中不一样的回忆。1933年,江苏省教育厅曾规定,省立中等学校教职员同样应该由学校提供住宿,并且薪金标准另算。实际上,当时许多学校为了优待教师,也都建有教师宿舍。1946年,无锡第一中学解聘了教师姚成林,但他却一直占用着宿舍,不愿意搬出去。校长多次劝解无果,只好呈请县府,请求设法让他离开学校。校长提交的文书中说,"学校非同旅馆,宿舍并未招租",言外之意便是希望别把学校宿舍当成随意之地,也表明了学校工作的无奈。县政府了解情况后,立即派警察前往强制执行。最后把该老师请出了宿舍。

校园饮食

孔子说:"食色性也。"饮食直接关系着人的生存。因此,中国古代优待教师和学生的一个重要表现,就体现在饮食上。比如,逢年过节,不仅家家户户的饮食会较平时丰盛,学生家长也要专门给私塾教师改善伙食。据史料记载,早在周代,我国学校对于饮食就极为注重,会根据一年四季的特点调整学校的饮食安排;明清以后,各级官学学生都可以享受国家专门发放的饮食津贴,所以称为廪膳生。明朝国子监中也设置了掌馔专门负责膳食,对于餐食的具体原料、数量也有明确的规定,学生在学期间可以免费就餐。

新式学堂兴起以来,学生中因距离远近,既有住宿生,也有通学生,除了寄宿生在校用餐,通学生有时候也会选择在学校就餐;与此同时,由于许多教师往往也都住在校内,于是,学校食堂和小卖部,学校周边的小餐馆、小旅馆也都应运而生,但各种纠纷也由此而生。

为了便于管理学生,一般学校,师生大都同席吃饭。每桌8人,1名教师,7名学生,师生同席,教师既可以教学生养成食不言寝不语的好习惯,又可以使学生注重饮食礼仪。同时,师生菜肴一律平等。不过,有些中学,出于种种考虑,也会把教师和学生食堂分开,这就引起一些家长和学生对教师伙食水平高于学生的猜忌和不满。1930年,无锡城内的一所新建中学,虽然是初办,但由于课程完备、教师认真,所以报考的学生踊跃,竟然有400多名。学生和家长对于学校其他事项都非常满意,唯独吃饭问题,有所保留。因为该校师生是分开用餐的,家长们认为,学校给教师提供的伙食菜品比学生的要丰富;而学生方面,就比较简单,分量也不足。每次开饭时,常有不守规矩的学生用筷子击打桌面,声音嘈杂;等待菜肴上桌,筷子乱飞,学生还没吃半饱,菜已经见底了。为此,学生之间也经常产生冲突,但事情报告到教师那里后,由于老师没有同时在餐桌上监督,问题并没能得到解决,食堂也不好管理。

学生在校吃饭问题,不仅关系到学生的身体健康,也往往容易成为学校腐败的重灾区,是发生学潮的一个导火索。1928年,浙江台州第六中学学生,因为反对食堂饭菜不良,把食堂的碗碟纷纷打碎,校长得知后,把肇事之人一并开除。其中有两个小学生,一个叫王柏芝,14岁,一个叫郑晨熹,15岁,也在开除之列。两人因为无脸回家见父母,于是乘车私自逃往上海,并转车到无锡,准备到宜兴和桥去投靠教过自己的老师蒋象新。因为辗转在路上,满身衣服太脏,就在大洋桥河下洗涤,不料被巡更夫发现,认为形迹可疑,就将他们带到了县公安局第二分局,经过范局长讯问了解,一面通知他在台州的家属,一面写信给和桥的蒋象新,令其到无锡来领人。

1933年5月,在省督学易作霖视察无锡教育期间,无锡城中突然出现了一些诋毁县立中学校长秦冕钧的传单,署名是县中被迫离校学生。传单声称,秦校长挪用校款,贩米图利,剥削学生膳食,压迫学生,致生风潮。由于秦校长主持该校已经好几年了,人们对于这种匿名控告并不大理会。但是,到了1934年4月,私立无锡中学学生竟然因为吃饭问题,酿成了一场风波。

原来,该校在创校之初,校长唐文治为了显示对教师的尊重优待,决定实行师生分餐,同时,教员们也表示体谅学校经济困难,少领一个月工资。1932年,新任校长曾提议教师与学生同桌用餐,但经校董会讨论决定,觉得师生分餐是对教师勤劳不倦精神的一种肯定,同时,学校要每年多发一个月工资,在经济上也存在困难,于是仍然决定维持传统。不料,1934年4月13日晚餐时,该校高三年级学生饭吃到一半儿时,突然说食堂韭菜有臭味儿,要求厨房调换菜品,与厨房师傅发生了争执。当时,该校因为办学水平较高,学生规模已经有400多人,每次开饭要40多桌,其中高三年级学生有5桌40多人,每桌2荤2素。学生们七嘴八舌,导致食堂秩序大乱。校长赶到食堂后对学生进行劝导,一来韭菜本来就有味道儿,二来如果高三要更换,其他年级势必也要同样对待。在交涉过程中,有位叫高瑞昌的同学说,如果老师们能与同学们一起用餐,那么,现在吃的韭菜可能也就不会觉得有臭味儿了,言语之间,涉及对老师的讥讽。为了对学生进行教育,校长就要求学生吃过晚饭进行谈话。不料学生对校长的这一决定不服气,又请年级长到训育处要求外出就餐。训育主任考虑到第二天是化学月考,就没有批准学生的请求,谁知道有个别学生以不能空腹求学为借口,擅自外出用餐,半小时后才返回学校自修。

此事被高三年级任教的级部老师知晓后,认为这些学生态度傲慢,不守校规,对于学生的这些言行深感惭愧,认为自己不能强颜屈节再去教这些学生。于是,联名发表了一份宣言,并向校长提出了辞职申请。校长婉言慰留,希望老师们能照顾学生学业,但老师们只愿意给其他年级的学生上课,高三学生的课程不得不暂停。14日上午,高三学生认为此事关系到自己年级同学的名誉,且为了自身学业考虑,全班28人集体到驻总桥教育局请愿,由学校教育科主任辛柏森接见,答应调查后尽力劝教师复课,同时也对学生进行了教育。但学生也提出了自己的诉求,认为教育局正在提倡师生合一生活,省督学易作霖视察县女师范时也把师生不能共同生活作为要改进的要点,希望学校能在师生共餐上予以改进。后来,教育局局长紧急约见该校朱校长,询问经过详情,并决定善后办法。由于当时是星期日,学生照例休息,寄宿生回家时,各家家长也都告诫自家孩子要以学业为重,千万不能随意附和。不过,当朱校长将此事报告给校董会时,校董会一致认为,应该对学生予以整治。

根据事后调查,学校伙食虽然不好,但也不至于像学生说得那样恶劣,对教师不太尊敬的,也只是少数人,甚至不排除背后有人煽动。事发后,该校郭晴湖老师曾就食堂饭菜问题,与学生一起进行过公开讨论,希望能够提出一个多方满意的改善办法,也提出了一些建议,比如,蔬菜需要逐日更换,韭菜等禁止烹饪,教师与学生共餐等。实际上,当时因为师生不能共餐而引发的问题,并不止该校一处,也不限于无锡一地。为此,督学视察各个学校时,曾把师生不能共餐作为校政的缺点,教育厅也专门颁布了师生共同生活的公令。

关于食堂各项安排其实早有争议,早前就常有学生之间关于吃饭问题起争执。比如,省锡师7点早操结束后开饭。每天早饭的钟声刚刚敲响,大批饥荒的学生便鱼贯涌入食堂,仿佛十字街头的杂音全部集中在这里。虽然食堂饭菜都是早已备好的,但学生们进去以后,这边少双筷子,那边缺个羹匙,东桌角有雀粪,西凳上有汤点,叫得厨师慌张地左添右盛、东揩西拭,实在应接不暇。此时饭厅里混合着人的气息与饭菜的气息,好像蒸锅里的热气,几乎要将天花板也掀翻。

吃饭过程中,仍不是十分太平。学生之间常就吃食发生口角。比如,学生阿毛讲饭菜不合口味,要与副校长的儿子做些交易买零食来吃,阿李便阴阳怪气道:"少爷,不用开心吧,我是穷到尿屎也得吃的,哪能和你富家公子相比呢?"两人随即扭打起来。席间穿着汗衫短裤的学生对饭菜的质量不满,于是猛地站起来粗鲁地喊着:"我们运动员,不仅吃饭的优先权被剥夺了,甚至今天的饭菜不只是量少,质量也是令人难以下咽。"这样嘈杂的声浪引来了西装熨帖、皮鞋锃亮的事务主任,他跑来后也只是说了一些诸如各位都是受过师范教育的国家待继任者,将来是社会的中流砥柱,若是饭菜不合心意可以调换,而争吵则是违反校规等"逆耳之言"。

当时人形容自己喝的稀粥,是"碗上一个人,碗里一个人,我开口吃它,它开口吃我"。有的学校门房归副校长管,人们把学校商店的老主顾叫零食大王,而一般穷人家的孩子,连买2个铜板草稿纸的钱都还没有着落,哪里还有零食吃呢。

相比之下,无锡国专的食堂吃饭秩序则是另一种景象。由于校长唐文治的严格要求,师生们进入食堂就餐时,全食堂都是安安静静,秩序井然。

当时,大部分学校都对学生正餐之外的零食有明确规定,但是,学生们正在长身体,有时难免生病需要加强营养,也不乏个别贪嘴的学生想吃些零食。尤其是住宿生,因为离家较远,家长总是会给学生一些生活费或零花钱,于是,校园零食根本无法禁止。

有些学校的厨役,会私下里跟同学们做交易。有个学生就形容寄宿生活是枯燥的囚徒式生活,因此,偶尔违禁吃些零食,竟然成了有意思的事儿。在临近睡觉尚未打熄灯铃的间隙,学生们一个个偷偷摸摸地走到厨房里去买零食,由于是私下交易,买者与卖者都是静悄悄地守着秘密。厨房里的佣人轻手轻脚地叫着买者"声音轻一些",钱便向自己的腰包里塞进去;同学们当然要贪图他的"贼货"便宜,就遵从了他的命令,也像做贼一般轻手轻脚地溜到自修室里去。此时若是走到这自修室去,一定会感到好笑和奇怪。他们手里全都拿着整个的罗葡,好像猴子一样咬着,煞是一出好戏。这样吃罗葡的风潮一度达到了白热化的程度,也成了学生们的一项"日常功课"。

也有些学校,对于学生的门禁管理并不太严格。于是,学生们6点起床,盥洗完毕,有的到操场上去散散步,有的到教室里去看看书,肚子却免不了嚷着"饿!饿!要吃点东西了"。于是肚皮的主人就要想去买点东西来救荒。而此时学校商店的门还紧闭着没有开,街上又不能出去,就都一窝蜂地围着立在校门口,那些卖大饼、麻团、油条的小孩子也就乐得在校门口摆摊叫卖,生意异常忙碌。吃饱了早饭,功课一点钟一点钟地上过去,肚子里又不免饿起来,幸而此时店门已开,大家便蜂拥到商店门口去买东西吃了。饼干啦、馒头啦、牛肉啦、鸡蛋糕和豆腐干啦,买得许许多多,一面向前走,一面往嘴里送,走到课堂里拿着吃的东西好好儿藏着,等到上课看老师专心讲书不留心他们的时候,便偷偷地一口一口送到嘴里咽进肚里去了。一课再一课,一天的功课全部上完,在这时候许多同学都跑到操场上去散步或是到商店里去买几样东西吃吃。有的是"独乐"主义,一个人独自到商店里去买了东西便低了头急急忙忙地走着,恐怕被别的同学知道了去分他的口福。有的是"共乐"主义,聚了三四个同学到商店里去,他买那样,我买这样,买了便大家吃吃,不分你我,走起路来也是大大方方不拘不束。还有些同学买了东西便暗暗藏在袖里怕给人家知道,等到临睡的时候就好好儿安置在枕边慢慢地偷嚼着,好像老鼠窃物一般,像这样的大都是经济过于丰富或过于匮乏的一类同学。

一位叫丁检子的学生曾提到,自己在中学读书时,在没有上早课之前总是和同学们在校门口一块儿玩笑取乐。许多卖小吃的早早就停在那里等着大家去光顾,最受欢迎的是卖陈皮梅和口香糖的。一般老师都抱着"独善其身"的宗旨,并不来侵犯卖小吃的自由。但也有一些调皮的同学,见到老师来了,便会前去取出几块口香糖,笑嘻嘻地与老师说:"老师这是糖,是很甜很香很凉快的,我知道老师今天又没有漱口,请吃块糖,省得待会儿叫我们闻不受用。"老师听了有的叱道:"噫!走开。"同学们又取出几粒陈皮梅奉与老师说:"老师吃粒陈皮梅也好,何必如此客气,这里多着呢。"其他同学也会跟着一起叫:"好!"弄得老师没办法。

以上种种,形象地描写了当时学生们在食堂内外用餐吃饭的情景,都是生动真实的学校生活图景的一部分。直至今日,学校食堂和校园零食,也是学生生活中重要的回忆。为了学生食品安全,现在国家又在中小学强调师生共餐,国家还针对贫困学生推出了免费午餐计划,也是希望我们的学生能够吃得安全、健康,让家长们放心。

校园储蓄

随着无锡工商业的发展,无锡居民的家庭生活也在不断改善。许多接受新式教育的学生,不仅住宿生会出于生活需要由家里给一些生活费,即便是走读生,家庭也会给予一些零花钱。为了引导这些学生合理做好理财规划,更好地用好零花钱,爱国储蓄、校园储蓄便应运而生。

勤俭节约、乐于助人、公益慈善是中华民族的传统美德,也是无锡人宝贵的品质。早在明代,无锡先贤高攀龙就曾组织"同善会"。近代,在工商业经济的支持下,无锡恒善堂等慈善组织,仍然一如既往地开展各种慈善活动。比如,1930年前后,无锡各慈善团体针对河南连续3年干旱的天灾,世界卍字会无锡分会、无锡溥仁慈善会、公济社3家慈善团体,专门派无锡中国银行堆栈经理施襄臣前往主持赈灾。陕县专门竖立了"无锡各善团莅陕春赈纪念碑"详细记录此事,无锡画家诸健秋为赈灾义举所感动,专门绘制了《函关秋赈图》。在这种氛围下,无锡城中各个学校师生,也不甘人后,在各种公益事业中积极贡献自己的力量。其中,救国储金就是各校学生普遍采取的一种方式。

救国储金运动始于1915年，其发起倡议人是上海某洋行翻译马佐臣。1915年1月，日本提出"二十一条"，妄图灭亡中国。在日方的步步紧逼与武力胁迫之下，中日双方就此展开了谈判。日本的侵略野心激起了中国人民强烈的民族情绪和炽烈的爱国热情。3月27日，马佐臣投函《字林西报》，首次提出储金救国的倡议。倡议一经提出便得到了广泛响应，在全国范围内展开，一直持续到次年7月。救国储金运动是一场民众自发储金、以此来做政府后盾的爱国运动，这场运动的主要目的是筹集资金，用于国家的武备和添设，以应对当时日本侵略中国的威胁。

描绘施襄臣赴豫赈灾的《函关秋赈图》

1915年，无锡商会设立事务所力图推行救国储金，5月18日召开成立大会，绅商学各界到会者千余人。先是由正干事孙鹤卿报告了开会缘由，之后钱孙卿、夏毅生、袁辅成等六人依次登台演说，言辞激昂，打动人心，获得了所有人的掌声。特别令人感动的是，会场门外有两位人力车夫刘阿大和朱道生，听了演讲之后，也捐献了1400文钱入会。

城中各学校，很快就在校内发起了救国储金运动。学前街省锡师附小初等科四年级学生王雨康，积极响应学校的号召，先是捐赠了一枚银角，后来又向家中要了两枚铜元，都捐了出来。崇安寺市立第一小学四年级学生王傅宝，听了救国储金演说，一种爱国心油然而生，也拿出平时积攒下来的钱交给了学校。小学生曹志清、严人焯把自己的储蓄罐送到了无锡各界抗战后援会慰劳组，经职员清点后，共计得铜元300枚。当时，曹志清年仅9

岁,严人焯年仅10岁,这种爱国精神,让人感动。

除了直接捐钱,学生们还通过其他方式贡献自己的力量。比如,无锡小河上学生闵剑石,看见报纸上说草鞋缺乏,便将平时节省下来的糖果钱买了109双草鞋。因为草鞋是粗毛的,闵剑石害怕战士们脚痛,特地在鞋底填充棉花并用软布覆盖,在每双鞋的鞋底写上了警惕励志的字句来激励战士的士气。虽然这些都只是一些小事,但可以看出大家都在以自己的方式表达爱国情谊,学生们紧紧团结在一起,表达对国家满腔的热爱和坚定的支持。

在天灾和国家受难之际,学生们虽然无法亲自参与救援,但也都在尽自己所能贡献力量,依然能够感同身受并切实为灾区人民和国家尽心。

1917年夏秋之际,"直隶连降大雨,永定河、南运河、潮白河等河堤相继冲溃,洪水泛滥",这次水灾称为"京直大水灾"。由于水灾较为严重,全国各地纷纷伸出援手。无锡县署会同地方乡绅发起了赈灾筹款活动,崇安寺三等学校的学生们,听了老师讲述的灾区人民悲惨境况,自发地将每天的点心、零食等花费节省下来,希望能够积少成多,略尽自己的心意。同学们听说上海红十字会募捐章程中有捐寄邮票一项,每积十四文就可以购买邮票一分,积了多张票就可以一起寄出去,还发起了邮票储赈会。这一做法也得到了老师们的认可与提倡,并被城内其他学校效仿。

1924年年底,辅仁中学学生本来准备召开交谊会,但考虑到江浙战争给百姓生活带来的困难,最后决定取消,并将筹集的会费50元大洋用作赈灾款,足见学生浓厚的社会责任感与爱国之情。

1932年初,日军占领锦州,东北全部沦陷。同年7月,哈尔滨大雨滂沱,连降27天,松花江水日涨。8月,松花江水泛滥成灾,江水暴涨,江南岸的道外九道街江堤决口百余米,道里、道外受灾的难民有十余万人。洪水泛滥期间,正值入秋,早晚寒气袭人,难民们啼饥呼号,其状惨不忍睹。北门外顾桥下私立崇实小学学生知道东北之难后,也开始把每天糖果饵饼的费用省下来,以作赈灾储金,后共积得大洋3.75元、铜元22060文,全部呈交给教育局,以赈济东北难民。

各界爱国分子募捐，《人报（无锡）》，1946年2月7日

"九一八"事变后，北塘区蔡氏小学就组织成立救国储金会。1933年新年，大家节省下了糖果、玩具等费用，募集得到储金36.67元。中心小学还发起了航空救国储金，学校全体学生570多人，决定从3月1日开始各自每周储蓄一部分金钱，并经过家长签字允许，按照时间规定收齐交给主管。第一周统计发现，每个学生每周储蓄的数额从10文到500文不等，其中，有1位同学积攒了500文，有2位同学积攒了360文，有1人积攒了250文，有266位同学积攒了30文钱，有107人积攒了50文，全体学生仅1周就积攒了8元。

1936年，伪军受到某方面唆使，进犯我国绥东、绥北，前线忠勇的将士发奋抗战，捍卫国土。国内各界均纷纷集款，慰勉前线抗战将士，表达家国兴亡、匹夫有责之意义。本地商界的青年首先开始响应，发起募捐，募得数十元。同时，本地省立教育学院师生也在商讨募捐办法。教师方面，准备将月薪抽出百分之五捐出。而学生方面，定期一律素食四天，这四天内，全体学生餐餐素食，将节省下来的费用交捐。二者合并起来，大约可以有二三百元。虽然是零星的光亮，但同样会为深处黑暗的人带去片刻温暖。其他各校，也都纷纷发动进行了筹款活动。

尽管个人的力量是有限的，但是通过集体便可以积少成多，把个人的意愿和集体的目标结合，便可超越局限，发挥出最大作用。学生是国家的未来，有如此一群学生，何愁未来不兴旺发达呢。

在救国储金运动的带动下，各个学校也开始在校内倡导校园储蓄运动。

一战期间,由于主要资本主义国家都陷入了战争之中,中国民族资本主义工商业一度得到了繁荣。作为其发源地之一,无锡本地工商氛围浓厚,经济条件也相对较好。就读新式学堂的学生中,固然不乏穷苦人家的孩子,但是也有许多富裕家庭的子弟。整个社会上的奢靡浪费之风,无形中也对这些孩子的生活产生了一些影响。为此,1921年无锡市立第一国民小学教师朱君斌、刘有鉴开始提倡校园储蓄。他们希望通过在学校中宣传储蓄观念,让学生养成勤俭节约的美德,以养成学生储蓄的意识,培养储蓄的习惯。

考虑到学校人多事杂,他们决定先选择本校21级秋班的同学为试验对象。通过讲解储蓄的利益,激起学生的兴趣,在老师的引导下,学生们都积极行动起来。据统计,存的多的学生仅3个月就有3000多文,少的学生也有百余文。为了顺应五四运动以后学生高涨的自治热情,同时也是让学生得到锻炼,市立第一国民小学的校园储蓄业务,以学生自主管理为主,教师只是从旁协助监察。学校的校园储蓄会设有会长、会计、干事、书记等职务,全部由学生担任,他们每个月开一次会,报告个人储蓄的数量和会务状况等,并且对储蓄最多的前3名予以奖励。这一过程中,学生们的组织管理能力也得到了很大提升,对参与校园储蓄活动更加踊跃。

同时实行校园储蓄的,还有省锡师附属小学。当时在该校任教的薛溱龄,提出了校园储蓄的三大目的:第一,为了从小培养儿童储蓄的习惯,进而使整个社会盛行储蓄之风,有助于社会安定;第二,提倡储蓄有助于儿童从小养成节俭的习惯;第三,提倡儿童储蓄可以养成儿童协助团体、救济他人的美德。省锡师附小在借鉴第一国民小学校园储蓄经验的基础上,加大了对儿童储蓄的奖励:一方面是名誉上的奖励,将个人与集体的储蓄成绩汇总列表,定期公布,并对成绩突出者给以口头或证书鼓励;另一方面则是利益上的奖励,对于数目较大的储蓄额,给以应得的利息。这样既可以增进儿童储蓄的兴趣,又可以使儿童知晓正当的生利方法。对于无从起息,或起息也是很微的零数储款,还可以通过公共储蓄的办法,在全体中间提出一部分人给予奖励,这样虽然得奖数目少但得奖人数可以多些。

在具体执行上，省锡师附小将校园储蓄方式分为四类。每一类储蓄都制定了详细的储蓄规则、章程与记录。首先是公共储蓄：在一定期限内，由儿童按期缴纳存款。其次是存款储蓄：主要是方便儿童随时存下节省的钱，使之在得到妥善保存的同时还可以获得相应的利息。第三是学级储蓄：由各学级会举办，储存方法不一，存下的钱即用来协助团体，不再归还。第四是慈善储蓄：其目的是预备用于慈善事业的，这类款项主要由无主认领的遗失银钱、物品的拍卖所得，以及发还的救国储金组成。这四种储蓄事业，前两种是为个人的，后两种是为团体的，规章清晰且详细，与该校提倡储蓄的宗旨高度符合。

资料表明，当时加入省锡师校园储蓄会的学生共有230人，除去因为中途退学及其他原因取消会员资格的学生外，实际有效储户152户，每个学级都有学生参加。其中，商二年级的22名学生全部参加，参与率是100%。储蓄会中平均每月收得的储款为18240文。

1926年，无锡第一高等小学校，专门在校内设立了小银行，位于学生宿舍东边靠后面的位置。小银行主要就是为了办理住宿生的零用钱储蓄，并指导学生们掌握与银行储蓄相关的知识，练习相关业务。

校园储蓄、校园银行在学校的推广，还引起了银行和邮储局的关注。1930年，江苏省锡师前校长、时任江苏农民银行第四区办事处主任的顾倬，专门致函各校师生，希望他们能够提倡节俭，养成

江苏省立第三师范学生日记账，《江苏省立第三师范附属小学校月刊》，1920年第3—5期第28—29页

储蓄的习惯。顾倬认为，教师们如果每月都能把一部分工资定期存到银行，则其利息至少可以覆盖寒暑假的返乡返校路费，或者用利息贴补家用；如果学生能够在开学之初，把缴完各种费用的余钱存到银行，既能够防止丢失，保证财产安全，也能够防止学生大手大脚挪用学费，这样，学校就可以养成勤俭节约的校风。另外，顾倬还建议，每个学校都可以设立储蓄部，每日由专人与银行接洽，或储蓄或存取。这样一来，学校不仅可以及时知道学生们资金的去向，也可以防止意外事件发生。同时银行方面也希望教育局能够对此大力提倡。

1936年，邮储局也开始开办儿童储蓄业务。邮储局甚至对储金桶的样式进行了精心设计，桶身设计高约七英寸，与普通储金桶相同，但外表添加了绿色喷漆，外形十分美丽，成本大约为1元，借此来吸引儿童的储蓄兴趣。此外，儿童储金桶所给的利息，与普通储金相比较而言更高一些，这也是鼓励儿童储蓄的一种方式。

学生自治

中国以个别教学为主的传统教育向来主张学生自学自得，教师只是在关键时刻予以点拨。其中有些严格的管理，对学生的天性有所压抑，也不利于学生独立自主管理能力的养成。在现代欧美教育新思想的影响下，教育界的观念开始发生变化。五四运动爆发后，学生的权利意识与社会意识也得到了很大的激发，各个学校都开始不同程度地把学生自治作为学生教育的重要方式和内容。

1904年，虽然清政府对学生的活动进行了严格控制，但也出现了学生自治的实践，如广州岭南学堂就成立了自治会，并制定了自治会章程。无锡早在晚清时，就有竞志女学成立了学生自治会，由学校全体中学生共同组成。竞志女中学生会以自我管理为目的，下设了文书、事务、学术、体育、卫生等多

竞志女中自治会干事合影,见《真实劳苦:侯鸿鉴和竞志女校影像》

个部门。最晚在1916年,县立第六高等小学校校内就已经有了学生自治部,当时,该部还要求自治部同学学习警务方面的普通知识。

1918年,无锡实业家薛明剑考虑到本地学校学生与旅外学生人数较多,为了让大家互通消息,勉励学业,提议建立"无锡学生会",并拟定了学生会简章。简章规定,凡是无锡各校的学生以及旅外学生,都可以入会成为会员。学生会设总干事一人,干事五人,分别管理会务,平时成绩会随时刊登日报,每年将刊登的成绩印制成册,分别送给各位会员。学生会还会在每年的寒假和暑假中各开会一次,地点暂时设在了公园路县教育会。

五四运动之后,无锡各大中小学几乎都建立了各种各样的自治会。这些学生自治团体,可以养成同学们互帮互助的精神,培养团结合作的能力,并让学生在实际事务中发挥自己的能力,增进技能或经验,因此深受学生的欢迎。辅仁中学的学生会自1919年组织成立以来,每年都会开纪念会,场面十分盛大,丝竹、京剧、演说等节目类型丰富且每年都会推陈出新,好不热闹。

1920年,东林小学按照杜威"学校即社会"的思想,在校内建立了儿童自治机关"东林市",效仿地方社会上的各种组织架构,在校园里设立公安、财政、教育、建设、卫生等局,由学生分别担任管理角色,主持学校各项活动及日常事务,以期"养成儿童将来为党治下健全之公民",使学生在学习知识的同时,养成良好的生活习惯,掌握生活的技能,关注社会生活,关心国家大事。

同年春，北塘积余学校也决定实行指导学生自治，在校内组织了积余自治公所，并聘请校长、校董、教师们担任市总董、名誉总董、本区指导员等等。1921年，教育部和江苏省教育厅相继要求，顺应潮流，提倡学生自治，甚至对于学生作业，也要求完全用自治方法。

1927年，无锡中学十多名女生热心课外事业，组织了女生劢精会，并上台发表宣言。大家的宗旨在于用最大的努力，从事于做"人"的运动。该会在11月11日下午6点30举行了成立大会，开始时由主席报告开会宗旨，接着由师长曹漱逸、王克仁等训话。可见，这些组织虽然号称自治，但基本上还是在教师的指导下进行的，是教师有意识培养儿童自主管理能力而采取的一种新型教育方式。

1930年，教育部为了加强对学生组织的引导和控制，专门出台了《学生自治会组织大纲》，各地随即跟进出台了《施行细则》。无锡县教育局明确要求，学生自治会应由市县政府分别主管。在学生会的领导下，各个学校学生不仅对校务积极建言献策，甚至主动承担管理责任；对于社会事务，也同样热心参与，体现了青年学子的责任担当。

除此之外，当时学生结社意识很强，每个学校都有很多学生组织，比如抗日救国会、民众夜校、教育研究会、图书研究会、音乐研究会、文学研究会、演说竞进会、学术辩论会以及各种球队等。大部分事务都由学生自己管理，成绩表现也都十分亮眼。许多组织，还自办了许多学生刊物，成为学生交流信息、发表意见、研讨学术的重要平台，也为后人留下了宝贵的资料。比如，江苏省无锡师范学校编辑刊印的《锡中概览》《锡中校刊》《锡中学则》《校友会会员录》《教职员学生通信录》《锡中概况表》《师

无锡辅仁中学各部部长摄影，《知新》，1926年第10卷夏季第1页

范科概况》《图书目录》等,竞志女学编辑刊印的《无锡竞志女中学生会会刊》《学校新闻》《竞志》等。

　　学生自治给学生们提供了自己管理自己、自己做事情的机会。通过自治活动,可以使学生们学到生活上所需要的一切技能,这不仅减轻了老师的一部分工作,甚至还可以协助学校事业的进步。师生共同参加活动(教师处于辅导的地位),能够让师生间感情更温馨融洽。学生共同办事也可以养成彼此互助合作的习惯以及为民众服务的美德。

学校管理

学生在学校生活，要接受学校的管理和教育。1915年，竞志女学就制定了严格的管理及训练方案：课内揭桌板取书或拿其他东西都要以铃声为准；听讲时要注意坐姿，保持课堂内的庄严肃穆；室内要放值日生表；上书法课前要准备好水等。各类事项都做了详尽的规范，学生在学校中要严格遵守。在学校的教育下，大多数学生都表现良好。

1918年，省锡师教职员和学生们前往南京参加全省运动会。结束后教师带领赴会学生去明孝陵参观，途中有几个学生捡到了一个钱包，里面有二三十元钞票。他们看见前面有两人，便上前探问，其中一人所描述的钱包的外形和遗失钱数与学生们捡到的吻合，于是便交还给了他。失主不仅对学生十分感谢，对于省锡师的教育也非常钦佩。

但是，由于学生还不够成熟，他们经常会做出一些无伤大雅的违规行为。有的时候，不服从管理也会带来很多问题。此外，民国时期，无锡的社会治安不算好，学生在校外，有时候也会受到流氓无赖的骚扰。

顽皮捉弄

无论物质贫乏与否，同龄人之间的活动总是多种多样的，当然开玩笑的搞怪活动也不会缺席。

有一段时间,学生中一度流行摸面孔。某校有一个喜欢和同学打趣摸面孔的学生,有天午后课前,见前面有一个人背朝着他立在那里,他认得那人所穿的夹衫,于是故态复萌,蹑手蹑脚走到那人身后,伸出右手在他面上一摸,回身就逃了。但见那人并没有像平日那般来追赶,便停了脚步回身一看,吓得几乎全身失去了知觉,面色在几秒钟里也变了好几种颜色。原来他所摸的并非同学,而是主任老师。只看那主任一声不响,铁青着面孔看着他,弄得他上天无路,入地无门,只能红着脸低下头来,再看旁边的同学,都掩着嘴大笑不止。

小学生正处在嬉笑玩闹的年纪。1917年的一天,南门国民学校正在上体操课时,忽然学生们大喊"地上出蛟",教师们都大惊,四周环顾查看情况。最后发现是一小学生尿急,无法移步,只能就地解决。

除了捉弄同学,有些大胆的学生还会戏弄老师。无锡城内某位老年教师不会算数,仅能认识数字而已,虽然也在努力练习,但尚未掌握其中的门道。因此,只要遇上算数科目,就只能勉强应付。但越是如此,学生们越是起劲儿,都要求他演算范式,看着老师越算越错,学生们都鼓掌大笑,声如巨雷。教师每次和人说起这个班级的学生:"他们明知道我不会算数却坚持要我示范,真是学生考老师了。"听到这话的人都捧腹大笑。从中可以看出,一方面,当时有些老师的知识结构是有欠缺的,但他们对于学生的戏弄也还是比较宽容的。

"起绰号"是校园中另一种常见的现象。一般来说,取绰号总有一些缘由。某个学生名为张国鼎,因他面皮生得红,且脸皮又厚实,无论别人说些什么他终是红着脸不知羞耻,便被取了个外号作"红象皮"。还有位学生名辛锐斌,有几位好事的同学给他取一绰号"香脆饼",传着传着,这绰号变为了"阿香"。有位杨传琦同学,生得白白胖胖,便被叫作"杨贵妃""小白菜"等。如果说这些绰号还无伤大雅的话,还有一些比较粗俗的绰号,叫出来就会有很强的侮辱性,比如"夜壶""老鬼""野猫"等,对被叫的学生很不尊重。因此,因为绰号问题,学生之间也很容易发生冲突。

当然,学生们不仅会给自己的同学起外号,有些胆大的也会偷偷地给老师们起外号。大河池沿头积余街积余学校有位老师,唇下有颗黑痣,于是,比较顽皮的同学就给他起了一个外号叫"小数点"。不过,一般同学们都不敢当着老师的面叫。有一次,5年级有位学生不懂避讳,竟然当着老师的面直呼小数点。这位老师平时对待学生是和蔼可亲的,但听了这个绰号立即板起了面孔,把学生抓住好好责罚了一番,并报告给了训育主任。尽管这个学生才13岁,且平时学习也比较认真,训育主任还是决定将其开除,命令他马上离校。这个学生仅仅因为逞一时口快,竟然招来如此横祸,吓得不敢回家,独自徘徊在大河池边,竟然有沉水的样子。幸好被同学看见,结伴送他渡河,又替他在父母面前说了一番好话。学生母亲又到积余学校去询问了年级各教师,都说他没有大过,只是偶然调侃师尊,母亲才算平下气来。

偷犯校规

近代社会的学校中,各种校规校纪很严,但是,学生们活泼爱动的天性是最不愿意被拘束的,于是,总有一些调皮捣蛋或者胆大的同学,会私下里做些不守规矩的行为。

比如,有个笔名"坏孩"的人描写了自己在女校读书时的一些越轨行为。在寒冷的冬天,有个女同学为了睡懒觉,就会请病假不去上早操。结果有一天,等她醒来发现,自己床前的凳上放着一碗粥、一双筷子和两碟子菜,床前围了许多慰问的同学。同学们纷纷关心道"一定是玩球玩得太过分了""我看是夜里头被子掉下床了""不要起床,课程拖一两天没关系,身体要紧"等。同学们这么关心她,想来她下次就不好意思再用生病做借口了。

还有一次,在英语大考前一天,一位女同学Y觉得外面天气太冷,就不高兴去上夜课,于是拉着同学X回宿舍。由于当时宿舍电灯要到规定时间才亮起,因此,X就准备在宿舍中摸黑休息。谁知进了宿舍,Y同学却说带了书要好好预备考试,她只是想换个幽静的地方好好复习。X想,自己文法纯熟,生字也会拼,还是舒舒服服地睡上一觉预备考试更好,并开玩笑说自己明天要考个第一,便直接睡去了。谁知道最后这场考试X真的考取了第一名。

当时,各个学校对于住宿生的门禁制度都执行得比较严格,出入学校必须请假。有学生为了逛公园,和女伴4点10分的光景便偷摸起了身,在公园里尽情玩耍。她描述道:我们充满了快乐,像突出了笼的小鸟,心情不因犯规而恐惧畏缩,反而感到了自己的勇气、胆大,真的,我们还讪笑其余同学们的畏缩!"她们甘心做囚徒!"她还提议大家趁着月色好一起晚睡赏月。她们快乐地唱着歌,跳着,跑着,逃着,在明媚的月光下敞开心门,自由地呼吸。但当回到宿舍时,立刻乐极生悲,所有的窗子都已落了锁,因此,所有人都像做贼般,悄悄开了总门,溜进宿舍,钻进被子就睡,心里只怕被告发后的责罚。当然,如果被发现,就要接受惩罚,学生们把老师的训话戏称为"吃大菜"。她说,虽然自己总是提出犯规提议,但她的提议几乎没有被拒绝过,因为她的提议正是大家都想做的。而且,一旦事情暴露,她往往很有担当地把责任扛下来,所以大家都愿意跟着她去玩儿。

无赖骚扰

由于当时无锡地方社会治安并不太平,学生在外经常受到各种无赖的骚扰,特别是女校同学,尤其容易成为流氓骚扰的对象。

1928年的一天晚上,学前街锡中实验小学童子军初级队员24人,决定在学校西城脚下露宿。扎营完毕后,教师因有事返校,突然旁边出现了一些人,从城头上往童子军的营地抛掷砖石,童子军们警觉有变,立即四散埋伏。过了一会儿,又听到警笛乱鸣,爆竹声起,更多的无赖聚集过来。他们拆掉了童子军的营帐,夺去他们的团旗,甚至用小刀割破营帐、割断绳索,并夺取军棍胡乱殴打。童子军大都为十一二岁的幼童,无法与这些成年无赖对抗,只能急派人回学校报信。校内教师听到消息后立即返回营地,这些无赖尚未散去,教师见形势不佳,就令校工将为首肇事者孙洪根扭住。教师随即召集团员们回校检阅,被殴打受伤的有十多人,团旗、营帐、军棍及用具等被损坏被抢走的很多,当即报告虹桥下公安派出所巡长徐云生到学校查勘,将孙洪根及损坏物件一并送局。随后,学校又派代表前往崇安寺公安一分局会晤秦局员报告详情。据孙洪根交代,他是受皮匠范芬善与打包的阿大两人指使,秦局员又带领警员前往西水关,将此2人带到警局讯问,他们又供出二三十人。警员四处搜捕,结果仅抓获4人。

1930年,北塘民众第三夜校,为了普及贫民教育,特地分成男女两部,并借用积余、济阳两校校舍,招收贫民子弟入学授课。两处共有学生80多人,规定晚上8点开始上课。由于女校所收学生以丝厂女工居多,大都已经及笄,每逢上课时间,一般无业少年、流氓就会成群结队在学校外面闲逛,有的甚至趁女学生进校时拦路调戏,口出狂言,导致女学生们都很害怕,纷纷向学校申请退学。这些流氓们的行为,对于教育普及损害甚大,因此,学校和周围居民专门呈请管辖区域内的公安第五分局派警员保护,并希望公安分局能够调查走访各流氓的姓名,按名拘留且追究责任,以肃法纪。

实际上,由于当时社会还不够开化,不仅女同学容易被骚扰,即便是女老师也容易被中伤。1922年,无锡北塘蔡家街有一位蔡鸣锴女士,本来毕业于江苏省立第一女子师范学校,任安徽省立女师范教师,学行兼优。暑假在家时,家族中忽然得到一封匿名信,信内对蔡女士肆意污蔑讥评,致使她深受刺激,竟然在自家后院投井而死。由于她家与济阳女校毗邻,最开始人们误传是济阳女校的学生落井,以至于学生家长大为恐慌。但实际上,蔡女士操守严谨,还担任教师,竟然被谣言逼死,可见当时的社会氛围对女性仍然不够宽容。

误入歧途

在当时,并非所有学生都能够遵纪守法。违法乱纪、捏名撞骗,甚至校园欺凌也时有发生。

1918年某日上午,有个儿童手持一头鹦鹉在石塘湾等车来城。因为时间尚早,所以独自在客房内等待,忽然来了六个身穿制服的某国民学校的小学生,看见他独自一人拿鸟,就趁着周围没人上前抢夺。该儿童大声呼喊,恰巧旁边有大人经过,听见喊声就跑到客房内了解情况,对几个小学生进行了一番教育,这些小学生见势不妙,才愤恨离开。可见,当时有些学生缺乏自制自律能力,很容易结成团伙,欺凌同学。

一些女学生也会做出违规放任行为。据报道,当时北塘某女校,对学生管理不够严格,每逢迎亲行丧队伍经过,学生们都会出来观看,甚至盘踞在某店内肆意妄为,毫无公德心。店主考虑到她们是女学生,一般都不太干预,但店铺营业深受其害。有一天下午,有个香会经过此处,这些女学生更加肆意妄为,路人议论纷纷。当然,女学生的此种行为,一方面反映了新学与社会民众、传统生活的对立,女学生或许以新型知识分子自居,视迎亲赛神仪式为迷信落伍做法;但另一方面,也加剧了新式教育与社会大众的隔阂。

城内书院弄辅仁中学,虽然功课严厉,但由于学生众多,其中难免有不守规矩的学生。有一位叫华宏治的学生,不仅不守校规,还约着同学与朋友,到校外赌博,甚至冒名招摇,串骗钱财,败坏学生和学校的名誉,后被校长开除以正校规。

1933年,北平邮政当局察觉寄件人所用的寄信函,多是贴有变造或用过的邮票。于是将原寄件人先后拿获,解送法院依法追究责任。根据当时刑法第227条的规定,这种行为应该处以6个月以上5年以下的有期徒刑,并罚款

1000元以下。无锡邮政当局吴局长,专门派2名职员进行检查,发现本地往来信件欠邮费的人也很多,按照邮务定章,需要加倍处罚。但这类事件中涉及很多小学生,于是通融起见,一

对中学生不识稻与麦的嘲笑,《人报(无锡)》,1935年4月27日

面命令邮差将信件送交原寄信人补贴邮票后再进行寄送,一面提醒学生家长、学校老师多加注意,对学生多加教育。

校园窃案

由于大部分学生在校集体住宿,学校就肩负着学生生命财产安全的监管责任。实际上,当时学校中师生财物失窃事件经常发生。某一年,城内一分局的警员曾在公园饭店查获一位女贼,带回局中审讯后查明,其曾在大娄巷浦听生家中偷窃皮箱一只,更关键的是,她曾经受过中等教育。

当时,无锡升平巷内有一位堕落少年华汝济,每天都和一帮无赖为伍,时常窃取家中的物件到外面卖掉。1930年"双十节"晚间,华汝济趁着同学们外出庆祝的时候,暗中约集同党和私立中学的某位学生,一起前往学生宿舍窃取物品。几人先是通过竹梯进入到房间内,然后撬开了门锁,窃取男女衣服十多件,大多是灰鼠、狐皮、獭皮之类价值高的。得手之后,他们又将全部物品交给一人带到校内宿舍藏匿。有位同学看完演出回到宿舍之后,发现大量贵重物品被盗,十分心急,但细细观察现场痕迹,又觉得不像校外人员所为,而且窗户上梯子的痕迹也隐约可见,再加上华汝济平时行为不正,就猜想此

无锡师范附属小学校舍,《江苏教育》,1932年第7/8期第1页

事是他所为。于是这位同学便开始留意他的行动,感觉他的确行为慌张,有些心虚,遂将事情报告给了一位探士,找到了华汝济,用尽了软硬功夫,才让他说出了藏匿的地点以及同党的姓名。考虑到大家都是同学,且失物已经如数找回,被盗同学就没再追究华汝济的责任。但实际上,华汝济已经触犯了法律,且是累犯,任由此事不了了之,并不见得是一件好事。

侮辱校医

1935年3月,省锡师发生了学生殴辱校医的闹剧。该校校医张汉名,毕业于上海东南医学院,在医学上造诣极高,多年来为父老乡亲们治病,得到了很多人的敬重。任职以来,一直勤于职务,不仅诊疗师生病症,成绩卓著,而且对于学校里所备有的药品医具,也管理得十分周密。他还严禁学生浪费和无病占用调养室,防止占用医疗资源。或许也正是因为他过于严格,招致了学生的不满。3月22日下午4点左右,该校师范三年级学生姚广庆,没有按规定携带看病证明就突然进入校医室要求医生给自己看眼疾。张医生让他补交看病证明以后再来接受诊治,姚广庆就很生气。后诊断为轻微眼膜炎,张医生给学生配了200毫升硼酸水让他冲洗。但姚广庆却认为校医草率,当即又打又骂,双方的争吵声又招来了许多学生,他们一起把校医室围了2个多小时，并叫喊着要将张医生驱逐出校。后经教导主任郑保滋到场劝说，张医生才得以脱身。

张医生要求学校严肃整顿校风校纪。第二天下午3点，张医生没有到校上班，却接到了师范三年级全体学生写给他的一封信，信中威胁张医生说，如果再敢来学校就拳脚相向。由于学校校长周毓莘人在上海，学校训育主任兼师范三年级甲组主任何陶如与乙组主任沈醉风，代表学校来给张医生道歉，说是已经处罚了肇事学生，希望张医生能够回校工作。张医生随即出示师三年级学生的来信，何主任与沈主任辩解说，这封信发出的时间是在处理学生之前，现在事情已经处理妥当，不会再有问题。

张医生见两位主任这样解释，也就答应了继续到校办公。谁料待他真的到校上班时，师三的学生陆龙杰、顾彦仪、孙自健等人，又纠集了同级学生数十人，闯入校医室，将张医生包围痛殴，拉扯了一个多小时，直至郑保滋、何陶如、沈醉风等老师到场，学生们才离去。

张医生非常愤慨，严厉质问教导主任郑保滋，并要求严加惩处聚众行凶的学生。在他看来，个人受辱事小，学校风纪败坏事大。由于当时校长尚未回校，此事暂时搁置。校长回校后，张医生多次请求严厉处置学生，周校长却总是敷衍了事，不仅不解决问题，还多次派人向张医生索要师三年级全体学生写给他的侮辱信，借口说拿不到这封信无法解决问题。张医生认为，校长毫无整顿学校风纪的诚意，随即将事情经过呈报教育厅，请求下令周毓莘校长惩处肇事学生，整顿学校风纪。教育厅本来就想整顿江苏学风，听闻省锡师发生了这种怪事，认为学生太过嚣张，如果不严加惩处，那么数年来整顿学风的苦心就会付诸流水。于是立刻训令周校长查明后回复，以凭核辩。由于资料缺乏，事情最后到底是何结果，已经无从核实。不过，仔细分析此事中周校长和学生的态度，此事背后或许另有隐情，甚至有可能是周校长为了辞退张医生而有意纵容、包庇学生。因为在当时，学校教职员的聘任，大都由校长负责，一般校长更动后，学校大部分教职员也会随之更动。张医生虽然工作、资历都没有问题，但他毕竟是前任校长沈佩弦所聘。正常情况下，学生虽然对校医、宿管有些怨言，也绝不至于如此嚣张。

管理难题

北洋政府时期，第二高小的一位教师，因为犯案曾被逮捕监禁，但因为是校长的亲戚，依然能够在第二高小任教，且与同事相处也不太融洽。对此，学生家长认为他不能够胜任教师，对其任教一事颇有怨言。1915年，在全县中小学联合运动会上，他曾经掷击公共军乐，并在司令部大吵大闹，一时之间成为学界笑柄。但是，到了1916年6月，社会传闻，该教师又将被第一高小聘为教师，第一高小的学生家长听闻以后，认为他品性卑污，劣迹昭著，不足为人师表，特地函致县署第三科及新校长表示反对。

当然，除了老师的选任问题引起学生的抗议，有时候，校长的选任也受多种因素影响，并不一定合适。1919年秋季，县署为第一国民学校任命了一位新校长，该校长自从上任开始就讼事缠身，县署将其呈上的状纸驳回后，他心有不甘，又前往南京上诉，对学校事务毫不上心。对此，学生家长们都很有怨言。谁知到了南京之后，他的诉讼仍然失败了，庞大的诉讼费耗光了他预支的薪水，还使他欠了近百元的债务，并且名利两失。于是他心怀愤懑，经常打骂无辜的学生撒气。学生们虽然都十分怨恨，却又无能为力，只好编写了四句歌谣发泄："学生吃手心，老师打屁股，手心还未烧，屁股痛亦苦。"

1936年，三皇街崇文小学也爆发了一场冲突，是校董会与校长之间的纠纷，一度影响到了学生上课。本来，该校是由国药业联合创设的，学校经费由各大药店每年上缴的厘款中抽取5厘，学校开办之初，就由姚询刍任校长。但不知何故，校董会从1934年开始就不再向该校提供经费，而姚校长考虑到学生学业则继续办学。1935年学期结束时，校董会决定新学期另聘一位姓顾的人掌校，姚校长知道此事后十分气愤，向专署和教育局控诉校董会积欠捐款，请求拨还垫款及彻底查算整理历年捐助的事宜。校董会不仅没有补给经费，还借口经费告绝,呈请教育局暂行停办一学期,由于会影响学生就学,教育局没有同意。不料,校董会竟自行封锁了教具教室,导致校务停顿。姚校长为了保障学生开学,只能在学校旁边的大殿上另开教室。县教育局调查了解后认为学校校董会组织不健全,令其改组,并指派了一区教委、中心小学校长顾泾村并案处理,查明真相。5月中旬,校董会重新推定王尔成等13人为校董,陶念祖为董事长,呈报给了教育局。

谁承想一波未平,一波又起。6月17日下午,学校停职教师顾某因未当成校长,心有不满,便开始大肆鼓动,联合学校撤职教师钱某率领多人前往学校拿取校具,姚校长得知后立即前往制止,又发生了纠纷。7月3日上午10点,校董王尔成、徐建伯等人在钱某的陪同下,准备将教室封锁。由于当时学生们正在上课,双方再次发生了冲突,姚校长立即报告了县公安局督察处。公安局派人员调查后也没有结果,于是双方又到了教育局请见王局长,姚校长请求保障学生上课,结果要等教育局调查后再行核办。

事情愈演愈烈,为尽快解决,7月30日下午2点,顾教委在中心小学校内组织举行了经济清算会议。当天,校董会代表陶念祖、徐建伯与校长姚询刍出席,顾教委监算。开始后,由姚校长逐年将详细账目公开,并报告收支盈亏,共计2043.532元(上一年的账目尚未在内)。顾教委听后发表了四点意见:第一,全校经费由校董会负责,校内成绩由校长负责;第二,历年报销表,校长方面有手续不周之处,应由校董会追问;第三,五厘捐应由校董会呈请备案,否则应加取缔;第四,校董会组织早有明令规定,学校校董会中有研究教育或办理教育经验的人必须达到1/4,应重新改组。校董方面因一时尚需考虑,导致清算未成。到8月7日,校董会陶念祖回复教育局并附呈清册,同时又以占据学校、抗不移交等事由,请求转函公安局,押令迁移,至此纠纷仍未结束。可见,学校外部人事纠葛,影响最大的反而是最无辜的学生。

如果说一般学校难于管理的话,女校与男女合校的学校管理,则会面临更多的困难。

无锡县立女子师范在办理的过程中,就发生多次风波,面临被关闭的风险。1913年春，无锡就有停办县立女子师范之说，当时，一些教育人士明确提出反对。1917年，女子师范从旗杆下租赁的房屋，迁至小河上新庙内，校门则改在庙后门，而其原址则由荣氏女学迁入。1920年3月，无锡县议会开会，又提出停办女师范之议论。学校夹在教育局与学生之间左右为难。当时，女学生在五四运动的影响下，主权意识日益高涨，曾经4次与主管的县署第三科交涉，提出不愿意做没有母校之人，结果却以不守规矩被斥责。而社会上也有好事者，托名女师范学生，在地方报纸上发表罢课宣言，被视同要挟。女子师范的时任校长顾子静，更是因为对学生管教不严而被县署第三科斥责。

1926年，江苏教育界通过讨论，决定放开女禁。位于无锡的江苏省立无锡师范学校开始招收女生。但是，在具体的办理过程中，男女合校还是给学校教育和管理带来了不小的挑战。

当时，一般男女合校的学校，虽然允许男女同班上课，但大都有相对明确的男女界限。教室座位一般是女生在前，男生在后。导致已经进入青春期的有些男生听课就不太专心，在课余时间更是想尽办法接近女生。比如，花钱打点宿管阿姨，去女生会客厅找女同学聊天，在管理不严的时候甚至可以混进女生宿舍。而那些得不到女生垂青的学生，会在嫉妒心驱使下编排女生的不是。还有些大胆的学生，会约上女同学到公园去玩，到电影院看电影等。1933年，省锡师为了增进女生的特殊训练，并减少学校经济与校舍的困难，经教育厅批准决定将各级女生转送女校肄业。但是10多位本地家长与学生对于转学问题感到很困难，联名函请学校转呈教育厅，希望能够准许这些女同学在校毕业。这些家长认为，学校此次对于女生转学一事事前并未通知，时间过于仓促，由于各校教学用书不一，进度各异，学生转学过去后学业衔接可能会出现问题。而且，转学以后，学习费用方面不减反增，制服还需要另外定制，书籍需要另外准备，学生改为寄宿后花费也更大，家庭负担不免激增，学生很可能会因为经济原因而被迫辍学。但是学校的理由中，除了帮助学校缓解经济与校舍困难，更主要的还是处于男女合班后给教学带来的困难，导致一切课程设备都不完全，担心会辜负各位家长的重托，所以才决定将女生转入其他著名女校,以作补救。对于家长提到的困难,学校也会做好转学手续上的协助,并对经济困难的家庭提供帮助。可见,男女合校的推行,在实践中还是有很多困难的。

校
园
安
全

学校是社会的细胞。民国时期,由于政治动荡、生活贫苦,人们的生活环境并不算安稳,地痞流氓抢劫偷盗事件时有发生,天灾人祸也没有放过学校中的教师与学生。在教育教学中,由于集体生活、体育锻炼、理化实验等所引起的安全事故也屡见不鲜。

水火无情

无锡是典型的江南水乡,大运河穿城而过,成为无锡经济发展与对外交往的大动脉,城内河网密布,影响着普通人的日常交通与生活。对于无锡的小孩子来说,游泳似乎是一项不需要特意学习的技能,也是暑假最好的消遣方式。但是,由于缺乏必要的安全意识和救助能力,孩子们在没有大人监管的情况下擅自下河游泳,往往也会酿成悲剧。

1917年6月28日,省立无锡师范学校简易师范科学生、溧阳人钱淦生,因为天气炎热,下午2点与同校游泳技术好的4个同学一起请假外出,到西水关游泳,结果因为体力不支,发生了溺水事故。由于水流湍急,同学发现后来不及施救,以至于等到将人救出时,钱淦生已经奄奄一息,同学们急忙把他送到城中普仁医院,但为时已晚。校长顾倬得到消息,深感惋惜。他一面向省教育厅禀告,一面给学生家长去信,希望家长来料理后事。

　　据报道，早在1916年，省立第二农业学校也曾发生学生溺亡事故，当时齐省长就将该校校长记大过1次，斥退管理员，并通报各校严行取缔。同年，南京省立第一师范学校也有类似事故，校长被直接撤换。因此，报纸推测，省署的处理意见应该会仿照对省立第二农业学校校长的成例，对校长顾倬记大过1次，斥退管理员。不过，当时省署派来的调查员李鹤声到学校实地调查，把详情禀明后，结果却出乎意料。

　　李鹤声调查发现，当时，锡师练习游泳已经3年，对于游泳的地点、监督防护之人都有明确规定，教师指导也非常认真。之前因为干旱，门前河水干涸，不便游泳，附属小学的童子军曾经到西关外迤北河中练习，都是在教练员与擅长游泳之人的带领下，已经持续了1个月的时间。前几周，学校考虑到天气炎热，其他运动不太适合，所以提倡游泳，但是以本科、预科为限，讲习科在实习期间，比较特殊。6月27日，指导教师曾经率领擅长游泳的人到西关外试验河水深浅，规划地点，在28日朝会时向学生发布组织。不料讲习科几个人听说后，私自前往，一起同去的4个人，也不知道钱淦生不擅游泳。另外4人先下水，钱后下水，结果没有几分钟就陷入险境。同行的人听到声音来救助时，相距有数丈的距离，水势逆流而且被经过的木排所阻，救助无方后回校报告，等到雇人救捞，因为入水时间过长，已经无能为力。当时，由于天气炎热，尸身不易保存，而钱淦生的家长直到5日后还没有来，顾校长专门请校友会每人凑钱五六角，为钱淦生准备棺材，但仍未能得到家长的谅解。因为钱是家中独子，结婚还不到一年。事发时他已经毕业，正在锡师附小实习授课。后来学生家长把尸身用棺材收敛后返回原籍，校长深感自责，严令取缔，以避免意外再次发生。

　　李鹤声调查后认为，钱淦生的确是请假外出，私自去游泳的，而且去事故地点实际勘察发现，该处河水三面汇流，水势湍急，钱淦生是因为不善水性，才发生意外。但指导教师似乎不应该在朝会上直接向学生发布组织，以至于让学生产生私自出去游泳的想法，而擅长游泳的各位学生，也不应该盲目地与不擅长游泳的同学一起去游泳。钱淦生自己在学校游泳地点刚刚改变时就私自前往,也有责任。

于是,省政府根据调查报告,认为练习游泳,足以发达体育,学校已经连续开展3年,忽生变故,实为不幸。此事钱淦生自己有责任,但指导员失察,有所疏忽,希望校长传令训诫处分;而该校长平时处理校务非常精细,此次意外,姑且免于置议。应当督促教师,切勿松懈。对于游泳一事,仍应照常练习。但对于设备指导,必须格外注意,不要以此为借口,影响了提倡体育的初心。

江苏省政府的这次处理,固然可能考虑到了顾倬办理省锡师的成就,但是,处置意见没有因噎废食,盲目追责,更没有简单禁止游泳,无疑对我们今天如何处理教育中的安全事故有极大的启示。如果处理意见会妨碍到教育的初心和宗旨,我们应该怎么做呢?如果怕体育课出现意外和事故,就减少学生的体育课,甚至减少剧烈、稍带危险的运动,我们的学生会变成什么样?

实际上,在当时,此类事情时常发生。因此,人们特别提醒,小孩子游泳的危险要注意。甚至有人明确提出,游泳是一种艺术,研究要有道,不能视为顽童嬉戏,如果不讲规则,就容易酿成惨剧。

1919年,省锡师第一团童子军教练员顾拯来,考虑到童子军有随时救助他人的天职,如果不学习游泳,就不能够入水救人,因此,特别联系了该校教师与童子军组织了一个游泳队,一共有教师6人、童子军18人,每日午后由顾拯来带领练习游泳,特别是学习各种救护方法,比如,亲身施救、抛救生圈法、抛救命绳法,在船底部寻找物品的方法等。还命令一个人扮演溺水者,一个人练习救助,成绩非常突出。于是,《新无锡》专门把顾拯来所制定的游泳班规程刊登出来,供其他团体学习借鉴。从他所定的规则看,对于游泳者的身体要求,游泳水的水温、水质,游泳时的着装与行为要求,游泳时的安全防护等都有涉及,其中还谈到,得到救生徽章的童子军或教练员等有救生资格的人,如果遇到失足落水的应该立即施救,否则就是犯禁。至于精通游泳,但是不熟悉救生方法的人,只能用器械救人,而不准直接入水施救。《规程》还对游泳后的护理进行了提示。100多年后,再看这一份游泳班章程,似乎比今天游泳班的章程内容还要全面、规范。

令人遗憾的是，1923年，省立无锡师范附小再次有学生因游泳溺亡。当时正值端午假期，五六个学生相约一起到郊外练习游泳。河流水深且开阔，高小三年级学生沈兆莱游到河中心的时候体力不支，一下就被卷进了河底，其余学生看到后惊慌失措，根本不知道该如何救援，只能立刻跑回学校报告校长，等救援人员赶到，已经无济于事。同样的事情还发生在1931年，当时，私立无锡中学学生韦祖烈原本是住校的，后来因事请假回家，但在路上遇到同学在河中游泳，所以也打算学一下，让同学做教练，本来韦祖烈学得还算顺利，但他上岸小便后突发奇想，从河岸高处跳入河内，恰好落到了同学身上，于是就紧抱着那位同学不撒手。一会儿工夫，他的同学失了力气，两人开始下沉。同学只好翻身自救，韦祖烈沉至河底。周围人看到了想要施救却苦于没有打捞工具。等到有船经过帮忙时，韦祖烈已经气绝。本是有为青年却死于非命，真是令人惋惜。

之后几年内游泳溺毙依旧经常发生，有时甚至是同一地点多次发生意外。甚至无锡著名教育家胡明复，也因为夏季返乡在河里游泳时发生溺水而去世。

1934年，辅仁中学学生陈士良，在锡师学生钱淦生溺毙的西水关再次发生意外。1936年，辅仁中学再次发生溺亡案，三位学生在东大池游泳身亡。当时正值五卅运动纪念日，本地机关除了开会纪念之外，并不放假，但因为正好是周六，下午学校的课程并不多，所以学生可以自由外出。于是陆石麟（18岁，是陆聚茂酱园陆祥生之子）、唐惇梁（15岁，住在后竹场巷，父亲是唐寅阶）、俞翙生（18岁，住在城中迎溪桥）三人，便相约在这天一起出游，骑车前往开原乡东大池游览，一路风驰电掣，不到三十分钟便抵达了。几人下车后信步池畔，放声高歌，怡然自得。不多时，陆唐两人看见池畔有划船，就来了兴致，便向东大池主人雇佣的园丁租赁，言明每小时收费两角。解开缆绳后，几人持桨游划，非常开心，甚至在船上雀跃，当时就有岸上的游人警告他们要多加小心，但三人置若罔闻，依然做出各种危险动作。兴头过后，三人准备将船

辅仁中学学生溺水 滚钩打捞尸体时的围观者，《人报（无锡）》，1936年6月1日

靠岸休息，又看见了岸上有2位同学任重（18岁，是江阴人，在学校寄宿，父亲任嘉甫在金陵大学执教）和钱力行（15岁，住在南门外罗村桥），就让他们一起下船划游。两人看见船小，不胜载重，本来不想同划，但架不住船上三人热情招揽，便上了船。

等到5人划至池中心时，俞翊生坐在船头上，摆出了骑马的动作，双脚悬在水中嬉戏，之后更是直接跳入水中，两手攀在船舷上，随船而动。不料，船只突然开始进水，几人看见之后就开始用面盆向外舀水，但却远远赶不上船只进水的速度。大家见此情形，也开始感到危险和害怕，顿时惊慌不已，想要逃生。可是小小的游览船不胜重量，船身突然倾覆，5人均掉入池中。幸好当时学校还有10多个学生在旁边游览，见状后立刻大声呼救，园丁张桐生听到声音后，马上跳入池中捞救，在场的人也立即报告了公安局第九分局，但园丁在救出任重、钱力行两人后，体力不支，其余3人已经沉入了水底。警察到场后，一面询问被救上岸的两学生，并开展打捞工作，一面通知辅仁中学。辅仁学校得知后，立刻通知了家长前往认看。唐惇梁的尸身首先浮起，但心头尚有余温，经过人工呼吸施救后，还是没能挽回。其余两人也在晚上8点左右被打捞出来，家属看见后痛不欲生，只听得哭声一片，极为悲切，围观的人都纷纷落泪。之后出事的船只也被乡人视作不祥之物，当场销毁了。

谁能想到在这天朗气清的日子里，学生们的父母兄弟都没有能见到他们最后一面，早上明明还同桌共餐，下午却葬送在了这青山绿水之中。学生如此大好年华，却因一时不慎离世，实在叫人怜惜。事故用血的教训给学校和学生上了安全教育课，但是，年少无知的学生往往只顾着嬉戏玩耍，根本不知道河水的厉害。

民国时期，无锡学生溺水导致身亡的案件时有发生，一方面学生自身的安全意识不足，另一方面也有学校管理的问题。虽然战争年代意外事故频发，但是校园安全与每一位学生、教师、家长的联系十分紧密，校园安全问题不容忽视，希望能够对当下有所警醒。每个人都要为自己的安全负责，合理规避风险，不立于危墙之下。

除了溺水事件之外，火灾也是需要特别注意的安全事故。民国时期由于煤油灯、蜡烛等照明设施的普遍使用，火灾防不胜防。无锡地区各校的宿舍规约大都十分完备，专门有火灾预防法的相关规定。比如，有些学校提出，应该设有监察明火的专职人员，教室及其他地方应确定检查火种的责任人；教室中的明火应该在下课之前熄灭，灭火筒必须设置得当且确保可用；监察火情的专职人员应在课后检查教室内是否还有火苗，巡视学校各处情况并及时告知留校值班的职员；留校值班人员也应每隔两个小时巡视校内易燃场所及贮火器。同时，学校对煤油灯的装置也有明确要求，例如教室或者走廊中悬挂的煤油灯应该装有金属外壳，煤油及煤油灯的位置要摆放恰当，周围也应备有可以灭火的沙桶。当然，如果学校经费充足，可以将煤油灯换成电气灯，以减少火灾风险。

尽管学校已经有了完备的防火要求和很高的防火意识，但火灾仍然不可避免。1923年10月2日，无锡县立女子师范学校因为煤油灯问题致使学校起火，酿成惨剧。原来，该校原本是由小娄巷底的新庙改造而建，除了将大堂作为礼堂，嘉会堂作为课堂、膳室外，同时将膳堂的楼上作为寄宿宿舍。通常，为了保证学生的休息，避免外界打扰，学校舍监会在学生自修结束以后将房门上锁。2号晚上9点宿舍楼正常落锁。居住在楼下的看门女佣袁妈和阿顺想在晚上做点女红，但一时不慎，将煤油灯打翻。火势随即烧到了帐子，以至于火光直冒，正遇到天干物燥，刹那间楼下的火势已经失控，并沿着楼梯蔓延到了楼上的学生宿舍。

事发时间是晚上10点左右，舍监谢树英发现火情后，立刻大声叫醒学生们逃生，但学生们大都在睡梦之中，醒来时看见楼梯已经被火烧断，立即大声呼喊救命,有些人从楼上跳下来才脱险。但是楼上已经满室皆火,有一位名叫杨大年的女生没有及时逃出,葬身火海。城内救火会听到警报后先后到场进行救援,但由于房屋高大,火势凶猛,一时之间难以扑灭,一直到12点左右才扑灭明火。因为人多地小,5幢宿舍楼房已经全部被焚,耳边都是哭喊的声音,令人鼻酸。校长顾谷绥女士连夜带领老师和工人施救,在火场中找到了杨大年的尸体,下午由家属拢棺在校收殓;逃出来的女生被暂时安排在了邻近的县立第二高小内暂住。县知事冯祖培与第三科长许少宣等人也到校查看,并当夜将女仆二人暂行拘押。

如果说游泳事故还大都是由于学生顽皮,不听劝告的话,诸如县立女子师范此次火灾事故,在很大程度上是由于校方职工的失职导致的。因为按照规定,晚上9点学生熄灯就寝后,就不应该再有灯火。两位女仆属于违章点燃灯火工作,所以才导致火灾发生。对此,学校也负有不可推卸的管理责任。

疫情无常

近代中国,由于经济发展落后,人民生活困难,社会教育水平低,科学的医疗卫生知识匮乏,再加上迷信盛行,一旦遇到传染病流行,就很容易束手无策。江南地区虽然经济较为发达,但因地理环境、人口密集、交通发达等原因,也是疫情的高发区。据记载,1916年,国家规定的"法定传染病"有8种,分别是霍乱、痢疾、伤寒、天花、白喉、猩红热、鼠疫、斑疹伤寒;1928年扩展至9种,增加了流行性脑脊髓膜炎,到1944年扩展为10种,增加了回归热。这些疫病江南地区都有发生,其中尤其以霍乱、脑膜炎、天花、白喉、猩红热最为常见。除此之外,江南地区常见的流行病还有麻疹、血吸虫病、雅司病等。而在学校中,则尤其以流行性脑膜炎、沙眼病等最为常见。

在医疗卫生方面,1910年,无锡建立了第一个专门负责防疫的机构。当时,无锡许多学校还专门配备有校医。

1920年春,流行性脑脊髓膜炎首先在上海暴发,并沿着铁路线波及附近各县。无锡方面,1921年8月,南乡华大房庄等处发现脑膜炎,因为乡间医生的无知,误诊为痉挛,因此,错过了治疗时机,导致病毒蔓延传播。1922年3月,流行病在城乡各处都有发现,成人是脑膜炎,儿童则纷纷患上了烂喉痧(猩红热)。这些传染病发病很快,患者从患病确诊到气绝甚至不超过40小时。更可怕的是,只要和患者使用过的物品接触就会被感染,因此往往一家只要出现一人患病,全家人都会染病。东北乡一带已经有数十人因为此病而去世,一时之间局面有失控的危险。

当时,不少学校为了防止病情传播,纷纷停课停学。1922年,江苏省教育厅专门发文,要求各学校要聘请校医。1923年春季,鉴于城内各处天花盛行,城内各校积极预防,无锡县立女子师范专门聘请秦秉恒为校医,给学生接种牛痘。1924年的一天上午,城内连元街县立第一高小三年级学生浦家麒,由于家在南乡,所以寄宿在学校。他在教室上课时,觉得身体略有不适,于是请假回宿舍休息。谁知道第二天中午,他的面色突然变了,手指螺纹也开始变瘪,状态非常不好。校长孙克明立即请来西医钱报华等人到学校看诊,并极力抢救。为了防止传染,孙校长一面通知学生家属来校处理,一面决定暂时停课以防传染,并要求学校寄宿学生一律回家。当天晚上,该学生就已经罹疫而死,棺柩由家属领回。幸运的是,由于发现及时,处置得当,该校其他学生并未被传染。

随着传染病流行,无锡学界积极倡导卫生运动,主张灭除蚊蝇,并于1922年夏季率先发起了灭蝇运动。匡村中学的强校长,甚至专门给学生印发了捕蝇券,以调动学生的积极性。学前街锡师附属小学商科生每年暑假天气变热时,都会组成专门的减蝇队,在课余时间外出捕蝇,并将捕得的蝇装入纸匣内以便用水浇,然后埋入土中以绝其后患。

不过,在社会上,并不是所有人都能够对传染病的危害有正确认识。1930年,学前街县立初中李剑感染了脑膜炎,并传染给了另一位学生孙一贯,学校发现这一情况后,立刻将二人送往了普仁医院。当时,由于正是疫情高发且容易传播的春季,无锡市政筹备处曾专门召集医生开会,讨论抗疫办法,但情况不容乐观。医院里因感染就诊的人数急剧上升,一天内就有几十号病人,根本没有办法再接受更多的传染病人,当时,仅景云一带,一周内就已经有30多人因为感染去世。而孙同学在送往医院后不多时便去世了,学生只好将李剑带回学校暂时隔离,安排其住在孔庙大成殿内。同时,为了避免病毒传播和大范围的感染,校长秦冕钧宣布停课一周,并通知其余的寄宿生一律回家。但此举却引起了学生家长的不满,许多家长认为,学校因为两人染病而全校放假的做法是小题大做,于是纷纷向学校发难。

1930年9月,卫生部公布了《传染病预防条例》,除强调消毒预防外,还明确要求在"人口稠密各地方设立传染病院或隔离宿舍""地方行政长官得置检疫委员使任各种检疫预防事宜"等。学校由于人员密集且以未成年人为主,防范流行病便显得格外重要。因此,无锡县教育局也要求校医,要及时去学校给学生接种疫苗,检查体格,讲授卫生健康知识;学校也要注重卫生健康教育。

1936年,脑膜炎再次在无锡暴发。当时,省立无锡师范刚刚开学第5周,就发现有3名初中一年级学生相继患上了脑膜炎,其中1名学生因为医治无效很快就在医院病逝。对此,学校高度重视,立即请来了医院医生对全体师生进行诊断,并对全部宿舍进行消毒。当时,该校校内师生已经超过了600人。为了保险起见,学校又特地请了普仁医院指示防疫办法,并举行紧急校务会议。同时,学校也吸取了几年前县立初中的教训,为了避免发生纠纷,先是征求了全校教职员意见,后又专门报告请示了教育厅,经教育厅核准后,才决定从3月7日下午开始全校休假,全部学生立即回家,学校进行彻底消毒。

事后调查发现,染病身亡的学生是常州人,曾在事发前数日约朋友在学校旁边西水关至南水关城畔,翻掘小孩儿的棺木尸骨,以作观摩研究。结果竟然染上了病毒。校方据此认为,棺木中的小孩儿可能是死于脑膜炎,于是请公安分局派人掩埋。在这次事件中,学生们的求知热情与探索精神固然可嘉,但是,没有教师的指导,自己盲目探索,竟然付出了生命的代价,甚至差点酿成一场全校流行病的大暴发,其教训也是极其沉重的。流行病防治是一项系统工程,任何一个环节出问题都会为疫情防控留下隐患,尤其在学校中,更应该切实落实好每一步。所以,一旦传染病暴发,必须标本兼治,既重视公共卫生基础设施建设,加大科学研究力度,也要加强法治建设和舆论引导,做好社会动员,形成联防联治、共建共享的治理合力。

事故意外

与水灾、火灾和疫情相比,在学校中,许多事故往往都是因为缺乏安全意识或安全知识而造成的,其中尤以体育课问题最为突出。

民国时期,自行车和汽车作为新型交通工具,受到城镇居民的欢迎。但是,由于其速度过快,规则也相对缺乏,行人也不知道如何躲避,由此而导致的车祸时常发生。1929年的一天下午,一位少年骑着一辆自行车在城内新民路疾速行驶,不料对面来了一个女学生,因躲闪不及,被车辆撞上,万幸女学生被撞并不严重。但女学生当场拉住了少年,经过旁边某人力车行主出面排解,并代少年说情,事情才妥善解决。

1933年,省立师范附属小学一位三年级的小学生,上完体育课后回家吃饭,突然晕厥被送入医院。当时,医院推测,很可能是由于学生在饭前从事了剧烈运动导致的。1934年学校再开学时,学生家长发现,学校对于小学生体操课的时间安排仍然没有进行调整。同时,家长们还认为,由于学校没有指定校服,所以在上体育课时,老师往往要求学生将套在外面的长衣脱去,感觉并不利于幼龄学童的卫生,家长因此专门给校长去函沟通。校长回复说,根据学生的学习心理和身体情况,体育课是不能排在饭前饭后的,但是,由于学校学生多教师少,没有办法完全按照理想的状态来安排体育课,这种情况不仅该校如此,其他各校也大都如此;而且,学校体育课是11点50分下课,学生12点放学,放学后还需要走到家才能吃饭,甚至到家后可能也不会马上就吃饭,所以对身体应该没有什么大的妨碍。至于校服问题,主要是怕增加家长负担,所以才没有强迫统一,同时,中级体育教师要求,当气温在50华氏度(10摄氏度)以上时,学生体育课必须脱去长衣上操,女生则另带短衣,以备体育课上之用,要解决这个问题,希望家长能够鼓励儿童穿短衣,不要让儿童穿成"小大人"那样。

对于校长的解释,家长们并不满意。在家长看来,校长既然知道体育课排在饭前不适宜,却以教师不够分配为由置儿童身体健康于不顾,根本分不清"教师不足"与"饭前不安排体育课"孰轻孰重,未免本末倒置。而且,学生从学校走到家中,形同上体育课。学生在学校中才上过体育课,再走到家中,分明是劳上加劳,疲上加疲,更何况午饭时间儿童往往急着吃饭,下午再赶回学校去,怎么能说是没有妨碍呢?另外,家长们对于校长提出的"小大人"一说也极不认可,在他们看来,为什么不能让儿童像社会上那些体面人一样穿礼服或长袍长裤呢,这会不会是对儿童的一种歧视或侮辱。有关此事的后续,由于资料缺乏已经不得而知,但是校服、运动服、运动时间,都是家长关切的问题。体育运动本来是为了让学生强身健体,但如果不顾儿童年龄特点,不顾科学运动规律,因陋就简,加大儿童运动强度,或者没有科学合理地安排儿童运动时间,恐怕也就违背了体育运动的初衷。

1941年春,为参加江苏省教育厅组织的全省学生运动会,无锡县立初中决定与无锡工业专科学校联合举办无锡全县公私立小学校联合运动会,以此体现对体育的重视。为此,各个学校的学生都在课余时间勤加练习,准备在比赛中大显身手。4月23日下午5点左右,县立初中的运动健将们在体育老师张公健的指导下正在操场上练习。其中有一位学生薛湛正在操场南端练习标枪,为了安全起见,张公健老师已经将周围围观的学生驱散至操场两边,但没有想到的是,就在薛湛的标枪脱手时,突然有一个学生蒋闰水从操场北端围墙后厕所的侧门出来,匆匆进入到操场中,虽然在场的学生们都高声疾呼阻止,但是已经来不及了,结果"咔嚓"一声,标枪竟然直接掷入蒋闰水的头部,插入2寸(约6.66厘米)多深。蒋闰水当时还能忍痛将标枪用力拔出,但因失血过多、痛不堪忍,狂跳大喊即倒地晕厥,朱恬持校长和老师们立刻将蒋闰水送至附近和光医院救治。医生接连给蒋闰水注射了两针强心剂,蒋闰水毫无反应,且脑浆也已流出,医生只得宣告其死亡。学校一面将他的尸体转移到小娄巷财神庙中暂行搁置,一面赶紧派人赶往高车渡蒋闰水的家,通知其家属。据说,蒋闰水是两房合子,年仅14岁,父亲在上海经商,家中接到消息后,他的祖母和叔父痛苦万分,连忙赶来城中处理其后事。

时任县立初中校长的朱恬持也非常痛惜,县教育局的薛鸿坤局长收到报告后,对朱恬持校长及训育主任蔡世源严加申斥,同时对在场的体育老师张公健记了一次大过,以示惩戒。同时,薛局长还要求学校务必切实负责对学生的管理训导,注意周善,不能再有疏忽。4月26日,警察局司法科派警卫员传讯薛湛及其父亲薛楚材、县初中体育教师张公健到案,由沈科长正式开庭侦讯。

事情过去之后,县立初中的老师和学生们,对于蒋闰水的遭遇仍然不能释怀。为了让全校师生树立安全意识,牢记这一悲剧,防止类似事件的发生,朱恬持校长决定在出事地点建立纪念塔,永久纪念。5月22日,纪念塔建成,朱校长率领全体师生举行了隆重的追悼大会,朱校长带领全体师生行三鞠躬,并亲自宣读祭文,言辞恳切,全场落泪,县教育局薛局长也致辞"碧血洒梁溪,永远不忘留纪念,愿君常伴圣人居",其余各校馆等也分别赠送挽联和花圈,又一起前往纪念碑前鞠躬致敬。蒋闰水家属方面,由家中的胞叔来城中参加,抚碑痛哭,闻者莫不一同惋惜同情。直至20世纪50年代初,该纪念塔还竖立在该校校园内。

此次事故,一方面是因为当时学校条件有限,操场比较简陋,且在进行具有危险性的体育运动时警示教育不太到位;另一方面,也与该生自己缺乏安全意识,贸然冲入操场有关。安全无小事,校园安全更是随时随地都要注意。

除了这些人身安全,学生的财产安全问题也比较突出。除了校园窃案经常发生外,学生往往也是被欺凌、被欺骗的对象。比如,南门外清明桥小学两学生,向南城门口的顾仲良车行租得脚踏车一辆,往南校场练习,结果被一个中年男子朱长生借去试骑,竟然一去不返。顾仲良即将两名学生扭送至一分局,又由总局移送法院。后由任检察官开庭讯问,结束后两小学生由家长领回。可见,学校既要教导学生严格约束自己,也要加强防骗意识,切莫轻信陌生人而为自己引来祸事。

社会服务

教育是社会进步的重要环节,学校的教育活动常常受到社会环境的深刻影响。正如杨贤江所指出的:"学生生活的改造,最重要的体现在学校内的学生自治和学校外的社会服务。这两种形式都是学生新生活的初芒,也是新教育的起点。"自五四运动以来,社会上涌现出一股新思潮,而主导这些新思潮的大部分是学生。社会是国家的组成部分,改善社会也是振兴国家的关键所在,而学生的社会服务不仅有助于改良社会,同时也为他们未来进入社会做好充分准备。

爱国游行

游行,是指在公共道路、露天公共场所列队行进、表达共同意愿的活动。在古代,中国人一般会通过对个体进行游行示众表示惩罚。但到了近代,游行则成为人们表达共同意愿的一种常见活动,其影响力视游行参加的人数、持续的时间而定。游行的情绪可以是欢乐的,也可以是悲愤的。有些游行是政府默许,甚至是提倡的,有些游行则为政府所警惕、压制。无锡各校学生的游行,与一般的游行也高度一致。

1919年五四运动爆发,无锡各校学生得知消息后,也纷纷举行罢课。辅仁中学学生先是在校内举行了游行活动,后又走出校门,成为无锡声援五四运动的重要力量。在当时,游行要履行一定的手续,比如,向上级主管部门申请,规划游行路线,明确游行口号、标语等等。

1924年12月,由于江浙战争爆发,无锡遭受了巨大的损失。为了支持前线战士,无锡小学教育界共同组织了兵灾募捐联合会,以举行游行演讲的方式沿途募捐。上午9点,东中西三区各校学生已经集合在公园,等候命令出发。有童子军,有操衣学生,有便服学生,大概一百五六十人,都手持白旗,高呼救命。等到九点半,正式出发,南行经过了大娄巷、三凤桥,向北由青果巷西行经过东大街,从沈果巷出真应道院巷,向南经过迎迓亭,过大市桥向老北门,过北水关桥沿着城脚,向西过西吊桥,由新马路折至棉花巷,经过西棚下再过吊桥进西门,各自回校。午餐过后下午两点从公园出发,经过观前街南行过小河上,由将军桥出东门到亭子桥,再由延寿司殿前经过东新路进光复门,过新县前向南各自回校。在游行过程中,小学生们背着竹筒,手臂上贴有募捐符号,如果商家捐铜元5枚,就可以收到一张募捐名片,以防被其他小朋友重复募捐。名片上写着"江浙兵灾无锡小学募捐纪念"12个字,中间刊有鸡心一个,有"救命"二字,下端为灾区图,设计颇为用心。

1925年5月间,上海、青岛的日本纱厂先后发生工人罢工的斗争,遭到日本帝国主义和北洋军阀的镇压。上海内外棉第七厂日本资本家在5月15日

无锡女校对沪案大游行,《上海画报》,1925年第5期第1页

枪杀了工人顾正红,并伤工人10余人。29日,青岛工人被反动政府屠杀8人。5月30日,上海,2000余学生分头在公共租界各马路进行宣传讲演,100余名学生遭巡捕(租界内的警察)逮捕,被拘押在南京路老闸巡捕房内,引起了学生和市民的极大愤慨,有近万人聚集在巡捕房

五卅事件时无锡各界在公园集合大游行,《东方杂志》,1925年第13期第1页

门口,要求释放被捕学生。这就是震惊中外的五卅运动。帝国主义的屠杀激起了全国人民的公愤。广大的工人、学生和部分工商业者,在许多城市和县镇举行游行示威。无锡学子也不甘示弱,于6月7日在城内举行大规模游行,共有18个团体2000多人参加。游行队伍臂戴黑纱,手持"收回租借""援助同胞"的旗帜,高呼"一致救国""坚持到底"的口号,从公园集合出发,经北门、西门、南门至城中各处才返回,沿途散发传单1万多张。

义务扫盲

文字的发明,是人类文明进步的一个重要标志。殷商时期,我国就出现了比较成熟的甲骨文,可以说,识字教育的历史源远流长。据史料记载,西周宣王时太史籀所著的《史籀篇》,是我国最早的识字启蒙教材,被称为我国的"字书之祖"。秦汉时期,《仓颉篇》《爰历篇》《博学篇》三书合并成的《仓颉篇》和史游编写的《急就篇》成为后世编撰识字教材的典范。南北朝至宋代,《千字文》《百家姓》《三字经》更是成为后世中国基本的启蒙读物。在识字教材上,也出现了面向民众日常生活需要的对相杂字。尽管中国古代社会崇文重

教,但实际上民众识字比例并不高。

晚清兴学以来,有识之士纷纷倡导普及教育,希望借此完成民众启蒙。但与传统私塾相比,新式学堂因为教授科目多、设施要求高、办学成本大,因此,能够进入学堂接受教育的人十分有限。社会上大量儿童失学,许多青年也没有办法继续学业,使得我国与发达国家教育普及率相比极为悬殊,国民受教育状况令人担忧。1909年,晚清学部颁布简易识字课本,这是我国成人识字课本和公民课本的开始。

1912年民国成立,南京临时政府在教育方面重视培植"健全的国民",提高"国民程度",识字教育得到一定发展。但限于经济、政治因素,实属有心无力,成效有限。五四运动后,学生们的爱国热情高涨,对于失学民众的同情也日益增加,义务扫盲就成为同学们服务社会的重要方式之一。

1919年11月,省锡师的学生面向社会普通民众,筹办了义务学校。由本科四年级学生教学,每天下午上课,男女兼收,报名入学的有50多人。同时,学校演讲部的教师吴广尧、沈丕谐、陈寿金等3人,还到通俗教育馆前演讲"五大强国之国民性""迷信"及"日本扰台之情形"三个题目,当时听讲的人群还颇为拥挤。

进入20世纪20年代,随着平民教育运动的兴起,无锡各个中小学办理义务学校、推行免费教育的热情更加高涨。1921年秋季开学前,江苏省教育厅提议多设国民补习学校,补充义务教育。后经全省教育行政会议讨论决定,颁布了《江苏暂行国民补习学校办法》,要求国民学校或高等小学校附设国民补习学校,由原来学校的教师担任教师,所有年幼失学的儿童都可以入学。补习班可以先设夜班,每天讲课2小时,内容要注重公民教育,修业年限暂定3年。

1922年,私立无锡中学先是在校内开办义务夜校,免费教授本校茶房、校役。1923年,继续开办义务夜校,并向校外失学儿童开放;同时,四年级学生朱子宽等人又一同发起并组织了暑期义务学校,专门招收附近各工厂工人家的失学儿童。由于前来报名的都是寒苦儿童,所有书本费、学费都由学生们募集而来,对于儿童则全部免费,并安排这些儿童借住在锡中的校舍。任教教师由全校学生推举,最后选定8人,分别担任义务学校的教务主任、训育主任等。由于三年级学生吴炜庠、韦焕章等人即将毕业，为了保证办学的连续性，同学们又决定，所有义务学校教师均由二、三年级学生继续担任。

由于江苏全省都在提倡义务教育，各个青年社团的积极性也很高。

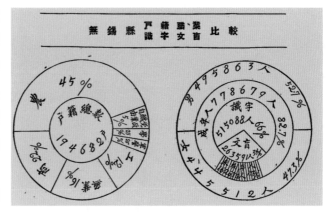

无锡县户籍职业识字文盲比较，《无锡教育周刊》，1934年第277—280期第70页

1922年10月，无锡商、学、医、报等各界青年组成的无锡协会，积极推行义务教育、卫生运动，决定在南北门组织2个义务夜校。失学人士报名踊跃，甚至有三四十岁的人也前来报名求学。两处夜校校址，一个设在南门外棉花巷东吴第八高小，另一个设在北门外通汇桥市立第十国民学校。为了帮助失学儿童，教授内容以普通知识为主，包括国文、修身、算术、尺牍、常识5科，上课时间为每天晚上7点至9点。学生入学不收学费，仅收小洋2角作为保证金，如果能够坚持到底，结束后返还，但如果中途退学，则不予返还。当时，《申报》无锡分馆的卖报童陈泉林、李仁泉、华涌根等都纷纷报名入校。12月，《新无锡》连载了新编创的警世短剧《不识字之害》，提倡人们要识字。

1924年，无锡县教育会等教育团体，请北京大学教授、留美教育硕士、我国著名教育家朱经农在县教育会演讲。朱经农特别谈到我国平民教育的急迫性，希望能够通过城市、乡村、家庭三个途径予以改进。当时，无锡教育局积极响应，并带动各大机关团体、学校，当年全县共设有平民学校37所，学生总数1500多人。除了教育局在各个学区开设平民夜校，还有竞志女学开办县立女子平民学校、启明女学附设县立第一平民学校、东吴第八高小附设开智平民学校等。但由于各种各样的原因，真正办完第一届毕业的，只有开智、县立女子等几个学校。

1927年，南京国民政府成立后，社会大环境相对稳定，为了践行孙中山提

无锡识字运动会议，《新无锡》，1928 年 4 月 20 日

出的三民主义，民众教育受到重视。无锡旅沪学生会平民教育股股长王世琦，为普及教育，决定在无锡北门外长安桥创办平民学校，校址暂借嘉北小学，招收 12 至 70 岁之间不识字之人为学生。8 月 8 日正式开学，学生有 40 人，聘请华女士等 4 人为教师。

无锡地处沪宁线上，工厂林立，商业发达，教育也胜于其他各县，人们对民众教育也愿意热心提倡。再加上当时，时任中央大学区扩充教育处处长的俞庆棠，家就住在无锡，对于无锡带头推动全省的民众教育和识字教育也抱有很高的期待。因此，1928 年民众教育家晏阳初在江苏省立无锡中学演讲民众教育时，俞庆棠适时发出倡议，希望无锡各界能够发起一场声势浩大的识字运动，以为民众教育之先声。这一倡议得到了无锡各界的积极响应，他们通过积极而周密的筹备，决定在 4 月 16 日至 23 日举办无锡识字运动周。

当时，筹备会议决定组建募捐委员会，负责经费募捐，募捐方式包括普通募捐与游艺募捐，主要用于民众学校经费。主要靠发动各校学生志愿募捐，每人发给一个竹筒进行募捐，在识字运动周结束后分学校与个人两种，根据募捐情况，选出优胜者，并给以奖励。

4 月 16 日下午 1 点，无锡各团体联合组织的识字运动委员会，在省锡中大礼堂举行了识字运动周开幕式，各机关、各学校代表 500 多人出席。江苏大学民众教育学校教务主任汤茂如博士、文艺系主任屠正肃学士到会。

第二天，无锡全县举行了声势浩大的识字运动大游行。本来，筹备会的游行计划是，下午 1 点从公园出发，出光复门，沿着华街过吉祥桥，直达工运桥转弯,过通汇桥,出江阴巷,经三里桥上塘,由下塘折回,过大桥,进老北门,一直出南门,到清明桥,折回,进南门,经三下塘,盛巷,到公园散队。在游行当天,时间和路线有所变动。17日下午2点,游行队伍在公园集合,到场代表和民众有5000人,场面非常盛大,由杨祖钰作总指挥。先是由秦县长登台演说识字运动的意义,两点一刻又共同摄影留念,之后下令整队出发。队伍最前面由队员挥舞着大旗,上面写着"识字运动"四个大字,后面紧跟着军乐队演奏,之后是商团公会和各学校人员,最后是警察。大家人手一个小旗,边走边挥,秦县长和市政局杨局长等也和队伍一起,挥舞着小旗,徒步参加这次游行。游行队伍从公园、玉泉两路出光复门,过吉祥桥,一直到无锡饭店门前转弯,沿河过通汇桥,出江阴巷,上大桥,进老北门,一直到大市桥,走西大街,到公安局门前转弯儿,走周巷,过毛梓桥,到学前,过风光桥,走大河上,经盛巷一圈,下午4点左右,回到公园散会。此次游行,公安局局长因故未能参加,在布置上也不够周密,马路上第二支局的岗警,在游行队伍经过时没有取缔街车,维持秩序,反而躲在人群中观看,被认为有失职责。各学校师生是此次大游行的主力军,在参加游行的79个单位中,参加的学校就有60所。

运动周最后一天,识字运动委员会还专门在省锡中大礼堂举行了游艺大会,男女来宾和学生大约有千余人参加,各个学校共表演了23个节目:县立女子初中专门排演了《少奶奶的扇子》;江苏大学民众学校白御众、高瓶笙、范昱3人,专门来到无锡,表演警世讽刺新剧《老王的觉悟》;县立第一高小编排的最新歌舞剧《慈航普度》,本来是为了该校三十周年纪念演出表演,这次为了表示对识字运动的提倡,也专门在识字运动游艺会上先行表演。游艺会后,委员会还专门邀请哥伦比亚大学博

识字运动大游行,《新无锡》,1928年4月20日

参观民众夜校,《民报(无锡)》,1930 年 6 月 11 日

士邵爽秋教授演说识字运动的筹款方法。

此外,在识字周筹备期间,无锡各机关团体计划当年要办 22 所民众学校。当时,县女中等各校均表示,自己可以独立设立民众学校,由本校教师担任教员,并拟定了统一的民众学校简章:以 14 岁以上男女为招生对象,每天上课 2 小时,4 个月毕业,考查成绩合格者给毕业证书。

这次识字运动周举办十分成功,在无锡全县范围内宣传了识字教育的重要性,唤起了民众接受识字教育的热情,也为无锡民众教育和社会教育的发展营造了良好的氛围。1928 年 2 月,江苏省本来已经在苏州筹备创建了民众教育学院,7 月,更名为江苏省立社会教育学院,并决定将其迁到无锡,1930 年,与中央大学区区立劳农学院合并,即后来的江苏省立教育学院。该院立足无锡,积极开展各种民众教育和社会教育实验,使得无锡成为全国民众教育和社会教育的一个中心。

1931 年,江苏省立教育学院为了唤起民众的识字意识,特地与无锡各机关和学校一起举行联合运动扩大宣传,各界参加的人数不下万人。其中,最让人印象深刻的是化装游行。参与游行的人都拿出了"看家本领",妙趣横生。有 10 人化装成了各式劳动者,如渔翁、樵夫、木工等,他们或担柴,或披蓑,或荷锄,或挟锯,形形色色、姿态各异,但每个人的工具之上都悬挂着一册民众读本,暗示各行各业人员都须读书之意。有一个人化装成一位太太,身穿绿袄,腰上围着红裙,俨然清朝时的命妇装扮,但背上却贴着一个"不识字太太"的标语,看到的人都不禁发笑。当游行队伍经过城中大街时,还有人高喊"孩子不识字是父母作孽,伙计不识字是老板作孽"等口号。

江苏省立教育学院高长岸与民众教育馆民众参加无锡识字运动大游行,《民间旬刊》,1931年第25期第6页

1937年,江苏省教育厅考虑到识字教育的推行仍然需要加大力度,发动更多的人参与,而全省各校学生都已受过相当教育,有能力也有责任推行识字教育普及,因此专门制定了《江苏省公私立中小学学生暑期推行识字教育办法》,要求全省各大中小学、师范学校,除了少数要准备升学考试的学生外,都要利用暑假义务推行识字教育。小学以高年级部14岁以上的学生为限,每位学生一个暑假至少应肃清文盲3至5人;实施地点优先考虑学生居住(或侨居)地,如果家居(或侨居)保甲内没有不识字的民众,可扩大至所居乡镇。若学生在暑期内因病或侨居省外者,应有证明并经学校许可,方可免除该服务。扫盲学员,与所在地乡镇长接洽,由乡镇长遵照省颁《强迫识字教育初步办法》,指定不识字民众若干强迫参加,并提供课本,约定上课时间、地点;如果居住地文盲过多,学生还可以约上同学一起组织识字班。一个暑假,识字量以600字为限度,暑假期满,学生应为所教民众举行测验,成绩及格者发放成绩证明,测验不合格者仍应入识字班学习。授课结束后,学生应填具报告表两份,一份由乡镇转呈县教育局,一份带至学校,由学校根据学生任务完成情况进行考核奖惩。对教授不识字民众10至30人且成绩优异者,由校长报教育厅核发奖状。

基层服务

著名教育家梁漱溟曾经对中国的新式教育有一个批判,认为它表现为教育贵族化、教育商业化、缺乏教育精神。这一判断基本切中了新式教育的问题。为此,中国教育家也开展了各种各样的探索。他们在推行平民教育、开展乡村教育的同时,也鼓励新式学堂的学生走向社会、走进乡村、服务基层。与此同时,国民政府也看到了年轻学子的力量与热情,希望能够让大中小学生在学习之余,也能积极服务社会。

协查户口

1935年春,南京国民政府为了厉行保甲制度,要求各地限期完成户口清查。但实际上,地方人手有限,清查工作量大,时间紧。时任无锡第一区区长的钱仲亮,因曾担任第一学区教育委员,特别商请区内各个学校团体协助进行。4月15日,还专门与中一镇镇长陶冠时等人,到辅仁中学接洽,决定请该校高中二年级29名学生参与协查。当时,同学们都十分好奇,一个个兴趣浓厚。先由区长用1个小时左右讲解了调查户口的办法,之后将学生们分为两组,分别前往中一镇四保、八保调查,一天下来共查了400多户。钱区长为了考查起见,命令镇长将调查的户口表送交区里检查,并且因为学生们在调查时都很努力,于是与学校约定第二天仍然组织学生出发协助调查。这类实践有助于学生走入社会,体察民情,不失为一种有益的社会实践活动,但是,不考虑学生的学习时间,不是利用学生业余时间开展,无形中也会影响学生的学业。

禁烟宣传

鸦片战争是中国近代史的开端,也是中国近代屈辱史的开始。但是,在很长一段时间里,无论是晚清政府还是民国政府,对于禁烟的态度并不彻底和绝对,而是在禁止与管控之间摇摆,甚至有"寓禁于征"的提议。1928年,国际联盟决定把6月3日林则徐虎门销烟开始之日,定为"国际禁烟日"。1935年,国民政府军事委员会向全国发布禁烟通令,并公布了《禁毒实施办法》和《禁烟实施办法》。无锡县教育局借机筹备了学生禁烟演说,规定全县各中学都须参加,以禁烟为题,一律使用国语,地点设在崇安寺县图书馆。这种方式不仅帮助学生提升课外能力,也同时响应了政府政策,更好地推行禁烟,以此方式让更多人了解禁烟的意义并自发加入禁烟行动中。

1936年,无锡各中等学校也专门组织学生对烟民进行新生活教育。先由各校在校内举行新生活演讲比赛,比赛分年级预选赛与学校总决赛。成绩优秀者,由学校推荐,赴所在地禁烟委员会及所属戒烟所,在规定演讲时间(以不妨碍学生课业为原则),在教师的陪同下分别向烟民演讲,由禁烟委员会及戒烟所派人员在场维持秩序。当时还规定,学生前往演讲时若有故意逃避的,予以警告及记过等处分。学生演讲结束后,可以密切观察,或者运用测验的方法查看烟民有无感动,如果烟民被学生的演讲感动,可以分别转呈省政府及各所处最高长官,题字奖励。学生演讲完毕后,学校及当地禁烟委员会或戒烟所将经过情形呈报教育民政厅备查。当原来的志愿服务与学生考核挂钩时,学生似乎只能被国家机器所驱使。

1937年6月3日,无锡各界仍然决定仿照旧例,举行中小学禁烟演说,并举办禁烟展览会。

农村服务

中国是一个农业大国,绝大多数人口在农村。近代以来,随着西方列强对中国的侵略,中国传统的小农经济在西方机器大工业的冲击下显得不堪一击,中国农村日益衰败,农村经济凋敝,农民生活困难。到20世纪30年代,情况愈发严重。1934年"新生活运动"推行后,在强调传统旧道德的同时,南京国民政府也特别注意让新式学堂的大中小学生,能够认识农村。于是,学生暑期农村服务团就应运而生。

1936年,新生活运动总会率先发起组织大学生暑期农村服务团,虽然人数不多,但效果显著。于是,到1937年,就开始在全国范围内推广,希望大学生能够利用假期,去认识农村和体验农村崩溃的实际情形,鼓励他们下乡服务。这些学生到了农村以后,会协助扫盲教字、协查户口、宣传卫生、宣传禁烟等工作。同时激励农民,增进农民知识,鼓励农民努力生产,改善农民生活,以为复兴民族的新基础。

无锡县新生活实行团第一周注意项目,《国民导报》,1934年5月28日

无锡县政府一面积极与上海市接洽,希望上海能够派大学生服务团到无锡来,并最终争取到了100名大学生来无锡;另一方面要求无锡本地各中小学生也要组织暑期农村服务团,推进农村教育。由于时间仓促,大部分学生已经离校,各中学校长在举行谈话时建议,把由学校统一组织农村服务团改成由学生所在地政府负责接洽安排,并拟定了统一的暑期推行新生活运动的基本方案,其主旨是将礼义廉耻的新生活道德与日常的衣食住行相结合。

下编 节庆生活

节日,作为社会性时间的重要节点,既是一个社会的休憩与娱乐方式,更是特定时空背景下社会文化的集中展示。庆祝什么节日、如何庆祝、什么人参与庆祝,折射出的是一个国家的根本的价值取向和民族精神状态,亦是反映政府与人民、国家与社会之间关系的风向标。

民国建立后,为了与晚清旧政权的区别,新成立的民国政府决定移风易俗,希望通过改正朔、用新历,用西方流行的太阳历取代中国的传统历法。以"双十国庆节"、元旦新年纪念为代表的新节日、政治性节日日益受到重视。北洋时期,由于共和观念尚未深入人心,传统思想和复辟事件时有发生,政府大都只是倡导新兴节日,却并不排斥、反对传统节日。

南京国民政府成立后,随着国民党一党专政与党化教育的推行,与国民党革命领袖、革命事迹相关的政治节日大量出现,并借助国家法律和政权强制力得到推行,不仅有公假休息,且下发条文规定庆祝方式,成为民国时期民间及政府的革命动员工具;而传统节日则成为国家政权"破旧立新"下有意忽略的对象,尤其是1929年后,国民党与国民政府废除旧历法的态度十分坚决。作为国家教育体系中具体组成的学校师生生活,直接受到国家节日设立与庆祝方式的影响。随着现代教育观念的推行和教育事业的发展,教育界已经成为社会上一个重要的群体,教育人士在参与国家节日创设中的主体性也日益高涨,并推动国家专为儿童与教师设立属于自己的节日。

本编希望通过对近代梁溪各校开展儿童节、教师节、新节日、旧节日和学校纪念会等主要节庆活动的梳理,来揭示近代学校教育生活不同于传统教育生活的新样态。

热闹的儿童节

儿童是人类的未来。中国道家从一开始就非常重视"赤子""婴儿"所具有的巨大生命力。但儿童在教育中的地位得以凸显,则要到近代社会。在西方,卢梭率先要求"把儿童看作儿童",而不是把儿童作为小大人来看待;自此之后,儿童在教育中的地位不断得到教育家的肯定,瑞士女教育家爱伦凯更是把20世纪称为"儿童的世纪"。而在中国,尽管王阳明较早肯定了儿童爱嬉戏的天性,提出通过童谣、歌曲等方式教导儿童,但直至西方儿童观念传入中国之后,中国教育界才真正开始超越传统的五伦观念,去思考儿童在教育乃至社会中的地位。蔡元培、鲁迅、陶行知、陈鹤琴等一批近代中国教育家,为中国近代儿童观的转变做出了重要贡献。为了推动社会进步,让全社会都养成重视、尊重儿童的观念,教育界人士自觉地承担起了社会启蒙的职责。他们不仅把学校作为学习、传播西方进步观念与科学知识的主阵地,还积极联合起来,尝试通过多种途径进行社会启蒙与教化。设置儿童节就是其中的一种重要方式。

随着无锡新式教育的快速发展,无锡及时跟踪中国乃至世界教育潮流,积极响应一些教育家提出的儿童节庆祝主张,在全县范围内开展了丰富多彩的庆祝活动。梁溪区由于新式学校林立,师生规模庞大,再加上教育局等教育行政机构、团体的支持,以及城中便利的交通,成为无锡庆祝儿童节的主阵地。

国外儿童节的出现

19世纪末20世纪初，随着欧美现代教育运动的兴起，西方发达国家的女子教育和儿童教育都取得了长足的进步。蒙台梭利、爱伦凯、约翰逊、伯克赫斯特等一批女性教育家的出现，儿童研究运动的兴起，儿童文学的出版繁荣，儿童玩具的大批量生产，在全社会营造了爱护儿童的良好氛围。但是，工厂中众多的童工，也让儿童福利与幸福成为社会关注的焦点。早在1909年，国际儿童协会在瑞士成立，提出了庆祝儿童节的想法。1908年，召开了首届万国儿童幸福研究大会。1914年，中国女权运动的先驱、无锡女教育家胡彬夏，就借留学美国之际，代表中国出席了在美国举行的第三次万国儿童幸福研究大会。1915年，美国成立了自己的儿童节协会，并开始在全国范围内宣传和庆祝儿童节。当时，美国人把每年的5月1日作为儿童节。

这些国际范围内对儿童福利的关注，为国际儿童节的发起做了各种思想与行动上的准备。

第一次世界大战的爆发，短暂中断了世界各国教育之间的交往与合作。战后，新成立的国际联盟也在努力推动包括教育在内的和平与交往。1923年，美国总统哈丁签署了一项法案，宣布将每年6月的第一个星期日定为儿童节。可以说，美国是世界上第一个正式通过法案设立儿童节的国家。此后，儿童节在美国更加流行，成为一个很受欢迎的节日，人们通过各种形式来庆祝这个节日。

1925年8月，国际儿童幸福促进会在瑞士日内瓦举行了首届儿童幸福国际大会，大会共有54个国家的代表参加，中国也有代表出席。大会发表了爱护儿童、保障儿童福利的《日内瓦保障儿童宣言》，并倡议建立专门的儿童纪念日。很快，英国、日本等国家都积极响应，先后建立了自己国家的儿童节。

不过,各国儿童节的时间并不一致。英国把儿童节定在7月14日,每到这一天,全英国上至皇室,下至平民家庭,都会举行各种各样的庆祝活动。日本则是世界上儿童节最多的国家,共有3个,分别是3月3日的女童节,5月5日的男童节,以及11月15日的"三五七"儿童节。这些儿童节与日本的习俗关系密切。其中,"三五七"儿童节,主要针对的是三岁、五岁和七岁的儿童。由于过去经济和医学都不发达,儿童死亡率比较高,庆祝这三个年龄的儿童节,主要是为儿童祈福,希望他们能够健康成长。

相比之下,中国的儿童节开始较晚。日内瓦会议后,由于中国国内政治军事形势的变动,设立儿童节的倡议并没有得到很好的宣传与接受。

"四四"儿童节的由来

南京国民政府成立后,随着中国国内形式上完成了统一,中国各项事业逐渐进入一个相对稳定的发展时期。1928年4月,中华慈幼协会在上海成立,该会以"创导实施各项有关儿童福利事业,为全国儿童谋幸福"为宗旨,由蒋介石担任名誉会长,孔祥熙为理事长。1931年3月7日,该会向上海市社会局、上海市政府、国民政府等请求,希望设立儿童节,以便通过节日庆祝引导民众,"使人人有慈幼思想,人人负慈幼责任,并可使儿童自知所处之地位,庶扩大慈幼范围树强国强种之基"。考虑到春天万物萌发,正像儿童一样充满生机,再加上中国过去有三三上巳节、五五立夏节、七七七夕节、九九重阳节以及"双十节",该会建议将儿童节定在4月4日,以期"各节日相互辉映而不冲突"。

建议提出后,很快就得到了国民政府行政院的批准,并由教育部制定纪念办法,通令全国,要求在每年的4月4日,各幼稚园、小学、社会教育机关以及各家庭都要庆祝。这对于中国的儿童和教育来说无疑是一个重要的进步。对此,有人就评论说:"在我们这万事落后的中国,居然也制定了一个四四儿童节,实在可以说是国家的幸福,民族的福音,后日之转弱为强,雄立宇宙间,其关键未尝不系于此。深望全体国民,以及人民的公仆(政府官吏),都能深切地认识儿童节的意义,同心协力的,有计划有组织的,来推行这个对于民族生命具有密切关系的伟大制度;把我们最大的兴趣与巨大的热忱,都寄托在她上面啊!"

不过,由于该办法公布时间是在4月4日之后,中国第一个儿童节只能从1932年算起。遗憾的是,由于1932年上海"一·二八"事变的爆发,当年的儿童节没有举行大规模的庆祝活动,各地真正庆祝儿童节是从1933年开始的。

首届儿童节的筹备

1933年,上海、南京、杭州等地纷纷庆祝儿童节,在当天举办了各种各样的活动,如举行婴儿比赛、健康活动、游艺大会、游园等。向来敢为人先的无锡,在1933年也开始组织大规模的儿童节庆祝活动,不料却引发了一场儿童与电影院之间的冲突。

1933年3月,无锡《人报》上刊登了一则召开庆祝儿童节筹备会议的启事。启事中提到:"四月四日儿童节瞬即届临,京沪各界均已筹备庆祝,以遵守政府重视儿童之至意。锡邑为教育先进之地,儿童众多之区,默尔无闻,理非所宜。虽当国难临头,遑论庆祝,但趁此佳节举行庆典,未始不足发扬蹈厉,奋发精神。同人等爰特发起举行,并拟于本月二十七日下午二时借城中县教育会开会商榷筹备进行。素仰先生热心教育,关怀儿童,特地恳请拨冗莅临,共襄盛举,非特儿童之幸,亦邦家之幸。"

3月27日下午,无锡教育界一众人士在县教育会齐聚一堂,召开了无锡第一届儿童节的第一次筹备会议。出席会议的有无锡县党部、教育局、公安局、区公所、各大报馆和各大中小学校代表等20余人,包括桂沃臣、陈礼江、苏渭滨、钱钟亮、裔敬亭、沈济之、蒋文杰、顾泾村、程恩九、严少陵、费锡胤、程华贞、陈献可、芮麟、秦冕钧、孙翔风、沈显芝、潘揖山等。

会议决定,把整个儿童节的筹备活动分为宣传、展览、娱乐等几个方面,由各机关团体通力合作,一起把首届儿童节庆祝活动搞好。

宣传方面,主要由县党部(主席)、各报馆、教育学院、锡师附小、民教馆、图书馆、体育场、儿童新闻社负责,通过在各街巷张贴宣传标语,各报馆出儿童节附刊、编发儿童节纪念特刊等方式,唤起家庭父母、学校教师、社会人士等对儿童的关注与保护,认识到儿童的地位,能够尊重儿童的人格,维护儿童的福利。同时,儿童节也是为了帮助儿童认识自己的地位,知道自己有神圣不可侵犯的独立人格,明白自己对于社会、国家应负的重大责任,以便发扬志气,自强不息,努力做一个健全的国民。事实上,第一届儿童节庆祝结束后,无锡儿童新闻社专门出版《儿童节特刊》,把各个学校教师学生的日常生活或节日当天特别活动与感想汇编成册。无锡师范附属小学校长暨儿童节筹备委员会主席潘揖山还特别为《儿童节特刊》撰写了前言,对各国的儿童节和主要教育家的儿童观进行了介绍,对儿童所代表的未来与希望给予了极大的肯定。

交际联络方面,主要由县教育局牵头,联合公安局、区公所、县党部、县初中、县女中、私锡中、竞志女学等机构,负责联系本地的电影院、商店、公园等举办儿童节庆祝活动,针对儿童进行优惠优待等。比如,请华晋吉、桂沃臣负责联系本地电影院,上午放映电影招待儿童;请钱钟亮、李柏森负责联络各大商店优待儿童,低价销售儿童物品等。

具体事务方面,由中心小学牵头,联合省师附小、县一、县二、女中小、涤新小、冶坊场小、通德桥小等小学负责。当时,会议计划的主要庆祝活动包括:4月4日下午1点,在城中公园举行纪念大会;同时,由县政府陈县长主持,向各机构募款在公园内建造儿童纪念物,如儿童连动器具、纪念树及纪念牌等;由锡师附小、县女中小、中心小学负责协助布置公园环境,营造儿童友好氛围;由省教育学院及县教育局分别通知各直属社会教育机构,举办儿童幸福活动。

同时，会议一方面安排中心小学、女中附小、锡师附小制作若干徽章，以便分发给儿童佩戴，另一方面也要求各校儿童自制儿童节纪念徽章佩戴，上面写着"儿童节"三个字。

由此可见，此次儿童节，无锡全县都高度重视，整个教育界，乃至地方文化界、新闻界、商界几乎全部被动员起来。从筹备方案看，此次儿童节的筹备无疑是非常充分的。但是，没想到就儿童节纪念徽章，反而引发了一场不小的冲突。

儿童与电影院的冲突

电影是一门综合艺术，于1895年由法国的卢米埃兄弟正式发明。由于电影生动直观，它一经问世，就得到了迅速传播，并快速成为人们喜闻乐见的娱乐方式。1905年，中国第一部电影《定军山》在北京丰泰照相馆诞生。10年后，无锡第一家电影院景新影戏院就正式开业。至1948年年底，无锡有大上海、皇后、金城、南京等大小影剧院19家。

1933年，为了响应儿童节的倡议，无锡全县的几大戏院、电影院都在儿童节当天专门演出适合儿童的戏剧、播放儿童电影，并且为了显示对儿童的优待，一律免费，儿童可以自由进出观看。据报道，当年中国最流行的影片之一是《都会的早晨》，电影中展现了都会早晨形形色色的人的身影，其中既有强壮坚毅的粗汉，也有顽皮伶俐的野女郎；既有千灵百怪的小三子，也有血汗交替流淌的苦劳力；还有醉生梦死的大少爷……全剧紧张热烈，令人百看不厌。中南大戏院自从开映该片以来，场场爆满，座无虚席，观众看完后都叹为观止，回味不绝。因此，专门在儿童节免费为儿童放映此片。

不过，为了降低成本、维持观影秩序，当时各游戏场和影院在优待儿童时，其实只是向各中小学的在读儿童开放，并要求儿童凭借各学校所发徽章入场观看。公园路光明电影院觉得难以应付众多前来观影的学生，于是就请示中心小学,决定在学生进场时将徽章收下,出场后再发给他们。但是,由于各个学校制作分发的徽章形制不一,长的、方的、圆的、三角的都有,其质量和美观程度也各不相同。其中有一种书边条子,可以作为书签,而且比其他的要好看,以至于在电影散场发还徽章时,许多学生都抢着要书边条子式样的徽章,以至于引发了混乱。或许是电影院职员本身就对小朋友免费观影感到不快,其中一位职员斥责了小朋友,双方由争吵升级至推搡。

事发后,县教育会派了一位长者前来处理,考虑到是儿童节,这位长者斥责了电影院,认为他们不应该打骂小朋友,但自己不幸也陷入了旋涡之中。附近岗亭的警察听到消息赶来后,不问青红皂白,先把长者带走关进了警察局。这一举动更加激怒了在场的学生,他们也顾不上看电影了,纷纷捡拾路边的碎砖断瓦向电影院中扔去,电影院后面的竹篱也被学生推倒了,形势非常紧张。直至中心小学区的潘一尘及陆静山、顾伟、蒋英汉等诸位老师赶到,竭力解劝调停。儿童们提出:第一,要改半日免费为全日免费,从半天2场改为全天5场;第二,要惩凶医伤;第三,要在公园内立永久纪念品。后来,光明电影院一面含糊答应,让儿童散去;一面又在电影播放间隙,专门请当时无锡的艺人张瑞亭加场表演,儿童们这才觉得满意,收下徽章后由电影院护送返回各个学校。此一风波,也从侧面表明儿童权利意识的高涨,儿童节庆祝宣传起到了一定的效果。

当时,无锡教育界人士除了联系影戏院播放儿童电影外,还面向社会上的普通儿童,专门在崇安寺小菜场公开放映教育电影。观影人数不下万余人,盛极一时。

商品促销有优待

与现在大家所熟知的"双十一""618"等购物节大促销类似,当时无锡为了庆祝儿童节,专门联合商会倡导各大商店对儿童用品进行降价。1933年,丽新布政门市部收到筹备庆祝儿童节的通知后,决定在4月4日儿童节当天八折出售儿童服装和学生装,以此来体现对儿童的重视。无锡城中文华、乐群、大同、教育、世界等各书局,也在4月4日儿童节当天另外开辟了儿童用书专柜,介绍儿童有关的书籍,特价六折,不以营利为标准,以此来体现对儿童的关注。

1935年,无锡县民众教育馆为了辅导家庭教育,介绍适合儿童性情的玩具来启发儿童的智慧,使儿童身心活泼,特地举办了儿童国货展览会。玩具展览包含商店在售的和私家收藏的各种具有教育价值的玩具。收集的玩具放在民教馆楼上楼下,共分两部分陈列。楼上陈列的为竹木制品,共计370余件,楼下陈列的是泥陶、橡皮、布棉制品以及儿童军事画片等,均以各种玻璃盒盛放,共计540余件,并逐件编有说明介绍。到馆参观的团体及个人,总计达5800余人,其中儿童占十分之七。除了该馆职员竭力维持会场秩序外,也请十多名学生分别担任招待与纠察。因为第一天人流量巨大,想来观展的人较多,于是决定第二天继续开放参观,以满足更多人的需求。

公园庆祝氛围浓

作为中国近代城市中的第一个公园,地处梁溪的公花园是无锡最重要的公共活动空间。无锡首届儿童节庆祝大会的会场就设在城中公园,全城各个小学生群体都派代表出席了庆祝大会。儿童节庆祝筹备组负责宣传的师生们,在儿童节到来前就已经对公园环境进行了精心布置,营造了非常浓厚的儿童活动与庆祝氛围。在公园大门内,扎了一座彩色的牌楼,上面用金字镌写了"儿童节庆祝会"。沿着公园大门一直到最里面同庚厅、嘉慧堂,整个会场全部挂上了有彩色标语与彩色绘画的尖角旗,内容洋溢着儿童的快乐与朝气。公园内多寿楼前面的大草坪四周,挂着许多有关儿童养护与卫生一类的标语,如"儿童每日大便须有定时""早起须盥洗""早操",等等,与儿童的成长

左图：儿童节歌（二），《新无锡》，1933年4月4日
右图：儿童节歌，《新无锡》，1936年4月4日

环境有着密切的联系。

当时，为了纪念儿童节，人们还创作了很多诗歌和儿歌。比如，有一首《四月四儿童节》歌的歌词是这样写的：

四月四，儿童节。

我们大家都快活！

青山含笑水欲语，

春花灿烂春草碧！

一片大自然，

生气正蓬勃。

四月四,儿童节。

我们大家要努力!

燕子做窝养儿女,

蜂儿探花去酿蜜!

一片大自然,

自强不休息,

我们大家要努力!

这些洋溢着儿童的天真、热情、生机与活力的歌曲,也为儿童节增添了不少色彩。1948年,无锡为了庆祝儿童节,还专门组织了一场儿童歌会。

儿童体育比赛

1933年儿童节,除了要彰显儿童权利和地位,也意在引导儿童强身健体,担起服务国家的责任。为此,无锡西门公共体育场也特别举行儿童网球掷远比赛,以示庆祝。体育场规定的参赛年龄限定在15岁,并且对儿童的身高有一定限制,只有15岁以下、身高五尺(约1.66米)以下的儿童才可以报名参加。为了吸引儿童参赛,体育场准备了丰厚的奖品,并且把报名时间一直截止到儿童节前一天的上午8点。儿童节当天8点,选手们到体育场报到,领取号码布,9点开始比赛。比赛一共分为甲、乙两组,其中身高四尺六寸(约1.53米)以上的归入甲组,余下的则自动划为乙组。1946年儿童节,无锡还专门举行了儿童健康比赛。

模范儿童表彰

1935年,为了进一步凸显儿童的地位,唤起社会对儿童权益的保护,南京国民政府规定,从1935年4月4日起至1936年4月3日止为"全国儿童年"。

模范儿童聆县长、教育局局长训话后全体留影,《人报(无锡)》,1935年4月5日

因此,1935年的儿童节尤其受到各地的重视。为此,无锡教育界人士决定,筹备儿童模范大赛,由各区各教育会推举模范儿童,希望以模范儿童的榜样力量带动其余儿童不耽于玩乐,不忘救国重任。儿童节当天,在无锡大戏院举行儿童庆祝大会,同时进行全县模范儿童遴选与表彰。所谓模范儿童,是当时人们认为的优秀儿童,其遴选标准主要有三个:第一是要有健全的身体,第二是要有丰富的智识,第三是要有爱国的热忱。这些儿童,被视为儿童中的佼佼者,肩负着救国重任的希望。当时,无锡全县城区各校及各区教育会共推举出模范儿童100余名,大会还给这些模范儿童准备了丰厚的奖品。大会主席李惕平在发言中指出,集中全县的模范儿童在大会场开会是很有意义和价值的,全县人民都希望他们能够做到身体健康,实行新生活,养成科学的头脑,为全县的儿童做出榜样。

1936年为儿童年,为了庆祝儿童节,无锡县教育会还倡议教育学院电台、国泰电台、时和电台、兴业电台、世富合组电台在儿童节当天播送中央电台的儿童节节目,具体转播时间和内容分别是:4月4日下午4点30分至5点30分,转播中央电台教育节目及歌曲;6点30分至9点5分,转播中央电台古今谈会及话剧节目。

从1933年开始,无锡城中的儿童节庆祝就从来没有停止,虽然庆祝的内容和形式不一,但是,通过儿童节庆祝,在全社会营造一种重视儿童、重视儿童教育的氛围这一主旨并未改变。

没有儿童节的儿童

尽管儿童节庆祝活动轰轰烈烈，但是由于当时中国社会积贫积弱，大量贫穷儿童实际上并没有机会享受儿童节，贫穷儿童的处境也受到了教育界人士的关注。

1935年，无锡各界人士以及各校自由参加的学生欢聚在无锡大戏院举行全县模范儿童庆祝大会，气氛热烈。其间，无锡县教育局局长臧祜在发言中指出，今天到场的儿童都是中华民族复兴的希望，是未来的主人翁。但是目前全中国失学的儿童还有很多，能够参加儿童节纪念会的都是很幸运的小朋友，儿童节的庆祝应该关注全体的儿童，包括全国的小朋友。所以臧局长也希望在场的儿童能够尊重自己，在智识技能上面更加努力。

1936年，沈宸恩在教育局办公室写下了饱含情感与期望的一封信——《献给贫苦儿童的一封信》。信中提到行政当局为了庆祝儿童节，特别举行了提灯会。但是只有有钱进学校读书的儿童才能感受到这样热烈欢腾的节日氛围，像那些贫苦的儿童只有看灯而没有提灯的乐趣。因此，他一方面劝说家庭条件贫苦、生活环境恶劣的儿童要在可能的情况下抽一点时间去学一些常识，去接受教育，而不是用无意义的游戏、不正当的娱乐去浪费大好时光，甚至养成赌博等恶习；另一方面，他也特别劝说那些幸运的儿童，儿童节是应该纪念的，但是纪念的方法不仅仅局限于看提灯会、买点便宜的糖果吃，不能只停留在凑热闹的阶段，而是应该在国家多难的环境中自己训练自己。儿童应该努力锻炼自己，有远大的抱负，将社会变得永远像儿童节一样的快乐，这才是真正的纪念儿童节。

钱清在《梦想不到的儿童节》中写道："阳光是异常的柔和，街道上三五成群的孩子们，欢欣得在跳跃着，城内外的店铺里，插起了减价的旗子，欢迎有

金戈作：《庆祝儿童节》，《导报（无锡）》，1947年4月4日

钱的儿童们去购买些不切要的糖果和各种奢侈品，能够受学校教育的孩子们，昨天在他们的心灵上，大部分能够尽量地享乐一天了吧！但是南仓门亭子桥一带的路上，衣冠楚楚的孩子们是不容易见到的，那里有的是衣衫褴褛、豺骨菜脸的贫苦大众的子弟们，他们是做梦也做不到有什么儿童节，有什么庆祝会，他们还是拾垃圾的在拾垃圾，拾煤屑的在拾煤屑。"

抗日战争胜利后，虽然儿童节还在过，但实际上，对儿童教育的重视反而导致了儿童沉重的课业负担，以至于1947年，无锡《导报》专门在儿童节编发了一幅漫画，为儿童福利呼吁。

1949年11月，国际民主妇女联合会在莫斯科举行理事会议，中国和其他国家的代表愤怒地揭露了帝国主义分子和各国反动派残杀、毒害儿童的罪行。为了悼念1942年6月10日的利迪策惨案和全世界所有在战争中死难的儿童，反对虐杀和毒害儿童，以及保障儿童权利，会议决定以每年的6月1日为国际儿童节，原来的四四儿童节自然废止。

多变的教师节

说起教师节，大家自然而然地会想到9月10日。其实历史上教师节经历6月6日、8月27日、5月1日等诸多变迁，才最终定下9月10日。

"六六"教师节的动议

1931年5月，就在儿童节的提议被教育部社会教育司认真受理后，河南大学教授邰爽秋联合南京中央大学教育学院教授、院长程其保和南京一中校长李清悚等人发起倡议设立教师节。由于之前儿童节的日期被建议放在了4月4日，邰爽秋等人就希望能把教师节放在6月6日。在《教师节宣言》中，邰爽秋等提出了"改良教师之生活待遇、保障教师之地位稳固、增进教师之专业修养"三个主旨。这一倡议，很快就得到了南京、上海教育界数百人的响应。当年6月6日，邰爽秋、谢循初、张忠道和全国各地大中小学校教职员代表300余人在南京中央大学集会，举行了首届教师节庆祝大会。

在庆祝大会上，与会代表一致认为，教师节和儿童节有同样重要的意义。儿童固然是新时代的急先锋、新世界的制造者，担负着国家和民族的希望，但如果没有教师，儿童能够顺利成长为有为青年与健全国民吗？庆祝教师节，一方面体现国家对于教师的优待，承认并尊重教师的社会地位；另一方面，也可以引导广大教师肩负起自己的职责,把庆祝教师节作为教师反省与改进教育的契机,真正使教师职业成为一种专业和事业,让教师真正具备为人师表的人格,拥有启发文化成绩,推动民族繁荣、国家强盛的能力。

遗憾的是,教师节的倡议并不如儿童节那么顺利,这些普通教授和教师的倡议,并没有得到教育部和国民政府的认可。不过,由于这一倡议切中了广大教师的需要,让广大教师和教育界备受鼓舞。因此,各地很快就纷纷效仿,教师节庆祝活动以民间自发的方式得以开展。1932年,上海、北京等各校,都自发放假庆祝教师节,南京教育行政人员与学校教师代表,齐聚金陵大学礼堂开会,举行名人演讲及娱乐等,颇具一时之盛。

欢庆"六六"教师节

教师节倡议一出,无锡教育界就颇为关注。但是无锡本地真正开始庆祝教师节的记录,始见于1933年。当时,北京、上海、南京各地教育界,都有举行教师节的消息。地处无锡城中的省立无锡师范附属小学认为,教师节既然是为了尊重教师、解决教师面临的问题而举行的庆祝活动,实有庆祝的必要,决定在6月6日下午休息半天,由全体教师开会庆祝,讨论与教师自身发展密切相关的一些问题,主要包括:一、力求改善教师的待遇,免去生活的痛苦;二、力谋教师的保障,使得安心服务;三、力求教师进修的机会,增加教师的知识;四、力谋教育经费的独立。晚上,全体教师还进行了聚餐,以资庆祝。在无锡师范附属小学的倡议下,城中其他一些小学也放假并举行了聚餐庆祝。

1934年教师节来临前,无锡教育界计锡麟、高一生等20多人发起庆祝会,地点设在城中县教育会会所,时间为6月6日下午2点。计锡麟等人在发起通告中谈到,儿童是国家的小主人、未来社会的主人翁,这已经是社会上的共识。但是,全社会对于作为小主人和未来主人翁的培养者、指导者的小学教师,却完全忽略了。小学教师不仅生活清苦,社会地位也不高,被许多人瞧不起。教师节的发起,就是要通过节日庆祝活动,让社会尊重人民教师,改善教师的生活,使教师能够安心地为国家培养人才。因此,他们希望全县的小学教师能够自觉放假,主动到县教育会参加庆祝大会,共同提倡教师节,共同商讨新生活运动。当日,无锡城乡许多学校都纷纷停课,予以响应。省立无锡师范实验小学等学校,停课一天;城区苏立锦花巷小学等学校,放假半天;河埒口小学所在的无锡县四区区教育会更是开会议决,教师节一律自动停课,以示庆祝。因此,城乡各校都有教职员出席在县教育会举行的庆祝大会。当时,无锡县私立匡村中学及其附属小学的一些教职员工,在庆祝教师节大会上,还邀请中小学部全体学生表演了许多节目,其中拳术、化学实验、清唱、歌舞等特色活动给参加者留下了深刻的印象。散会后又专门举行一场小的运动会,由中学部学生担任裁判,运动项目包括田径、跳远、掷球等,教职员们踊跃参加,精神饱满,其中,50米田径赛,华永千老当益壮,百米径赛郭锦华捷足先登。下午,全体教师与中学三年级学生还进行了一场比赛足球。

1935年《教师节宣言》

1935年教师节来临之际,无锡县教育会干事会议决议筹备庆祝,并决定创新庆祝方式,敦请名人演讲。庆祝和演讲地点设在县图书馆内,时间是6月6日下午2点,拟邀请的演讲嘉宾有本县县长、曾留学法国的汪宝暄,省立教育学院教授、曾留学美国的刘季洪,现任锡师附小校长、中央大学毕业生潘揖山,本地学者、上海光华大学文学院院长钱基博等。县教育会希望全县小学教师都能前来听讲,已经派人提前布置好了会场,在图书馆的门首挂上了大幅而醒目的旗帜,在礼堂四周张贴了许多纪念教师节的标语。

不过,这次庆祝会一度受到了来自教育主管部门的制止。据《锡报》报道,当天上午10点左右,有学校接到县教育局的电话,电话中说:"听说你们今日亦准备参加教师节,但我们已接到教厅的电报,今天不准去参加!"老师们听了很是诧异。一位老师说,接到教育局的电话,第一句是听得兴奋,第二句感到突兀而诧异。想不通教育主管部门为什么要禁止老师们参加为自己庆祝的教师节集会。后来看了报纸才明白,原来每次教师节庆祝,老师们都会发表要求改善待遇的宣言,可能引起了教育当局的不快。而1935年的教师节前,无锡教育界对省教育厅督学提出的一人一级的单级教学主张明确表示了反对,可能引起了教育厅的不满。

事实上,当天的庆祝会上,无论是大会发表的《教师节宣言》,还是敦请的各位名人的演讲中,既强调了教师的责任与地位,勉励小学教师鼓起研究兴趣、注意教育效率、坚定服务志愿,也反复提到了教师的痛苦和安慰,小学教师的待遇、地位、修养等问题。

宣言声称,教师节是教师自己的节日,对教师非常重要。但是,除了少数地方会在这一天开会庆祝外,还有很多地方对此都很淡漠,因为教师节休假庆祝还没有得到教育当局的认可,教师节的意义还不曾深入每一个教师的心里。从当时无锡教师参加教师节的情况来看,当时的确不是所有老师都参加了庆祝会,许多老师还在照常上课,根本就没有准备去参加,实际参加的主要是一些小学老师。因此,宣言号召教师们应该团结起来,表达自己的地位和生活,提出自己的痛苦和要求!特别是要积极行动,解决教师生活的不安和痛苦,改进教育教学工作。

宣言中说,无锡的教育经费表面上虽多,但由于实行一人一级制存在诸多困难,许多学校都不得不多聘教师,致使原来名义上给到一位教师的薪水,不得不分给额外聘请的教师,事实上反而降低了教师的待遇。江苏省民国二十二年各县小学教师月薪统计显示,当时,各校正教员或级任教员中,小学教师月薪发放情况,最多为37元,最少为13元;初中小学教师月薪,最多为30元,最少为12元。而大部分教师的工资,都在这一水平之下,其中,半数以上的小学教师,月薪均在13元以下。与此同时,在一人一级制之下,教师们的工作却日益增多,教师不但白天忙于教学,很少休息,晚上还要夜以继日埋头于课卷的批改和教师手册的填写。据记载,当时教师每周教学时数普遍在1000

分钟以上,而上课、批改课卷、指导课外活动,又占去了老师大量时间。如果真的推行一人一级制,则每个教师日夜无休息的时间,更不要谈进修。而当时各机关团体的办公时间,大都在七八小时。因此,教师们认为,教师并非牛马,如此繁重的工作,无论如何是不能胜任的。所以,宣言声称坚决反对一人一级制,要求每级额定任课教师至少有一个半数。

宣言提出的第二个要求是保障教职员职位。由于中国长期实行长官负责制,学校教职员的聘任也往往由校长负责,校长又由县教育局局长或学区教育委员负责,以至于学校教职也沦为各种权力、利益、情感的角逐场所。一旦校长更动,则一校教职员几乎会全部更动。如此不仅会影响儿童学业,还让教师生活陷入被动不安的境地。因此,宣言要求,应该采用科学的方法考核教师业绩,对于没有明显过失的校长、教师,教育委员和学校不得任意辞退;教师的聘期,始聘可以定为半年,续聘、延聘则应该视教师服务时间的长短而延长,不能因校长的进退而进退。这样才能使教师安心事业,以教育为终身职业。

宣言提出的第三个要求是废止学费包额制。这主要是针对学校规模不同带来的成本效益不平衡问题。当时,无锡各校的学费主要采取学费包额制,不论学校学生规模如何,对学校都采取定额。这就使得学生多的学校收取的学费较多,可以靠规模效益有额外的盈余,而学生少的学校生均成本相对较高,就很容易产生亏空,经济上受到损失。因此,宣言希望能够仿照吴县的办法,改为实收实报制。而且,当时学费收取的时间大都是学期中间,甚至学期末,许多学校不得不垫付大量费用,乡村经费困难的学校,甚至连基本的膳食都难以维持。因此,教师们希望教育局能够按月提早发放教育经费,至少应该在月中而不是月末发放。

最后,受1929年世界经济大危机的冲击,以民族工商业为主的无锡,在20世纪30年代后经济也受到了很大的影响,不仅教育经费有所下降,教师失业情况也日益严重。因此,宣言还特别提出,希望教育局能够切实调查失业教师,了解他们的专长,有针对性地介绍一些职务。

此外,宣言还对当时的教育教学工作提出了许多建议。首先,希望能够废止会考。在教师们看来,学生学业程度如何,绝不是通过一次简单的测验就可以衡量的。会考的推行,把学生引向了死记硬背公式定律的路,抹杀了儿童的个性,忽视了知识的内涵,违背了教育原理,应该予以废止。其次,希望能够减少儿童的笔头工作,即书面作业。在教师们看来,书面作业过于繁难,既不利于儿童的身心发展,也增加了教师的负担,容易让学生陷入新式私塾的泥淖中,应该想办法改进。最后,教师们还表达了希望能改进进修办法。当时,江苏省教育厅为了敦促教师进修,明确规定教师应该订阅《小学教师半月刊》作为教师进修的书籍,并严格制定了考核办法。但是,许多老师认为,该书更偏重理论说理,缺少具体的实施方案,并且大都不适用于设备简陋、教师精力有限的乡村小学。而且,当时对于教师的进修培训,主要是简单围绕教学方法的改进,实际上效果并不好。他们希望,教育当局能够适当减轻教师的负担,给予老师进修和学习的机会,商请地方图书馆举办教师流通借书等活动,或另行筹设教育图书流通部,让教师真正通过自我阅读与思考得以精进。

从这一宣言中可以看出,无锡教师所提出的四大主张,都是当时无锡教育迫切需要解决的问题,其中许多要求都隐含了对当时教育政策的批评,这就不难理解,为什么教育行政当局会反对教师们联合起来庆祝教师节。但是,正如时人评论的那样:"明明是清苦得像被社会遗弃一样的教师,偏偏负着教育的职责。平时粉笔灰瞎眼睛,抢性命叫哑嗓子,为的是教别人做人,而自己连一个庆祝会都不准开,就是不要你做人。可是无做人资格的人竟在教人做人,这是中国教育界的光荣,也是生长在中国的教师的运道。"

这一宣言也同时表明,无锡教师较早就对考试的弊端有所警惕,重视对儿童个性的培养。他们提出的减负主张,与今日国家推行的"双减"政策是一致的;他们对于书籍和进修机会的争取,显示了无锡教师具有自我成长的内在动力。

在向教育行政当局提出建议和希望后,宣言还对全县小学教师提出了自我要求:要鼓起研究的兴趣;注意教育的效率;坚定服务的志愿。宣言特别强调:"教师的生活清苦,而见异思迁,彷徨歧途,这是小学教师中数见不鲜的,我们希望全国小学教师坚定服务的志愿,勿作意外的企图,要知生活虽然清苦,而精神的慰藉,也是无上的代价!"

此后,随着我国国难日益深重,教师节庆祝也逐渐从关注教师自身待遇地位,开始与民族解放运动联合起来。

1936年教师节,部分进步人士明确提出:"国难到了空前的严重地步,强盗的掠夺已握住了我们中华民族每个人的喉咙,帝国主义的践踏,压得我们整个民族透不过气来。而今天是教师节,我们亟待解决的最迫切的问题中的主题,便是怎样去解除帝国主义所给予我们的压迫,以及怎样打开中华民族解放运动的局面。如果去开这些工作不做,其余都是没有意义的事情,放假庆祝,只能让那些甘心做奴隶的、吃得肥胖、穿得活气的先生们去做,前进的教师是顾不到这些了。"因此,他们希望,教师们对教师节的关注点,应该从提高教师待遇、争取教师生活保障,转向中国民族解放运动,希望教师自身团结起来,并联合其他一切革命势力来推动中华民族解放工作,打破政治偏见,抛弃个人问题,动员最广大的人民和民族与敌人拼死决斗!在教师节,各级学校教师不应只在课余集会纪念,或举行聚餐以资纪念联欢。在6月6日下午1点,无锡县教育会举行了庄严的纪念会,并且请几位名人演讲,来鼓励教师的精神,唤起教师们对于教育工作的热情。

《教育·教师·职业地位》,《人报(无锡)》,1935年6月6日

但是,由于教师生活困苦,也有人借

教师节做漫画,对于教师的生活窘境和政府的不作为进行讽刺。

1937年,无锡县教育会为庆祝"六六"教师节,于教师节当日邀请本地教育名家侯鸿鉴在该会大礼堂进行演讲,由沈显芝主持,出席演讲会的有各校教职员工数百人。庆祝会还决定,根据参加人数的多寡,在县教育会或公嘉会堂举行聚餐,所有人志愿参加,每人缴费一元,视人数多寡决定聚餐地点。

侯鸿鉴在演讲中说,今日是"六六"教师节,他今年是六十六岁,非常巧合,因此,他的演讲也主要讲六点教育意见,主要涉及教育经费、教师体力、教师技能、教师修养、教师娱乐和教师的精神痛苦。

在他看来,无锡的教育经费总额并不少,但是,无锡的教育却有所倒退,无锡应该学习广西的经验,减少教育行政经费,增加学校教育经费。他结合自己在西南旅行的见闻,认为嗜烟影响教师的体力和精力,希望教师重视体育,除了加强自身运动,还要肩负起推行民众体育的责任。对于无锡的单级教授,他明确提出是令人惭愧的倒退之举;如果要办单级教授,也应该先通过讲习班等方式培养出合格的教师再办。他还谈到了读书、阅报、参观、共同研究等教师进修方法,希望教育会能够多做些研究工作。他反对教师的不良娱乐,提倡教师用正当娱乐调节身心。

日伪统治时的教师节

1937年抗战全面爆发后,无锡很快沦陷,尽管沦陷区师生也对敌伪教育进行了反抗与斗争,但由于环境所限,教师节庆祝一度停办。1945年,日伪统治下的无锡县教育局为了发扬尊师重道意识,决定在连元街中四镇第一小学大礼堂举行教师节庆祝会。6月6日上午9点,时任伪无锡县县长张某、教育局局长潘某、县教育会与全县教师700多人参加了庆祝。庆祝会的仪式简单而隆重,先是各位领导致辞讲话,最后是教师代表致谢。庆祝会在10:30结束后,全体与会教师在潘局长的带领下,集体来到中华大剧院观看电影,以示庆祝慰劳之意。为了帮助教师争取免费观影的权利,潘局长专程在6月5日到中华大剧院与该院匡经理、蔡副经理进行接洽。双方商定,在6日上午11点至下午1点,专门添加早场,全部免费招待各区公私立小学教员,并在召开庆祝大会时,由教育局成员按姓名发给观影票。下午2点,潘局长又带领全体校长,向张县长致敬,在首小华校长献词后,由张县长训词勉励,并对小学生活问题予以安慰,全体教师也由潘局长带领同去。

孔诞教师节

随着日本侵华的加剧,南京国民政府开始重视教师节,以求将教师群体纳入其抗日轨道。1939年,南京国民政府为了激发全国教育战线师生的民族斗志,以支持"良师兴国运动"为契机,把孔子诞辰日8月27日定为教师节,并颁发了《教师节纪念暂行办法》,正式确立了中国国家层面的教师节。按照当时教育部拟定的纪念办法,教师节纪念既可以由学校单独举行,也可以由地方教育行政机关召集本地教师统一举行,但都应该与先师孔子诞辰纪念合并举行。在庆祝仪式上,应该举行讲演,演说孔子事迹、历代儒者德行或教育教学思想,可以举行恳亲会、学生慰劳教师游艺会,并由各校或各地方自行决定是否发行特刊。此外,为了表示尊师重教,地方报纸也应该刊载一些发扬孔子言行、鼓励社会尊师重道的文章;中等以上学校学生家长及学生,应向教师祝贺健康,或致谢函;小学生家长及学生应到教师家祝贺健康;教师间也应彼此祝贺。不过,由于当时国统区面积有限,且"六六"教师节已经在许多地方深入人心,当时各地的教师节纪念时间和活动并不统一。

1945年8月15日,日本宣布无条件投降,无锡也迎来了抗日战争的胜利。当时,江苏省教育厅为了激发全省教师的服务精神,融合师生情感,并唤起社会尊敬教师的观念,通令全省各地隆重举行教师节庆祝,以示尊师重道之诚意。为此,江苏省教育厅专门发起了崇圣尊师运动,决定从8月24日起举行各项庆祝活动,27日上午在孔庙举行先师孔子的祭祀典礼,并举行教师节庆祝会,由各校学生表演节目招待教师,并以"尊师"为题在各报出版特刊。同时,省教育厅还动员各书籍文具店对教师予以价格优惠。

由于距离胜利时间较近,当时教育复员工作刚刚开始,无锡县教育行政部门尚未恢复,对于教育厅的要求,由于时间仓促,资料缺乏,无锡本地是如何庆祝的,我们已经不得而知。无锡战后第一个教师节的印记,就这样消失在了历史中。

1946年孔子诞辰纪念日,也是胜利后第二届教师节,无锡县政府为表示隆重纪念,专门召集全县中小学教师于8月27日上午9点,在学前街大成殿举行联合纪念会。纪念会由徐县长主持,并敦聘国学大师钱基博、钱穆两位先生作学术演讲。当时,钱基博先生即将离开无锡前往国立武汉大学就职,而钱穆先生则是久别无锡后的回籍访旧。作为无锡本地两位著名的国学大师,两位先生于战后同时在家乡大成殿演讲孔子事迹与教育学说,无疑将是无锡文化教育史上的一件盛事。当时,无锡城区中小学教师200多人都积极到会,希望在庆祝之余,聆听本地二钱教授的学术演讲。可惜的是,钱穆先生在苏州因故未能及时回锡。当天,钱基博重点阐述了孔子之道,首次把孔子的学习方法归纳为"转识成智、转智成信、由信生力"十二字,发前人所未发,被看作是钱基博数十年研究国学的结晶。现场的听讲者都非常感动。

由于此时教师节已经成为国家法定节日,无锡各机关、各市场、各行庄均放假休息一天,各商店门口国旗高挂,街上行人遍布,公园旅客也是熙熙攘攘,热闹非凡。当天天气晴朗,万里无云,更是增添了不少节日气氛。不过,由于徐县长要陪同参议员游览太湖,在主持时只是简单提出希望社会尊重师道、教师与学生感情更加亲切两点,就匆匆离去,也引起了一些人的不满。

1947年8月27日上午10点,为了纪念孔子诞辰暨教师节,无锡在学前街文庙举行了隆重的祭祀孔子大典。平时清冷的学前街顿时热闹了起来。文庙内外,看热闹群众很多。礼堂殿文庙大成殿,放至圣先师孔子的神位,置于大祭桌上,桌前置有铜板祭器。10点祀典开始,由乐队奏乐,仪式庄严肃穆;

仪门开启,与祭者40余人,一贯入场,依次祭祀大殿杏坛前,徐县长主祭,李议长、徐书记长陪祭,教育局杨局长、各机关代表、各学校校长,分列左右,由徐县长带头,纪念孔子思想及人格加以阐述,并由国专代表告孔子生平,11点礼成。

徐县长在演讲中谈到,政府以一生殚精竭虑于教育、成为万世师表的圣人孔子的诞辰,作为教师节而纪念,其意义是非常重大的,旨在提倡尊师重道的精神。虽然在抗战的艰苦期中,全国各地也照例隆重举行活动,特别是小学举行恳亲会,给予教师若干精神或物资上的慰问。但由于整个社会生活并未得到改善,教师的生活依然是痛苦的,教育水准当然也达不到理想的程度。抗战胜利后,政府对教育特别重视,对于教师待遇与优待师范生等也有论及,将来,教育一定是要放在"发动机"的重要位置上的。

现代教育,在设备、管理、教育方法等方面,比古时候经堂式的设帐教育进步了很多,但要真正提高教育的质量,还必须严格选择师资,并在物质与精神上保证教师的生活。但实际上,教师的生活和待遇距离理想状态还差得很多,以至于在经济重压下,许多教师不得不改行他就,教师数量不足、质量不高也就不难理解了。但是,教育是国家百年树人要政,是国家生命力的寄托。因此,教师一定要明白自己肩负的责任,在灌输现代知识的同时,还要注意培养青年的人格教育。教育工作人员应该忠诚于教育事业,教育行政当局也应该保障教师生活的安定。全社会都应该竭力举行尊师运动,使尊师重道的风气充沛起来。

当时,国民政府和江苏省政府还特别提出,纪念教师节,应注意民族健康问题,要求加大民族健康的检查、宣传、演说等。

值得一提的是,尽管官方已经确立了孔子诞辰日为教师节,但由于"六六"教师节的概念已经深入人心,这一时期,无锡仍然有地方在庆祝"六六"教师节。比如,1946年,第一区教育会为庆祝"六六"教师节,召集全区会员,于是日上午9点,在该区中心小学举行庆祝大会,正午举行聚餐,下午则举行游艺大会。除各会员参加节目外,城中各校学生也将参加游艺会,其节目有话剧、歌剧、平剧、清唱、滑稽、魔术等,不下于十项。第一区教育会为了限制名额,还专门油印了800多张入场券分发各界。前洲区教育会为了庆祝"六六"教师节,也专门在6月6日下午举行了国府还都暨"六六"教师节游艺大会,由前洲中心国民学校师生表演了许多节目。

由于战后教师生活清苦,许多地方还借庆祝教师节之际,发起尊师募捐活动。1948年,由于国民党溃败在即,且各校学生大都尚未开学,孔子纪念稍显冷清。8月27日上午7点30分,周县长亲自率领教育界众多人士,来到孔庙大成殿举行纪念仪式与庆祝会,周县长任主席。大会开始时,出席大会的有参议会李锡平,教育局濮源澄,各校校长、教师等40多人。周县长在致辞中特别谈到了孔子的抱负与精神,勉励全县教师学习孔子"学而不厌,教而不倦"的精神并将之发扬光大。随后,由国学大师钱基博进行演讲。钱基博指出,之所以将孔子诞生日定为教师节,实含有重大意义。因为孔子之所以能够成为万世师表,是出于他自己的精神与事迹感召力,而不是依靠政府的力量,是孔子奠定了中国教育的始基。他也勉励教师们能够学习孔子的精神,把学与教打成一片,将生活与知识打成一片。

邮局发行纪念邮票

对于教师节,国民政府为了表示尊师重道,专门规定了各项纪念办法,分命各省遵照办理。1947年,邮政总局决定在教师节发行纪念邮票。当时,无锡本地的邮局也转发了这一消息。原本拟发行的邮票图案共分为四种:第1枚的图案是孔子像,采用广东画家关惠农的作品,面值国币500元,印红色;第2枚图案为孔子在山东曲阜大成殿前讲学的杏坛,面值国币800元,印青莲色;第3枚图案为曲阜孔林中的孔子墓,面值国币1250元,印绿色;第4枚为孔府中的大成殿,面值1800元,印蓝色。这套邮票由大东书局上海印刷厂承印,原拟用胶版印刷,但当时的交通邮政总局在审查图样时认为,胶版印刷效果不如雕刻版精美,要求改用雕刻版印刷,致使后3枚邮票没有如期发行。赶在"教师节"这天发行的是先用胶版印刷的面值500元的第1枚,其余3枚迟至同年10月17日方才发行。

新中国成立后,中央人民政府曾一度恢复6月6日为教师节,教育部通告各地教育工作者,可以根据实际情况自行组织庆祝活动。1951年,中华人民共和国教育部和中华全国总工会共同商定,把5月1日国际劳动节作为中国教师节。但由于这一天缺少教师的特点,执行效果并不理想。特别是1957年以后,在"左"倾思想影响下,教师不受重视,教师节已经名存实亡。1981年,一些政协委员开始以提案的方式倡议设立教师节。随后,经过许多专家学者、政府官员等社会各界人士的共同努力,全国人大常委会于1985年1月决定把每年的9月10日确定为教师节。择取这一时间的原因主要有两个:一是新学年伊始即开展尊师重教活动,可以为教学创造良好的氛围;二是9月份全国性节日少,便于各方面集中时间组织活动。但是,由于这一时间没有明确的教育文化传承,以至于社会上不时出现重新调整教师节的声音。

纵观近代教师节的变迁,作为一个尊师重教的民族,中国教师节的设立时间并不长,且在历史上几经变迁,这主要受到倡导者的认识、提出的时机、节日的整体变动等因素的影响。教师节从教育学者为争取教师权益与待遇开始,又被赋予了传承民族教育精神的使命,但以此庆祝或纪念,倡导全社会尊师重教,要求教师自强自律的内涵却始终是一脉相承的。

繁多的新节日

　　每个节日都是生活中重要时刻的纪念，也是民俗文化不可或缺的一部分。随着时代的推进，新兴节日日益涌现于人们的视野中，梁溪地区的居民们也纷纷投入庆祝这些新兴节日的热潮之中。清光绪三十一年（1905），无锡的城中洞虚宫荒地被开辟成了全国第一座属于中国人自己的城中公园，其名为锡金公花园。自那时起，这个地方便成为无锡人民庆祝新节日的主要场所。一系列新兴节日的庆祝活动，无论是元旦、"双十节"、国耻纪念日还是总理诞辰纪念，几乎都会在此举行，彰显着人们对这些特殊日子的庄重纪念与热切参与。这些庆典活动不仅让人们重温历史的重要时刻，也促进了人们的团结与沟通，同时也为梁溪地区的民俗文化注入新的活力。

倡导庆祝元旦

　　辞旧布新，是世界人民共同的心理。虽然各国历法不同，但是，岁末年初，放假庆祝，却是惯例。我国历史上的"元旦"指的是"正月一日"，"正月"的计算方法，在汉武帝时期以前是很不统一的，历代的元旦（首月首日）日期并不一致。

　　辛亥革命后，为了"行夏正，所以顺农时，从西历，所以便统计"，民国元年决定使用公历(实际使用是1912年),并规定阳历1月1日为"新年"。1914年1月,北洋政府改农历元旦为春节,阳历岁首为元旦,颁行天下,元旦正式成为法定节日。按规定,所有机关团体可放假3天。但实际上,除了少数趋新人士极力倡导与践行,社会民众对于阳历元旦并不在意,以至于直至1916年元旦,《新无锡》的记者还感慨说"社会狃于习惯,不以今日为元日",报纸和记者照例要赞颂元旦,可是自己却"抽笔欲作颂词,而苦无一语颂"。

不仅如此,1915年,袁世凯为了给称帝做准备,还专门把元旦朝贺的礼服,从燕尾服改成了中国传统的祀天礼服,更反映了中国自上而下对于元旦的认可与接受还比较有限。无锡最早对阳历元旦的明确记载,是县图书馆借元旦举行开幕仪式,但对于元旦本身,并无特别庆祝。当时,民间大都会区分阴历元旦与阳历元旦。

在无锡,真正开始倡导元旦庆祝并使之引起社会关注,要归功于教育界。首先是城中的竞志女学,作为一所敢"开风气之先"的学校,该校创办人侯鸿鉴对阳历元旦比较认可,在1917年元旦决定在学校中举行庆祝,并得到了无锡各大报纸的关注和报道。本来,该校原计划是上午举行元旦庆祝大会,下午举行学艺会,可惜当天天公不作美,雨雪不止,因此,只是正常举行了上午的庆祝会,而把学艺会推迟了。在庆祝会上,全体学生集会后,向国旗行三鞠躬礼,并由学生向教师、学生相互之间行一鞠躬礼,然后唱国歌,后请校长、教师和来宾围绕元旦庆祝进行演说,最后,唱完校歌结束。当天,位于苏州的省立第二女子师范附属小学主事杨卫玉正好到学校参观,也受邀发表了演说。杨先生语言风趣幽默,让风雨寒冷中的听众闻之精神为之一振。对此,侯鸿鉴颇为自得,在多年后还特意向前来参观的美国教育家推士提及。

实际上,当时无锡除了城中,乡间也有学校举行庆祝,且内容形式更加丰富。位于石塘湾的无锡县立第六高等小学校校长孙克明,考虑到这是共和后的第一个元旦,专门悬旗挂灯予以庆祝。学校还向社会民众开放,任由大家出入游览,学校门前除了悬挂国旗,还扎了松柏、冬青等装饰。学校第二门两边,悬挂一副对联,上书"万众一心共和再造,六年元旦气象重新"。左右礼堂

无锡县图书馆元旦开幕纪念,《教育杂志》,1915年第2期第1页

与学生成绩室内,也悬挂着各式各样的花灯,且均出自学生之手,明显是事先进行了周密计划与充分准备。当天上午举行庆祝会,下午举行童子军毕业式,4点以后还举行了学生茶话会,每位学生都表演一项拿手技艺,或唱歌,或讲故事,或变戏法,或吹军笛笙箫,旁边还备有茶点,观者无不称赞。

自此以后,庆祝阳历元旦才在无锡逐渐流行开来。不过,尽管无锡各机关照例会悬旗休息,但在当时的许多人看来,元旦并不能作为新年伊始。有位乡下人就对他的朋友说,元旦是城里人的新年,再过二十几天,才是乡下人过新年,听者都为之叫绝。

1918年元旦,许多乡下的学校也不甘落后。鲍家庄第五国民学校在"双十节"提灯会后,联合了吴塘门的第八国民学校以及附近学校在元旦也举行提灯庆祝会。荡口私立鸿模高等小学校也专门发起了娱乐会,除举行会餐外,还组织了网球比赛。但是实际上,直至1919年元旦,论者仍然认为,"民间习惯,尚沿阴历",对于阳历元旦都很淡漠,这也足以说明转移风俗之难。当时,开化乡立第八国民学校准备在阳历元旦举行提灯会,以庆贺新年、开通地方风气,于是每日安排学生傍晚时在校内排演节目,而村民们听到学校内的锣鼓声,却以为是学生在为闹元宵做准备。而且,虽然国家规定学校要放假3天,但实际上有些学校并未严格执行,考虑到临近学期末,有些学校仅放假1天。

进入20年代,无锡各地学校对元旦的接受度越来越高,元旦庆祝愈发隆重多样,各校新剧、庆祝仪式、游艺等花样层出不穷,各处都充满喜气祥和的气氛。1923年元旦，城内越来越多学校为了迎接元旦纷纷选择举行庆祝仪式，庆祝活动也愈加出彩，各校的场面热闹异常。位于学前街的省锡师，本与民国同岁，遂决定在元旦日举行游艺大会。由于是首次庆祝，三师进行了精心的筹备，把"以艺术的精神，启娱乐的兴趣"确立为庆祝的基调，在演出剧目上下了好大一番功夫。当时共演出了两个剧目，一是《遇新年》，另一个是《谁之咎》，以新剧《谁之咎》最为精彩。该校学生陈越饰演剧中张雨霖之子玉麟，是全剧重要角色，动作深合剧情，观众们都被打动，称其为艺术天才。演艺方面，有歌曲、丝竹、魔术、舞蹈等表演。演出最后以学校教师表演火球为结尾，只看见老师们手腕灵活，火球的花色甚多，看得人眼花缭乱，极为精彩。

城内小娄巷的县立女子师范学校决定举办校友会和励进会，向社会开放参观，不需要入场券。庆祝会上，由师范生和高小班表演了多幕新剧，还排练了京剧、趣剧等。城中三皇街市立第十一校，也在当天开会贺年，并集体游览公园与通俗教育馆等处。

城内辅仁中学，分别由学校和学生会举办了两场活动来庆祝元旦。一方面学校在上午9点开始在校内开庆祝会表演新剧，另一方面学生们也同时在校舍开庆祝大会，内容包括名人演讲、双簧、京调、拳术、丝竹、新剧等，以新剧为主，共表演十一节，从观众反响来看，第八节的"双簧"、第十节新剧《哑妻》

左图：新年希望之一·人民对于政阀之奋斗；右图：新年希望之二·兵士对于武阀之奋斗；中图：新年希望之三·工人对于资主之奋斗。《无锡新报》，1923年1月1日

最为精彩。观看的不仅有本校的学生和教职员,还邀请了新闻记者。由于容纳和接待能力有限,辅仁中学对于来宾进行了限制。

部分私立学校为了唤起儿童和社会人士的注意,很早便开始装扮学校以点缀氛围,像西大街私立尊经学校的教师和学生们,在阳历新年的前几天就着手布置各式各样的灯彩、纸球、花字、对联、五色纸旗等,全校都被装扮一新,极为可观。还有东门亭子桥的薛氏私立昌盛学校,在教室内悬挂对联、彩旗,气象焕然一新。还有一些学校选择了联合庆祝,如小河上孙氏私立勉强学校在上午汇集全体学生并联合唐氏学校在校举行贺年礼仪式,来唤醒社会上改用阳历的观念并表达小学生的爱国思想,其节目数量和种类较之他校更加丰富,共有16种,包括京剧、歌词、双簧、国乐等,以学生王式君、王竹荫所唱《西厢记·佳期》及《长生殿·絮阁》为最佳,参观者无不称赞。而且两校演出的形式也别有新意,每间隔一节,会开唱最新留声戏片以助兴。看得出,元旦庆祝逐渐受到了各个学校的重视,许多学校都把元旦作为展示学校办学成绩、放松师生身心的娱乐和审美活动,学校之间或许也隐含着相互比较、竞争的心思。

不过,虽然各校元旦庆祝的氛围浓厚,活动多样,但由于这些活动大都由各校在校内自行举办,反而衬托出社会上的节日气氛更显冷清。1922年元旦上午,城中公园这个无锡重要节庆活动的举办地,却连基本的国旗、彩灯都没有装扮,问及原因,说是公园和市政公所都太穷了。这自然是推托之词,但还是反映了社会民众内心对于阳历元旦并不认可。

1924年,各学校筹备起了自己的元旦游艺会,虽说大部分仍是以新剧、游艺为主,但观看者众多,热闹景象远超去年。趁着放假一天,竞志女学、济阳女学、县立女子师范学校都开游艺会表示庆祝,其中竞志女学最为热闹,总共表演新剧七节,参观者有500多人。省立无锡师范共表演新剧及各种游艺十五节,观看的人较之往年大为增长,有600多人。表演的各个节目中,以短剧《英雄血》最为精彩。这个剧目是由著名编剧家陈大悲所编,情节极为曲折,结局也很佳妙,表演者也能头头是道,收获了观众的赞美。大娄巷内的私立唐氏国民学校及小河上孙氏勉强学校也都在少宰第大厅上表演游艺,下午则结队外出游行,非常热闹。锡师附属小学及连元街县立一高在举行庆祝礼之后,又立即表演了各种游艺及新剧。学生们排练纯熟,尽管练习时间和准备都十分短促,但表演的成绩却很好。当时,无锡本地人也观察到,"无锡各界对于此次阳历元旦,兴味似较往年为佳,尤以学界为最"。

自1923年起,与以往纯粹庆祝不同,无锡报纸专门刊文,对无锡教育发展进行总结与展望,如李康复的《民国十一年无锡教育的回顾和今后的希望》、顾蕴公的《民国十二年对于无锡之新希望》等。1924年,地方报刊又向地方教育界征稿,刊登了若干篇讨论无锡教育发展的文章,比如周人菊的《我所希望今后的教育》,叶楚伧专门提出要注意工人教育,张正三谈到了崇安寺与无锡的社会教育,张锡昌则把新学制的事实与平民教育的发端看作是无锡新教育的两道曙光。随后,侯鸿鉴在《甲子元旦杂感》中,特别提出了自己关于发展无锡教育的思考;顾倬针对无锡改劝学所为教育局这一新的地方教育行政机关变动提出了自己的建议。此后,岁终年头,对教育事业进行回顾与展望也成为一种惯例。

1925年,由于江浙战争的影响,无锡人民生活日益困苦,但学界对元旦庆祝的热情并未减轻。当年元旦,无锡市几十所学校,包括县立第一、第二学校、市立第一、第四学校,城内三皇街小学等都举行了纪念活动。其中,市立第11初级小学的游艺会上,学生的表演节目中还有一出《私塾之黑幕》;市立第四小学在庆祝会结束后,还放鞭炮助兴。西门外的公共体育场、公园路上的通俗教育馆则全天向社会开放,通俗教育馆还举行了临时演讲与聚餐,当天进

《元旦阅兵式》,《无锡报(无锡1926)》,1927年1月1日

馆游览者达1500多人。同时,无锡凌再生等人还发起了拒毒运动,利用元旦假日发放传单,扩大宣传。

此后,随着北伐战争的推进,元旦阅兵也成为各地节日庆祝中的一景。当时,无锡本地报纸还专门刊文,介绍了世界通行的几种历法以及国外的元旦庆祝情形。

不过,国民革命军的北伐战争似乎并未减少无锡教育界庆祝元旦的热情。当年,各校仍分别举行大规模庆祝。无锡各校庆祝元旦的活动不断推陈出新,紧随社会发展,新增了魔术、电影等更受欢迎的表演形式。小学中,锡师附小有化装、魔术的表演;女子职业学校也开会庆祝,尤其吸引眼球的是舞蹈一项,学校为此特别定制了10多件新衣服;迎龙桥私立尊经与益友两校联合在益友学校开会表演,演出共30节,以《寒衣曲》《蝴蝶》《渔樵》《耕读》《麻雀》和《小孩游花园》等最为精彩;苏家弄县立第二高小则是在这天举办了恳亲会,到场学生家属500多人,所表演的节目以《离群之蝶》及《花木兰》为最佳,音乐以《寒衣古曲》为最佳,学生与家长一起观看表演,台上歌声悠扬,台下其乐融融,此情此景,听者无不动容。位于崇安寺的无锡市立第一小学校长陶达三,为了提倡阳历新年,把学生分成11个小组,每组手敲锣鼓,口唱新年歌,到街市上进行游行宣传。南桥镇扬名乡立第一初级小学演出了《滑稽双簧》《魔术》《分食糖果》《闹锣鼓》《放爆竹》《余兴》《欢呼》等节目。

中等学校中,女子师范和辅仁中学在这天也选择了开会庆祝;私立公益商业中学在元旦下午表演了新剧、魔术等,还额外增映电影以助余兴。可见,到南京国民政府成立时,元旦庆祝至少在无锡学界已经形成惯例。

1929年,南京国民政府开始大力推行新历,要求废除旧历。无锡地方政府也顺势跟进。在1929年年底,时任无锡县县长的孙祖基,为了扭转民间习俗,推行国历,专门邀请无锡各机关团体组成了庆祝国历新年民众娱乐筹备委员会,希望在元旦日开放各大游艺场所,让社会普通民众能够欣赏到京剧、新剧、音乐、歌舞等。学界也自然成为庆祝元旦的主力军,省锡中、县女中、中心小学、竞志女学、公共体育馆、民众教育馆的领导和教职工都多次出席筹备会,并负责联络各中小学参与。当时,惠山小学作为无锡乡村实验学校之一,在1930年元旦日同时举行了成绩展览、恳亲会、游艺会三大盛会,并定在上午展览成绩,下午1点开恳亲会,2点开始游艺表演,还邀请河埒口小学参加歌舞,邀请晓庄剧社重要演员到学校指导儿童表演。元旦庆祝在国家强制力的推动下逐渐为社会所接受。

1930年7月10日,国民党中央执行委员会通过了《革命纪念日简明表》《革命纪念日史略及宣传要点》,将阳历1月1日定为民国成立纪念日,并规定了具体纪念仪式:休假一天,全国一律悬旗扎彩,提灯志庆,各地党政军警、各机关、各团体、各学校均分别集会庆祝,并由各地高级党部召开各界庆祝大会。1931年,无锡各界为庆祝民国成立二十年及元旦,由县宣传部召集各机关、各团体、各学校开会讨论办法,推定县党部、县政府、公安局等九机关组织准备委员会负责进行。下午举行第二次筹备会议,决定庆祝会议地点在火车站旁空场上,时间定于元旦上午10点。在崇安寺西门、南门等四处,各扎五彩牌楼一座。由商会通知各商店一律悬挂国旗。宣传品摒除标语,改印春联,分赠民间。并且定于元旦上午8点在公园内举行团拜礼,各机关团体工作人员均须出席参加。县公署除了在门首用国旗、彩灯点缀外,并且停止办公三天。

无锡各界对于这次阳历元旦,兴味较之往年更浓,省立教育学院从12月21日起,遵照教育部命令,放年假三星期,还留在学院工作的教职员和学生,特地举行了庆祝元旦筹备会议,决定在元旦日下午一点,举行庆祝典礼。除了有许多同学加入表演之外,还请各实习组及各实验机关民众参加表演,又请学院幻术教授进行幻术表演,民众医院主任表演钢琴独奏。1月2日下午7点,开演电影。元旦及2日、3日上午,到各个村庄宣传。同时,学院内的无线电也特别开放。省立无锡师范及附属小学、县立第一高小均开游艺会,表演新剧。县立图书馆、通俗教育馆均开放全日,任人游览。县立第二、三、四、五、六等校,在校庆祝,其他各校均放假一天以示庆贺。

此后,元旦庆祝逐渐从各个学校自行决定是否庆祝、庆祝的方式,而慢慢

三十六年元旦即景,《人报(无锡)》,1947年1月1日

地演变成了在国家政策导向下,由县教育局协调组织开展。1934年,江苏省正式发布了《江苏省各机关学校及民众元旦庆祝办法》,庆祝元旦及纪念中华民国成立典礼等都遵照执行。当时,家庭庆贺的时间规定在早晨7点,各机关学校及公共团体庆贺时间规定在早晨8点。各机关公务人员、各学校校长、职员在参加庆典时须穿着蓝袍黑马褂,军警学生须穿着制服。各学校民众团体除了依照普通纪念日的仪式外,还应该有下列的礼节:各机关职员向主管长官行庆贺礼;职员彼此行互庆礼;各学校学生向校长、教职员行庆贺礼;校长、教职员互行庆贺礼;学生彼此行互庆礼;民众团体人员行互庆礼;家庭中由家长率领全家男女向祖先或神位行最敬礼。机关由长官训话;学校由校长教职员训话,家庭由家长训话,并由家长给孩子奖品,举行家庭娱乐。礼节结束后,全体高呼"中华民国万岁"的口号。

如果说国民政府强力推行元旦放假与庆祝,逐渐得到了社会的接受和认可,那么与之相配套的,国民政府要求同时废止旧历春节放假与庆祝的要求,则明显遭到了更为顽强的抵制。1929年,南京国民政府决定推行新的国家历法,要求从1930年开始废除农历春节放假的旧例。但当时的无锡记者会议仍然决定,国历新年停工3日,旧历寒假停工7日。

实际上,如果旧历春节还照常放假,对于国人来说,阳历、阴历新年一起过,也不过是多了一个节日和假期,影响不大。但是,推行元旦假期与废除旧历春节并不是一回事儿。当1929年国民政府强制推行新历法时,教育部为了提倡国历,专门下发通知,要求全国各地旧历春节不放假。对此,不仅一般民众不答应,就是许多学界的校长、教师,也不能接受,许多人都采取阳奉阴违的方式予以应付。为了响应教育部的政策要求,无锡教育局专门调整了学期末的视察工作安排,决定针对春节放假问题开展总视察,并且决定根据视察结果对校长、教师进行奖惩。但是,由于大部分学校都没有执行这一政策,这一要求实际上变成了一纸空文。

直至1934年,旧历春节不放假的要求也没有得到很好的执行。当时,教育局决定:"教职员全体在校照常上课者,斟酌情形,予以嘉奖;教职员在校,学生缺席者,免予置议;教职员不在校,校门关闭者,斟酌实际情形,分别记过或申斥。"但实际视察的结果是,"奖与惩,一比三"。由此可见,民众欢度春节的习惯,不是简单的政府命令或强制奖惩所能轻易改变的。此后,随着抗日战争的全面爆发,无锡沦陷,旧历春节不放假的规定也就没有人再提起。而无锡记者最初研究讨论出的决定,元旦3天假、春节7天假,也成为当前我们最为熟悉的假期模式。

庆祝"双十节"

清宣统三年(1911)农历八月十九日(阳历10月10日),武昌新兵打响了推翻清王朝的第一枪,武昌起义爆发。武昌起义标志着辛亥革命的开始。于是,10月10日就成为中华民国的国庆日,也称"双十节"。随后,中华民国国旗、国歌相继确立,升国旗、唱国歌,也成为国庆纪念日的规定动作。悬旗结

无锡政益小学第一次庆祝国庆留影,见《无锡市立第十一国民学校
十五周纪念录》

彩、提灯游行,也是各地庆祝节日的重要形式,有力地烘托了节日气氛。

　　1912年"双十节",作为民国建国一周年纪念日和新国家成立的纪念日,是全国的大事,社会各界都极为重视。大总统特别命令各省军警商学诸界,一律举行庆祝。无锡学界积极响应,竞志女学专门召开运动会,在唱国歌后,由校长训词,讲述国庆纪念的来历与意义,并宣布运动会的宗旨。由于是女校,当日运动会只招待女宾,无锡县其他女校与学生亲属共有300多人与会。表演节目很多,其中专门为国庆纪念编制的五族共和曲谱与歌词,给参观者留下了深刻的印象。此外,城中竢实、东林等10多所学校,参加了在公园路一带举行的提灯会,由校长教师带队护卫,学生每人提一盏五色灯或红绿灯显得十分兴奋。其中,工业学校的花篮灯作为前导,三等学校专由级长负责的河豚鱼灯与大虾灯,尽显水乡特色;竢实的十字灯,每隔10人一盏,整齐有序;城东、城南、城西小学的月影灯,城北小学的区额灯、对联灯,致毅小学的灯座,都因形制特别,让人印象深刻。不过,观者对于七八岁的儿童,跟随提灯队徒步行走二三里之远,也表示了一些担心。

但是此后,由于孙中山领导的南京临时政府与袁世凯所领导的北京政府之间的纷争,导致民初政局颇为动荡,社会上纪念"双十节"的氛围就冷清了许多。时人曾评论说,第一个"双十节",商店、学校、居民无不悬五色国旗,人民狂热景象,可以与西方各国的圣诞节相媲美。但是此后几年,政府虽然发布有庆祝文告,但只有一些政府机关悬挂国旗,学校也在悬旗之列。据说,其间还有一些插曲,某机关为了庆祝"双十节",曾高悬国旗,不料国旗在升起时受到阻碍,没有升到旗杆顶端,以至于有人看见后还惊诧地问,今天有什么大丧事吗?怎么又下半旗了?由于书写方式的变化,一些传统读书人还不适应,有人竟然把"国庆纪念"四个字倒着读成了"念纪庆国"。

1916年,随着袁世凯的离世与复辟闹剧的结束,人们对民国的前途再次充满期待。这年的"双十节",无锡各界提前就进行了精心的筹备。城内乙种商业学校创办人邹同一与学校教师商定,准备在当天组织学生到惠山举行远足会,晚上再联合积余、市立第一、第四、第十等学校,举行提灯会,庆祝共和复活。当时,侯鸿鉴、顾子静、陶达三、胡汀鹭等无锡众多教育名家,都在该校任教或兼课,他们也都积极赞成。"双十节"当天上午,无锡县署在城中公园举行了盛大庆祝,学界代表大都参加。下午2点,10多所学校的学生先后在公园集合,先到惠山进行远足,再返回西门,开始举行提灯会,经过公园,与各国民学校和锡师附小的童子军队汇合。学生们步伐整齐,歌声嘹亮,精神奋发,观者莫不感叹。位于城中的秦氏小学,则在"双十节"上午举行了国庆欢祝会,并在晚上与尚友学校联合,在学校中试演幻灯,主要是一些革命故事影片,并邀请学界名人逐片演讲,同时,还招待学生家长到校参观,以资联络。位于梅村的县立第四小学和位于北下乡东亭镇的各国民学校,也在当天举行了庆祝。

可以说,在整个"双十节"的庆祝中,教育界是最为积极,也最为隆重的。1917年"双十节",无锡城中各个学校的学生,上午一律身穿制服,由教员带领整队前往城中公园,向国旗行礼。市立第一小学学生携带锣鼓乐器一路鼓吹，十分热闹，大有新年的景象。等到钟响第七下的时候，就举行提灯大会，乙种工业、无锡市立第一、县立高一、私立正蒙学校、三等学校等各学校制作的花灯，有虎、豹、狮、象、大炮、地球等造型，非常醒目，特别是其中有讽刺张勋复辟等时事的灯，极有趣味。其他各校也举行了多种形式的庆祝纪念。如侯氏公学在"双十"纪念日举行本校十周年纪念日，并悬挂大总统匾额，举行祝典，校董等人相继发表演讲，学生则整队提灯出发；秦氏公学开欢祝会；市立第一国民学校上午9点在国旗下行三鞠躬礼，职员进行演讲并劝诫学生要爱国。会后，全体学生举行提旗会，在街市游行，并携带锣鼓乐器一路鼓吹，并唱国庆纪念歌。回到学校后，下午休息，晚上到6点的时候，举行提灯会，人数大概有两百人，童子军五十余人全副武装，其余人都穿着制服。所有灯笼除五色灯、红绿国庆灯由学校购买采办，其余都是由学生自制，形形色色的灯笼，五花八门，形制繁多；县立乙种工业学校校内分工、商两科，暑假时组织校内商店、童子军、儿童阅书会趁着国庆纪念日，开欢祝会，燃放烟花，商会会长等人相继演讲。到晚间的时候举行提灯会庆祝，各灯也都是由学生自己制作的。其他各县中高小学及各私立学校也大多举行提旗提灯会来庆祝典礼。

相比之下，商界一开始对于"双十节"庆祝似乎并不热心。除了无锡书局

竞志中学女职员"双十节"合影，《妇女杂志(上海)》，1919年第8期第1页

等一两家书店外，北城外及大市桥、马路一带悬挂旗子的很少。就连每次都装设临时五色国旗电灯的耀明电灯公司，1917年也没有专门制作并悬挂国旗电灯，节日气氛冷清了不少。倒是南城外的九余丝厂、城中黄泥桥的劝工布厂都装灯悬彩来庆祝"双十节"。当时，排练演剧也是节庆活动的主要方式。有一所学校开演《众志成城》一剧，演到"御敌"一幕时，只有两个小学生拿着棍棒，且态度不够严肃，被认斥为胡闹。

1919年"双十节"，由于学生运动迁延，各校庆祝不如往年盛大。倒是位于江阴巷的浸会两等学校，还举行了比较隆重的国庆纪念。学生们都身着新衣服在礼堂集合，演唱为国祈祷歌、国歌、国庆纪念歌，向国旗行礼，并由教员杨念农讲演国旗的意思。

五四运动以后，商人和全社会的爱国热情进一步被激发出来。

1920年，无锡县政府非常重视"双十节"庆祝，专门在大门口扎有一方松柏横匾，并在上面嵌入四个金字——"国庆纪念"，并悬灯结彩。银行、钱庄、银号、堆栈等在"双十节"一律休业一天，其他绸业、银楼等大商店都悬旗来表示庆祝。商团也会联合组织举行提灯会。为了维持"双十节"的秩序，县警察所及各分所仍然照旧办公。晚上6点以后，在大街上加派双岗来维持提灯会经过时的秩序。

1920年，正值光复门里黄泥桥劝工场成立十五周年纪念，劝工场特地雇佣名手扎成柏枝绸彩牌楼两座，中间嵌有五彩电灯与电光布景灯，点缀得异常美观。劝工场还特地设廉价部，将各种丝光制品等便宜卖一星期。其实，减价优待是当时非常常见的一种庆祝节日的方式。早在1918年，无锡书局就在"双十节"当天进行减价优待，以示庆祝。1925年，仓桥街世界书局也特别预告，自10月9日至11日，连续三天进行减价销售，以表庆祝。打折促销的营销手段既吸引顾客前来购买商品，也为"双十节"增添了不少节日氛围。

进入20世纪20年代，"双十节"纪念的庆祝形式日益丰富，同时，教育界自觉把"双十节"作为对学生进行爱国教育的契机，注重激发学生爱国救国、民主共和、发愤图强等思想，并开始从校内走向校外，开始积极开展社会教育

从前与现在的国庆日,《民报(无锡)》,1928年10月10日

与大众启蒙。1923年的"双十节",省锡师除了在大礼堂开庆祝会外,还由学生会组织演讲科,专门到通俗教育馆和北塘一带进行演讲,以期能唤起民众的注意。锡师附小、社桥头实业中学,都是上午先在学校开庆祝会,请教师进行演说,随后由学生表演社会新剧。当时,实业中学学生表演的戏剧有正剧《社会镜》,描写遗产的危害;趣剧《留声机》,以供娱乐。

南京国民政府成立后,为了凸显国民党在国民政府中的领导地位,"双十节"纪念趋于党国化,"党国"符号大量出现在纪念活动中。1927年,南京国民政府对"双十节"纪念程序进行规范,增设了"全体向党国旗、总理遗像行三鞠躬礼""恭读总理遗嘱"等仪式;原先纪念中叙述先烈的历史,逐渐被国民党的"建国"历史所代替,中央党部代表、国民政府代表、各团体代表演说"革命"历史的内容,也不断凸显国民党的地位与作用,党与国开始紧密结合在一起。国民党党化教育思想的推行,也影响到了教育界对"双十节"的纪念方式,特别是纪念内容的变化。但是,国民党挑起的内战,也引起了人们的反感。1928年,无锡《民报》就刊登了一幅国庆纪念的讽刺漫画,人们国庆日的笑脸现在变成了哭脸。

1931年"九一八"事变后,随着国难日益加重,救亡图存成为时代的主旋

律。上至南京国民政府，下至社会各界人民，都自觉地把"双十节"纪念作为激发民主革命精神与斗志教育的重要方式，希望利用救亡凝聚民心、进

庆祝国庆节，《无锡日报》，1943年1月1日

行民众动员。在当年的"双十节"纪念时，国民党中央宣传部发布了《告国民书》，强调要本着辛亥革命的斗争精神和牺牲精神，凝聚整个民族力量，以抵御外辱。在各地的纪念活动中，人们也打出了反映救亡的口号标语，如"打倒日本帝国主义""全国同胞团结起来""纪念国庆誓要雪国耻""准备实力收复失地""纪念国庆，要努力抗日雪耻复仇"等。

1932年，人们在"双十节"提出，"国庆不是国难"，也间接表达了对南京国民政府和现状的不满。

当时，许多学校和教师，已经自觉地把国庆纪念日纳入教学计划之中。比如，无锡第五学区县立高田上小学校的教师潘祖霖，就专门拟定了《国庆纪念日教学中心实施大纲》，提出除了举行国庆纪念仪式、游艺会、提灯会等传统庆祝方式外，还要出版国庆纪念特刊，并组织学生成立演讲队到民间去进行宣传，向社会大众讲述辛亥革命的经过情形，唤起学生和大众的爱国心。

1935年，崇安寺民众教育馆也专门在10月9日下午7点起，放映教育电影《共赴国难》，邀请各界民众自由观影。10日下午2点起，又举行了庆祝游艺大会，安排有平剧、丝竹、魔术、口琴等20多个节目，并请本地知名演说家演讲，电台播送爱国节目，以表庆祝。城北社会服务处定于"双十节"成立施诊所，发放免费诊治券；民众茶园也在同日免费开放。县立图书馆也在这一天全日开放，并且不出售阅书券，让所有人都能进入图书馆看书籍报章。从中也可以看出，广大教师学生、全体教育界，对于民众启蒙、国难教育的主动担当。

无锡沦陷后，以汪精卫为首的傀儡政权，也注重举行"双十节"纪念，但这些纪念，并没有得到沦陷区人民的响应。

"五九"国耻纪念

中国近代史是一部屈辱史。西方的坚船利炮，打破了中国天朝上国的幻想，中国也因此被视作"东亚病夫"而不断遭到蚕食与侵吞。为了唤起民众的斗争精神，中国人像勾践卧薪尝胆那样，主动设立了一种特殊的节日——"国耻纪念日"，并通过持续的纪念来提醒国人，不忘前耻，奋起斗争，努力争取民族独立。"五九"国耻纪念日，是中华民国建立后设立的第一个国耻纪念日。

1915年春，欧战正酣，日本帝国主义乘欧美各国无暇东顾之时，乘机谋夺我国领土及权利，向袁世凯政府提出了意图灭亡中国的"二十一条"。5月7日，日本向袁世凯政府下达了最后通牒，要求中国政府最迟在5月9日下午6点答复，否则就要发动战争。袁世凯被逼无奈，不得不在5月9日最后截止时间答应了日本提出的"二十一条"，并于1915年5月25日正式签字确认。不过，虽然袁世凯已经在中日秘约上签字，但该条约并未经过国会批准，全国人民对此表示激烈反对，并将政府对日本的妥协，视为奇耻大辱。条约签订后，全国教育联合会决定，各学校每年以5月9日为"国耻纪念日"举行纪念，借此警励国人毋忘此日，誓雪国耻，这一天被称为"国耻日"。但也有人认为，应该把5月7日日本下达最后通牒的时间定为国耻纪念日。一般情况下，商界以5月7日为国耻日，学界则取5月9日为国耻日。但考虑到通牒只是日方的单方面行为，只能把中国政府答应日本提出的苛刻条件的时间确定为中国蒙受耻辱的开始，最终确定"五九"才是真正的国耻纪念日。自此以后，社会各界就开始采取不同的方式纪念这一国耻日。时人曾评论说，国耻不仅5月9日，而必以5月9日为纪念，因为5月9日以前，中国虽然遭受种种耻辱，但尚未觉醒,正是从5月9日开始,大家才真正意识到国权的沦丧。

1915年7月,无锡本地的《新无锡》就曾受到上海北山西路德安里求实小学校陆格非的来函,声称自己已经编印出《国耻纪念小史》5000部,详细叙述此次国耻事件的始末,愿意免费奉赠各地爱国人士。

1916年5月初,崇安寺第一初等小学校决定,5月9日在崇安寺小菜场前召开国耻纪念会,由各级学生表演"五月九日"四字,并请侯鸿鉴先生演讲,以示不忘耻辱,并邀请社会各界前来聆听小学生的国耻痛言。这是无锡第一次举行的"五九"国耻纪念会。第二年,该校不仅继续举行纪念会,专门开会演讲国耻,还决定停止娱乐嬉笑,下半旗以志悲痛;批改成绩一律用蓝色并标明"五月九日"字样;饭食均用素菜,用咸萝卜、无油韭菜、莴苣、白菜盐汤;每桌饭菜节省下200文钱,共4桌800文,连同该校历年所存一并储蓄,以备将来购买大炮雪耻之用。

1917年,侯鸿鉴在竞志女学也召开了国耻纪念会。他在开会词中训勉学生,爱国先爱校,爱校先爱己,自己勤学读书,做个好学生,学校就会有好名声。随后,与会师生一起唱国歌、国耻纪念歌。再邀请教师杨瀚如、来访嘉宾南通李逸航演说。李逸航谈到南通的学校用救国储金购书,为的是读书时时可以想到书的由来,可以念及国耻。他还说自己有两个女儿,都在女师范服务,都是用土布和国货,希望以此与学生们共勉。

1918年,社会上又有中日拟签订新约的传闻,举行国耻纪念会的无锡学校日益增多。崇安寺三等学校的纪念会,不仅有唱国耻歌,请教员、学生演讲,还专门介绍了瑞士爱国儿童的事迹,并举行宣誓仪式,请学生对着国旗一一诚恳宣誓,誓词为:"某某谨对中华民国国旗宣誓:立愿将来成人,为国尽力,誓雪奇耻。"城北市立第四国民学校也举行了国耻纪念会,在校内演说过后,由教师带领全校童子军,分作三队,在北塘及城内热闹处一带游行,后在县教育会小憩。听说该校学生用平日节省下来的零花钱,印成了国耻纪念明信片,上面刊载《宝塔歌》一首,沿途分送路人。大娄巷私立振艺女学校虽然才创办第二年,但也举行了国耻纪念宣讲。在乡村,天下市刘潭桥第六、第八国民学校,冒雨举行联合纪念会,学生手持国耻小旗,上面写着"国家兴亡、匹夫有责""五月九日、国耻勿忘""卧薪尝胆、同仇敌忾"等字样。学生们还自编自演国耻问答,表演童子军国耻纪念出军等,与会来宾数百人,都极力称赞。寨门经正小学也举行了纪念会。当时,省锡师还在校内立了一块国耻纪念碑,给参观者留下了深刻的印象。不过,这种庆祝,也有流于形式的问题。1918年5月11日,《锡报》刊登了一则铁梅所写的轶事。前日是"五九"国耻纪念日,城中某校校长演说慷慨激昂,声泪俱下,并约定各学生都吃素食,并且不加油。然而自己却和某教习在房中午餐,仍然照常吃肉。

1919年,因为巴黎和会中国山东青岛权益问题,五四运动爆发,因此,这一年的"五九"国耻纪念,人们态度尤其激烈。由无锡市立第一国民学校校长陶达三邀请全县各主要中小学校长,在县教育会会商讨论,决定先在各校举行国耻纪念会,再组织学生到市内各处街市游行,学生均手持小白旗,上写"还我青岛""头可断、青岛不可失""国耻纪念"等字样,至下午5点再整队归校。本来,学界是希望能够联络商界一起纪念,但是,参与的商人太少,只得作罢。时人就评论说:"无锡各团体,当以教育界为最热心。"纪念会上,还提出了抵制日货的主张。很快,就有纱厂推出了国耻纪念扇,请本地著名画家画上"破碎河山图",并题写"勿忘国耻"字样。当时,北塘济阳国民学校的学生,常在课余时间由年级长召集同学们,手持国耻纪念旗,上面写着"还我青岛""闽事力争"等字样,一开始还只是在校内操场上唱国耻纪念歌,欢呼爱国口号,后来还经常到附近一带。由于这纯粹是学生的自发行为,也可以想见该校的日常教育以及国耻纪念的深入人心。

推广国耻纪念日,最简单的办法就是召开国耻纪念大会,将此次交涉的前因后果讲一遍,让世人尽知中国的屈辱,希望能唤起学生的雪耻精神。当时,各地学校举行的国耻纪念仪式大抵如此。1922年,崇安寺培新国民学校,在上午举行国耻纪念会后,又举行了雪耻宣誓,誓词与之前崇安寺三等学校的基本相同。但随后,该校学生还即兴表演了节目《焦心》:先用白纸绘一个红色的心脏图形,由四年级学生用星火将图形灼烧成"五九国耻"四字,以表示永镂心版、焦虑苦思的意思。之后又将所制作的"五九"纪念徽章发给学生,使其铭记胸中。再然后演讲"爱国小英雄传""理想中之雪耻军大激战""救国小学生"等。学生听了以后,没有不激昂慷慨、义愤填膺的。不过当时学界人士纪念国耻日的态度与方法也不尽相同。比如,1921年国耻纪念日,县立男女各校

东林小学举行国耻纪念会,《时报》,1928年5月12日

照例开国耻纪念会,由教职员演讲国耻历史。私立市立各高小有停课的,有开课的,就只有开会以表哀痛。各校童子军也到公园举行国耻纪念。至于乡间,市南各学校组织演讲队游行,选择年龄较大的学生分配前往各个村子进行演讲,以唤起民众的志向。而荣巷私立公益中学并不停课,只是在下午让学生默坐志哀,并由校长宣示"二十一条"。

1922年,西门外私立菁莪学校学生有感于人们对日货的抵制不够彻底,专门自行募捐铜元,印发通告分发各界,发出了"抵制日货,不用日制,热心爱国,坚持到底,国耻洗净"的号召。

再之后,国耻日的纪念形式更加丰富。1924年,学前街锡师附小于上午9点起开国耻纪念运动会。由于运动和强身健康密切相关,此后,召开运动会渐渐也成为庆祝国耻纪念的一项重要活动,希望以此来培养具有强健体魄的青年,成为未来民族复兴之希望。市立十一国民学校,上午在学校开成绩展览会,下午表演《荡子回头》和《不学无术》等警世新剧。县立第一高小,书写"毋忘国耻,卧薪尝胆""抵制日货"等字条,张贴在街市上,希望能够警醒人民,永远不要忘记国耻。无锡县立通俗教育馆、五七团等派人外出演讲,无锡协会散发警告白话传单。

不过,真正把这一国耻纪念日从民间上升为国家意志,使之成全国范围内的国民教育日,是在南京国民政府时期。经过多年的纪念宣传,国耻的观念几乎已经印在了每个中国人的心里。1927年南京国民政府成立后,在纪念"五九"国耻日的同时,也有人专门制作了一张晚清光绪以来的国耻纪念大事表,从2月到11月,几乎月月都有,其中5月就有3个,除了"五九",还有1958年5月28日的中俄《瑷珲条约》、1925年5月30日的五卅惨案,以至于有人主张,把单个的国耻纪念日变为国耻纪念月,"五月为中华国耻纪念之月"。

1928年5月3日,日本制造了"济南惨案",残杀我国军民1000多人,于是,人们都说,五月的国耻纪念日又多了一个,"五三""五七""五九""五卅",以至于五月几乎变成了一个不祥的月份。当年9月,无锡县党务指挥委员会鉴于《辛丑条约》签订已经过去了27年,国人大都已经淡忘,为了唤醒民众,又撰写了《"九七"国耻纪念宣言标语》,要求各社会团体机关,予以宣传纪念,并在当天下半旗志哀,并请教育馆、学生会分头演讲。1928年年底,无锡县第一学区教育委员钱钟亮又专门制作了不平等条约揭要与国耻纪念日一览表,分送各个机关团体,希望能够随处张贴,以起到宣传教育的效果。

"九七"国耻纪念宣传标语,《新无锡》,1928年9月7日

不过,各地党部随意增加国耻纪念内容的行为,也给真正的国耻纪念造成了困扰。为了统一全国人民的人士,1929年7月1日,国民党中央第二十次常务会议通过了《革命纪念日简明表》,明确将"五月九日二十一条国耻纪念日"列入其中。南京国民政府这样做,一方面可以统一规范国耻纪念的日期,提醒民众,保持抗日决心,但也可能隐含着通过设立国耻纪念日,反衬北洋政府的无能,赋予自己领导的北伐

与统一全国以正当性与合法性。因此,与其他纪念日不同的是,"五九"国耻纪念,自此以后主要就是由各地的国民党党部负责主持布置。

1931年,为了凸显国耻纪念日的庄重,无锡纪念筹备委员会通知各娱乐场所,在"五九"国耻纪念日,一律停业一天,同时函请各报馆在这一天出"国耻纪念特刊"。"九一八"事变后,许多非正式场合又把9月18日视为国耻日进行纪念。此后,随着中国军队在抗日战场上的节节败退,大面积国土沦丧,仅仅把5月9日作为国耻纪念,已经难以起到凝聚人心、振奋斗志的作用,甚至国民党的威信也在急剧下降。

到1937年5月9日,国民党党中央要求全国一致下半旗志哀,并举行集会庆祝。无锡出席纪念大会的,仅有各机关团体学校代表50余人。人们已经没有精力和兴趣再去纪念"五九"国耻日了。一个多月以后,七七事变爆发,中国开始了全面抗战。到1940年,国民党政府明确规定,改"五九"国耻纪念日为"七七"国耻纪念日,"五九"国耻日的纪念也就不再举行。不过,回望历史,这却是中国坚持时间最久,先后经由民间、政府一致认可的国耻纪念日。

总理广州蒙难五周年纪念

孙中山,是近代民主革命家,早年创建兴中会和同盟会,提出三民主义学说,多次发动武装起义,立志推翻清朝。武昌起义后,于1912年就任中华民国临时大总统。后为了中国和平统一,让位给袁世凯。1913年发动"二次革命",失败后去日本组织中华革命党,任总理,终身为革命事业奔走,1925年3月12日在北京病逝。孙中山去世后,国民党继承了孙中山留下的政治遗产,开始在党内和全国范围内举行各种各样的中山纪念。

1927年,北伐革命军攻克无锡,随后又宣布在南京建立国民政府。对孙中山的纪念也随即在包括无锡在内的江苏各地展开。

1927年6月,无锡县市党部、清党委员会等,为纪念孙中山在广州被陈炯明炮轰事件五周年，倡议发起了总理广州蒙难五周年纪念大会，并多次召集各个团体开筹备会议。会址是县商民协会。其中，出席第一次筹备会的教育界代表有县教育协会薛溱舲、市教育协会范望湖、学生联合会巢炳生等人。

当时，县党部明确要求，当天所有机关、学校、工厂，都要停止一切工作，下半旗，并派代表7点到火车站大操场集合，8点开纪念会。同时，各工厂、学校听到炮声，应该拉响回声三声，默哀三分钟，否则就是不愿意纪念，当以反革命论处。由于当天早上有雨，直到8点多雨停了，人数才逐渐增多。不过到了9点，到会者近万人。其中，教育界就有3000多人，参加纪念会的有学生联合会全体会员，无锡实业、辅仁、竞志、荣氏、职业、县一、县二、县商、女师范等学校师生。会后，学生们还进行了游行宣传，游行路线由邵萱苏拟定，从火车站出发，过通运桥，走交际路，过通汇桥，进周师弄，出小泗房弄，走北塘，过大桥，经北大街，进老北门，一直到风光桥，转弯，走大河上斜桥，转弯走盛巷内，经含秀桥，到公园散会。大家高呼"三民主义万岁""国民革命成功万岁"等口号。

后来，新马路恒兴、瑞源两个工厂由于当日并未停工而被人举报，被认为是对总理蒙难纪念日的蔑视，要求公安局予以拘传。瑞源工厂的主人沈汉廷被拘押后，托人向公安局局长说情解释，愿意主动出资做大木牌1扇，上面绘上总理肖像，下面绘上陈炯明伏地叩求作乞怜状，竖立在公园内，以供观瞻。后恒兴厂的老板陆聚根也被判要仿照办理，做大木牌1扇竖立在火车站旁，以方便来往旅客了解，扩大宣传。

总理诞辰纪念

1926年，国民党鉴于大家对孙中山的逝世时间已经熟知，且有很好的纪念，而对于孙中山的诞辰却所知甚少，决定把11月12日总理诞辰日定为国假日，并要求全体各地都要在每年此日举行纪念。

1927年,《民国日报》专门出版了一份《总理诞辰纪念特刊》,其中《为什么要纪念总理诞辰？怎样纪念总理诞辰？》一文,详细说明了纪念总理诞辰的特殊意义："因为总理是领导弱小民族解除压迫人民痛苦的救星,他四十年为国民革命奋斗牺牲之大无畏精神,不独是发扬中华民族的伟大精神,也是全世界被压迫民族的呼声。"

为了做好总理诞辰纪念会,中央党部通令全国,一体举行庆祝典礼。无锡县党部先后组织各团体人员召开了5次筹备会议,确定纪念日的主题、议程、各流程负责人员等细节。为了营造氛围,县党部和筹备会要

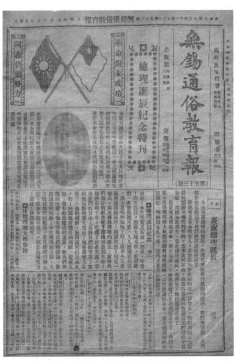

纪念总理诞辰,《无锡通俗教育报》,1921年11月20日

求,全县各机关团体、学校工厂、普通商户都要悬旗挂灯。

无锡县教育局也积极行动,通告全县各公私立学校,11月12日为先总理诞辰纪念日,要求各校一律休假一天,在本校举行纪念仪式,演讲总理革命历史。后因中央党部青年部又提出,已将11月9日作为检阅全国青年群众力量之日,凡是全国学校学生以及青年团体都应该在这一天全部参加当地纪念大会,以彰盛典。因此要求城区公私立学校一律参加无锡民众庆祝总理诞辰纪念大会,热烈庆祝并受特派员检阅。12日总理诞辰纪念会,原定在火车站,后来因为蒋介石的"四一二"反革命政变与清党工作激化了党内矛盾,为了保证安全,时任无锡县长俞仲还要求把纪念地点改到学前街无锡中学(原省立第三师范学校,后定名为省锡师)大礼堂举行。按照规定,各学校限派代表各20人,工会限派代表2人。上午9点开会时,全体参会者有8000多人,参与的学

校有公立省锡中，县立一高小、二高小，实验小学，女中附小，县初中，市立第一、第二、第三、第四、第十、第十一校，女子职业，私立无锡中学、国学专院，竞志女学等。演说者共10余人，演说内容均为激励民众、努力报国之词。各学校、机关代表及普通民众共同聚集在广场中静听名人演讲，齐声高呼口号，可谓极致肃穆雄壮。开会议程包括：（1）开会；（2）奏乐；（3）肃立；（4）行礼；（5）读遗嘱；（6）静默；（7）主席报告；（8）各团体代表演说；（9）自由演说；（10）宣读通电；（11）呼口号；（12）检阅青年；（13）摄影；（14）奏乐；（15）散会。下午3点，各学校又在省锡师（1927年时为无锡中学）大礼堂举行游艺会。

1928年，无锡各团体再次决定隆重举行总理诞辰纪念会，会议地点原定公园多寿楼前草地上，并在多寿楼对面靠市行政局后门，搭一高台，台中央悬挂总理遗像、遗嘱、对联等纪念品。在汉昌路、崇安寺、公园门首，搭建牌楼3座，悬挂五色电灯，入夜通明。后因大雨，移到公园蓝花前同庚厅举行。教育局钱乡侯、宋泳苏、张锡昌、陆仁寿出席。当时无锡县教育局要求各个学校一律参加，因此学校到者，有竞志、县一高小、崇安寺小学、劳工小学、县初中、棉花巷小学、私立锡中、美术专门、三皇街小学、崇实小学等共1000多人。按照计划，上午庆祝大会后，各个学校可以自由参加下午的游艺会。后因为大雨，布棚漏水，下午学校表演的游艺会取消。学前街实验小学参加完公园集会，又在校内举行庆祝表演，幼稚园表演《纪念总理》《小音乐队》，六下表演《李飞探案》《三种材料》，下午开菊花大会。崇安寺小学全体童子军，上午冒雨参加无锡民众庆祝大会，下午3点又在本校举行游艺会。原本庆升、

梁溪中心小学主任费锡胤作：《庆祝总理诞辰》，《无锡童报》，1929年第9期第4页

中声两家剧院的免费义务剧也照常开演，并加演总理的革命事迹。晚上，城内还燃放焰火。

1929年，由于当年中山陵已经建成，奉安大典已经完成，当年对孙中山的纪念达到了高潮。在总理诞辰之际，无锡各团体与民众代表，共有3000多人出席，除了教育局、教育协会，学校有省锡中、国学专门学校、民众教育馆、中医讲习所、辅仁中学、实验小学、积余小学、县初中、私立锡中、竞志女学等代表参加。第七区扬名徐来小学，也集合邻近的张巷、徐巷、林巷等民众，于下午1点在校中山大礼堂，共同庆祝总理诞辰，并表演游艺，以此增加普通民众对庆祝总理诞辰的兴趣。

总理纪念周

这一时期，国民党为了在短时间内快速地树立孙中山的权威，南京国民政府和国民党中央党部大搞个人崇拜，在逝世、诞辰之外，又别出心裁，从"纪念日"搞成了"纪念周"。要求各机关团体，在每周一早上举行总理纪念集会，演说孙中山的事迹与精神。国民党中央执行委员会甚至议决，如有奉行不力，阳奉阴违，要将应负责的常务委员或长官撤职。1927年6月13日，在无锡县政府举行的总理纪念周上，秦县长出席并演讲了中山先生三民主义，阐发忠孝仁爱、和平信义等中国旧道德，希望以此挽救民族自立。但在8月8日举行的总理纪念周上，俞县长就因事没有出席。

1927年无锡总理诞辰纪念会结束后，无锡县党部为统一党的宣传，纪念总理伟大精神，又别出心裁，要求全县各级党部、各机关、各团体、各学校，每周一都要派2人以上的代表出席联合举行的总理纪念周。缺席1次，书面警告；满3次，开除党籍；无党籍者，分别议处。12月5日，无锡县党部临时执行委员会发起，联合各机关、团体、学校领袖，在光复门外县商民协会楼上，举行第一次联合总理纪念周会议，出席代表500多人。但是，从当时的报道来看，对于县党部出台的联合纪念周条例，许多人不以为意，甚至有党员认为，纪念周的活动很枯燥，要求民众强制出席，容易引起民众的误会和反感。1927年年底，总理诞辰纪念会结束会议上发现，原定各机关团体的600多元经费，实际只收到了335元，筹备处不得不再对欠缴团体进行催缴，也间接反映了民众对总理纪念不无劳民伤财的抱怨。因为每次纪念都要求停工停学，在一定程度上影响了人们的生计。

对于当时国民党正在推行的领袖个人崇拜，也有人提出了一些异议。12月19日第三次联合总理纪念周开会时，就有参会人员提出："我们的党几乎变成了几个领袖的党，我们的党员，只不过是一般摇旗呐喊的小喽啰。"明确对这种倾向表达了不满，甚至提出要救党。但是，此后国民党在孙中山的个人崇拜塑造上不仅没有收敛，反而愈演愈烈，庆祝纪念更加频繁，理由也不断增多。

总理逝世纪念

1928年，无锡县政府接到江苏省政府命令，要求全省在3月12日孙中山逝世日举行纪念，并举行植树典礼，以造成"中山林"。无锡县政府专门召集各界联席会议，决定在惠山黄公涧举办植树典礼。下午2点在竹炉山房集合，向党国旗、总理遗像行最敬礼，恭读遗嘱，静默，演说，依次植树，摄影，礼成。教育局薛溱舲、学联会王祖燮、省锡中陈瀚祥、教育协会华萼等参加了筹备会。

同时，无锡各团体在县教育会开会，商量纪念办法，教育界出席代表有学生联合会曹梦梁、县教育会华萼、县教育局范望湖等人。决定举行总理逝世三周年纪念会，一律下半旗一天，各剧场停止演剧，出版纪念特刊等。

3月12日当天，无锡全城总理逝世纪念会在省锡中大礼堂如期召开。无锡各党部团体等几千人参加，楼上楼下，几乎座无虚席。军乐队在正楼奏乐，演说台两边，悬挂两副白竹布联，一副总工会挽："逝世纪念，岂徒行礼演讲，

要问三年成绩,具有独立精神
不;国家进步,必须运动努力,试
观廿万工人,都为民生革命来。"
省锡中一副:"求学问、立人格、
作革命基础,总理遗言犹在耳;
不腐化、有精神、反帝国主义,大
家锄敌要同心。"演说台上,悬挂
总理遗像。10点开会,县长俞仲
还出席,县长一副:"逝世届三
周,革命精神不死;主义垂千古,

中山陵墓室外形,《商报》,1929年5月28日

后人努力竟全功。"大家齐呼"总理精神不死""世界大同万岁"等口号。

当时,无锡工厂拉回声,全城下半旗,学校无论公私一律放假1天。会后,各区党部及学联会分头演讲并贴标语。当时,学联总务曹梦梁,自惠山植树典礼回城,在观前集合众人宣讲,听众数百人。南门外私立锡中,西门外惠山路一带竞志女学,公园路崇安寺女中、国学专院、县中,通汇路一带省中等,都开展演讲活动。

1929年1月,国民政府通令全国,要求在送葬时请送葬人员自备树秧。通令中谈到,孔子去世时,门下弟子会葬,四方来观者都移植各自乡土树木,以志景仰。总理手创民国,崇德报功宜与孔子同样隆重。安葬之日,又在植树节前,正可广集异材嘉木造成森林。

其他各种纪念日与纪念方式

举行总理纪念,也让许多印务厂和商人看到了商机,纷纷推出了各种带有总理遗像的商品,一度产生了混乱。为此,工商部迅速跟进,公布了16条办法,禁止使用总理遗像作商标。当时,举行各种纪念会时,演出相关戏剧也是很重要的一种庆祝方式。但是,由于各个娱乐公司的创作能力和水平差异较大,文艺作品的质量参差不齐,民政部遂予以规范引导。江苏省民政厅就要求无锡县公安局,对各商店所售卖的"中山归天"留声机唱片及各戏院演唱该剧者进行查禁,通令禁止发售这种词意失真的演唱。同时,内政部也推出了总理纪念歌。1928年,无锡县第一学区教育委员钱钟亮在南京中央大学区督教讲习会时,曾经赴内政部参观,看到内政部编创的总理纪念歌。他回到无锡后,专门向教育局提议,考虑到各校都有总理纪念周,希望能够由教育局统一颁发总理纪念歌供各校使用。

庆祝总理诞辰

日月无光星不明,世界到处昏沉沉,强权横行,公理不伸!

惟有东亚出救星,广东香山翠享亭,我们的孙总理诞生。

总理,一生奋斗,主义创三民,求中华自由,世界和平。

和平救星照我们,世界从此放光明,我们齐祝总理诞生。

1929年,国民党中央党部又要求各地在5月5日,举行总理二次就任大总统纪念会。当天上午9点,县党部大礼堂举办"五五"纪念大会,到会代表3000多人。本城各机关、各团体、各学校代表到会者200余人。各代表均有重要之演说,到会学校有劳农学院、县女中、省锡中、竞志女学、崇安寺小学等20多校。

当时,无锡县政府明确要求,总理奉安期下半旗一周,民众一致臂缠黑纱,停止宴会娱乐等事七天表示哀思。

5月底,孙中山奉安大典沪宁、沪杭两路宣传列车莅锡,两路宣传员在车站化装表演,各界参加大会者达5万余人。车站马路上,有电灯大牌楼一座。县政府莫仲夔代表本地各界上车欢迎,与列车宣传人员握手。在火车站足球场开宣传大会,进行化装表演。火车站足球场,面积可以容纳10多万人,中间是大台,四周布置国旗党旗、总理遗像、花圈2个,记录新闻台设在两边,还有后台化妆室和各机关学校大旗帜，四周有军警保护。上海少年演讲团化装表演了《天下为公》。

但是，这种热闹，更多属于城中人，乡下人似乎并不在意。当时，青城市71图石家宕，乡村民石宗茂等几个老寿星，集体邀请江湖戏班31日在乡村演戏。本地人因为在总理奉安大典停止娱乐期内公然演剧，将他们告到县党部，经请示县长孙祖基，决定派侦缉队坐船下乡取缔。

当时，国民政府还专门发行了总理国葬纪念邮票。

1929年6月1日，孙中山安葬南京紫金山。无锡在本地礼堂举行仪式，机关、团体、学校、报馆代表500余人参加。礼堂空气甚为悲惨沉痛，且有泣下者。为了统一时间，孙祖基县长还特别函告戚墅堰电厂，在中午12点整，以电灯放光为信号。

1929年6月，无锡各界还举行了总理广州蒙难七周纪念会。虽然当天大雨倾盆，街巷水流如渠，但各机关、各团体、各学校仍踊跃参加，主席有极沉痛之报告，各代表有极悲壮之演说。16日为蒙难纪念日，当天各机关团体代表冒雨准时前往参加。教育局沈显之参加。

1929年9月，无锡县还举行了总理第一次起义35周纪念宣传。同时，国民党中央党部还专门规定了总理遗像张设地点与办法。

1932年，国家局势已然紧张，国难正殷，因此各学校只举办纪念典礼，学校各派代表出席而并不放假。1933年，战事平稳后，就恢复了盛大的游艺会，并向各界题文，出版五周纪念刊物。

1934年，在总理诞辰纪念日这天，崇安寺县立民众教育馆举办了第一次全县民众演说竞赛会。该馆拟定了竞赛简章、报名单、与赛券、评判标准等表册，分寄给了各个学校、党政机关等，邀请省锡师周校长、省教育学院高校长和赵步霞教授等担任大会评判员。1935年，除了例行的放假、举行纪念庆典外，为了给总理诞辰纪念日做准备，无锡在蠡园内举行了植树典礼，在省教育院的操场上举行了一场粤华队与辅仁队的足球赛对决。庆祝的主体除学校机关团体外，也积极吸纳民众参与，在公园内联合表演国乐、活动影戏、国技之类。

对总理纪念日的庆祝,从始至终都带有极强的政治性色彩,成为国民政府培养党性的工具,有时甚至带有强制性的意味。在1936年的总理诞辰日上,无锡各邑的高级中学大礼堂中举行了立志典礼,并分请县长及学生家长等到校观礼,甚至要求每一高中学生、年满16岁者,均应于毕业前确定其志愿,参加典礼,否则即不发给毕业文凭。1936年后,随着战事的吃紧,国家陷入危机之中,有关总理诞辰的庆祝仪式也出现了一段时间的空白。直到1940年,国民党党部发布当年的总理诞辰纪念祝词,对总理诞辰的庆祝才重新被提起。此后的总理纪念日庆祝,虽也在扩大纪念仪式,但多以名人演讲、学校派代表参与的形式举行,游艺会、烟火会、播放电影等活动则逐渐成为历史。

尽管庆祝活动的规模与形式有所减少,但对总理诞辰纪念的重视已深深印在当时梁溪师生的心中。

变味的旧节日

传统节日的形成，是一个民族或国家的历史文化长期积淀凝聚的过程。中华民族的古老传统节日，涵盖原始信仰、祭祀文化、天文历法、《易》理术数，不仅清晰地记录着中华民族先民丰富而多彩的社会生活内容，也积淀着博大精深的历史文化内涵。在灿烂辉煌的中华传统文化中，流传至今的清明、端午、中秋、重阳等传统节日集中体现了传统文化的核心价值，突出反映着中华民族的心理认同，是广大民众精神世界的生动展示，也是国家历史积淀与文明性格的具体象征。而学校作为培育人才的教育场所，对传统文化的弘扬必不可少，庆祝传统节日便是联结两方的良好途径，亦可唤醒师生爱国意识和民族情怀。但是，进入民国以后，相比于日益繁多的新兴节日，传统节日在学校场域中登场的机会并不多，甚至会出现一些错位。

元宵节

元宵节，又称上元节、小正月、元夕或灯节，时间为每年农历正月十五，是中国的传统节日之一。无锡的元宵节是从吃汤团开始的，到晚上则举行丰盛的家宴，晚饭后闹元宵的活动会在全城开展。俗话说"正月半，龙灯看"，各地民众在这一天都会举行各种各样的庆祝活动，如赏花灯、猜灯谜、放烟花等。

但是,在1930年前后,由于国民政府严格推行新的历法,明确要求废除旧历,连带也一度决定废除与旧历法联系密切的各种节日。这一要求,与中国民众的生活明显不符,在实际推行中难以执行。

1930年,内政部、教育部为了兼顾旧历与旧俗,专门拟定了一个替代办法,即对于传统的元宵、上巳、端午、七夕、中秋、重阳、腊八等,除了中秋节外,一律把传统历法中的日期,直接对应到新国历中的日期,即1月1日为元旦、1月15日为元宵节,中秋改用最接近秋分的望日,在9月9日至10月7日之间。而各个节日的过节习俗,如元宵观灯、端阳竞渡、中元祀祖、重阳登高、上巳修禊、七夕乞巧、中秋赏月、腊八食粥等,均可照旧举行。内政部和教育部给出的理由有两个:一是7天一周、周日休息的制度并未得到普遍推广;二是国民政府现行规定的放假日期中,只有元旦作为新年假期有休息娱乐机会,其他节日都是与革命有关的纪念日,其中总理逝世与七十二烈士殉国两个纪念日明显不适合娱乐,可以娱乐的开国国庆、国民革命军誓师、总理诞辰等4个节日,还要宣传革命事迹,进行革命教育,而传统节日正是民众得以休息娱乐的重要节日,如果把元宵节等传统节日全部取消,无法调节民众生活劳苦。

1931年,无锡党政警军商学界等在把元旦作为新年庆贺过后,为了提倡国历,也积极筹备庆贺国历1月15日的元宵节。虽然各种娱乐方式与传统的元宵节类似,但总归不如真正的元宵节,地方报纸仅仅提到学界踊跃,但具体情形并无细致描述,实际上是旧俗难改。

1933年正月元宵节,无锡城中又出现了舞龙舞狮的庆祝场面,大量儿童跟在后面观看。由于当时抗战形势吃紧,一些人士对此也颇有微词,认为是旧历的复辟。1934年,随着蒋介石在南昌发表演说,提倡新生活运动,传统节日在各地迅速恢复。当年无锡的元宵节,重现热闹景象,其他传统节日也逐渐恢复。到1935年,大家开始借助广播媒体一同庆祝元宵。北大街时和绸庄广播电台在元宵节播送游艺大会,由新文化团全体演员播唱,从下午开始,4点到5点是京苏笑滑稽戏团,5点到6点是女子雅韶社小曲,6点到7点是徐菊林、林文君弹词《描金凤》,7点30分到8点30分是于斗斗个人戏《夫妇之道》,8

点30分到9点30分是新文化团口琴会新歌曲,9点30分到10点30分是新文化团财神戏《天官赐福》;10点30分到12点是不读书生故事《聊斋志》。总之是要热闹个大半天,以庆贺元宵佳节。

端午节

端午节,又称端阳节、龙舟节、重午节、重五节、天中节等,日期在每年农历五月初五,是集拜神祭祖、祈福辟邪、欢庆娱乐和饮食于一体的民俗大节。端午节无锡家家都会包粽子、挂艾叶菖蒲、洒雄黄酒,也常常组织赛龙舟或进行其他庆祝活动。

民国初期,机关学校在端午节仍旧照例放假,但是,庆祝方式一度受到干扰。1916年,当人们按照端午习俗,燃放爆竹祭祀五路神仙时,却因为政治、军事形势紧张而被执行戒严令的军警处罚,再加上当天下午暴雨忽至,让民众感到大煞风景。

1919年,正值五四过后,人们反日情绪高涨,无锡各界在庆祝端午的习俗中,都融入了反日元素。当时,在芙蓉湖一带参加端午龙舟竞渡的船只中,由一艘船别开生面地在船中做了一个木栅栏式的禁室,中间放置一些卖国贼模样的假人,上面挂着"誓灭国贼""抵制日货"等标语。无锡纱业与钱业,也在公园处发售国耻纪念扇。教育界更是不甘落后,通俗教育馆、国民大会及几所女校,都借机在崇安寺公园和城外主要道路进行演说。通俗教育馆延请韩可吾、陆仲谦演讲,其中,韩可吾介绍日本对华贸易情况,倡导民众抵制日货;陆仲谦则劝人要从事工艺制作,废物利用。听讲者有三四百人,通俗教育馆还向听众赠送醒世画等印刷品。国民大会干事周寄湄在外黄泥桥、三里桥一带讲演,劝人抵制日货要持之以恒,提倡实业储金,两地听讲者都有2000多人;该会其他干事秦执中、陶达三、叶公詹、储非昔、宗容汝、顾鸿志等人,也在公园演讲各种国耻情况,听众也有1000多人。该会专职演讲员胡桐荪,在南门外龙泉园演讲国民爱国的决心。

同时,城外济阳女校、旗杆下荣氏女校等学校师生组成的演讲队,也在公园等各处演讲。当时,国民大会的秦执中、陶达三、叶公詹、蒋仲良、严仰斗等人,把公园演讲场地布置好以后,由唐氏国民学校、锡市一校童子军负责维持会场秩序,由叶公詹、蒋仲良两人负责记录。县立女子师范陶蕴玉女士演讲,主张抵制日货、争回青岛非常必要;济阳女校丁培演讲日本对我国南部各省的野心;荣氏女校教师秦醒世演讲的题目是《劝女界同胞速醒救国》;济阳女学学生冯娟英用中国地图演讲日本侵略中国的历史;荣氏女学教师王素豪演讲团结力;济阳女校教师浦慧英提醒女同胞警惕日货冒充国货;荣氏女校学生金礼端也劝诫民众抵制日货要坚持到底,避免五分钟热度。代用女子中学(即竞志女学)、县立女子师范师生,也打算在下个周日(6月11日)组织演讲队,在公园进行演讲。当时,济阳女学学生还演唱了歌曲《快快救青岛》与《爱国道情》三阕。可见,除了国民政府有意将节日政治化、教育化,爱国民众,尤其是教育界人士也在主动作为。1922年,无锡甚至有倡导新学的人士主张废除端午节,遭到了家中祖父和父亲的激烈反对。

1925年,为反对上海日本资本家枪杀工人顾正红,支持各地工人罢工运动,上海学生自发到公共租借演讲,又遭到逮捕,英国巡捕开枪打死打伤大量民众,这就是震惊中外的五卅惨案。6月,英日等帝国主义在上海和其他地方继续进行屠杀,激起了全国人民极大的公愤。广大的工人、学生和部分工商业者,在许多城市和县镇举行游行示威和罢工、罢课、罢市,形成了全国规模的反帝爱国运动高潮。6月15日,正值中国传统的端午节,全国各界决定在这一天举行全国总示威,无锡民众也走上街头,对帝国主义表示抗议。直到1933年端午节,还有人在感慨端午节要记得祭奠五卅烈士。

端午节等传统假日也是无锡各大学校进行教育教学活动展示的大好时机,因为这是全民的假日。1926年,学前街省立第三师范学校(即省锡师)校长为鼓励学生、沟通社会、宣传学校办学成绩,就把端午节办成了校园开放日与学生各科成绩展览会,邀请社会各界人士与学生团体进校内参观。1928

无锡市民总示威,《图画时报》,1925年第257期第7页

年,无锡美术专门学校利用端午假期,一面安排部分学生前往杭州实习写生,绘画各处风景,一面把学生平时习作在城中公园公开展览。当时,该校把学校平时的所有成绩,比如山、水、鱼、鸟、花、草、人物等作品都择要展出,在公园开辟了4个展览室,其中,池上草堂为西图室,清风茶墅为第一成绩室,西社为第二成绩室,兰簃为第三成绩室,学生作品异常丰富。展室门前的柱子上,挂有"敬求批评"的字条,引来众多游客观看,批评本上有"成绩斐然""真正不错""发扬国光"等字样。学校又用抽签的方法出售作品,一律编定号数及作品价值,从数元到数十元不等。券价每张仅售一元,当场取件,用最低的券价获得名人的作品,导致买券的人异常拥挤。

除学校组织的活动外,学生们也会趁着放假互相联络,组织活动。1929年,在苏州桃坞中学就读的无锡学生,趁着端午休假回家的机会,邀请私立锡中全黑队,在端午节上午10点在公园篮球场比赛篮球,请懋德盛为裁判员,结果私锡以47比21的成绩取胜;当天下午2点,体育场昆仑队与县初中篮球队

无锡端阳竞渡赛,《东方杂志》,1934年第14期第1页

也在公园篮球场进行一场比赛,结果是县初中以23比15得胜。可见,当时无锡各校学生不仅热爱体育运动,总体成绩还很不错。

1930年,国民政府文官处特别下令,国历"五五"放假1天,旧历端午节不准放假。但是,民众庆祝传统节日的习俗并不是一纸命令就能够轻易改变的,此后,只要时局稍微平稳,无锡人过节的热情丝毫不减。

作为尊师重教的国家,在端午这类传统节日互赠礼品,本来也是习俗。抗日战争胜利后,由于国民党挑起内战,当时,教师群体的工资几乎入不敷出。国民政府可能是为了减轻教师间送礼应酬的负担,也可能是为了防止个别教师借机向家长索取礼物,明令禁止公教人员酬酢与馈赠,以求应对国难,厉行节约。1948年,由于物价飞涨,人们戏称端午节物价在"竞渡",且由于物价飞"涨",人们只能望"粽"兴叹。

重阳节

重阳节,是中国民间传统节日,日期在每年农历九月初九。"九"在《易经》中为阳数,"九九"两阳数相重,故曰"重阳";因日与月皆逢九,故又称为"重九"。古时民间在重阳节有登高祈福、拜神祭祖及饮宴祈寿等习俗。

重阳登高有健康长寿、祛病强壮的寓意。在学校看来,秋高气爽也正是外出修学旅行的好时机。1921年,北禅寺巷江苏省立代用女子中学(即竞志女学)戊午年第一届毕业生,特意在这天召集同学结伴前往惠山登高,采取博物标本，以此开阔胸襟。惠山是本地人士和外地旅人最常去的登高之地，各校师生们也不例外。

1922年重阳节，无锡各个主要学校都组织了修学旅行。锡师附小按照年级的高低规定地点的远近：一、二年级学生由女教师率领远足至公园及广勤路，三、四、五、六年级则由教职员率领远足惠山、青山等处。先前，教师在历史、地理、社会科目中指示学生将名胜古迹、动植物等项目摘出，至此实地指示，令学生更感亲切有味。陶氏绩成学校，组织三、四年级的百余名学生，也前往惠山远足。学生们从后具巷出江阴巷，沿北塘大街至吴桥稍事休息，再沿通惠路到了惠山游览秦园、第二泉、黄公涧、锡山等，一直待到傍晚时分才由西门回校。一路上军号鼓笛都在队前演奏，国旗校旗迎风招展，异常热闹。

城中小河上孙氏、大娄巷唐氏两学校的教师们，带领学校童子军和男女学生80多人，在重阳节下午2点联合远足惠山。他们先在唐氏集合出发，经过大市桥到三皇街，在市立第十一校休息后，由该校校长引导参观学校的小游艺准备会以及教室等。休息了半小时，由西门出发到惠山，游览了寄畅园、八音涧、琴瑟涧及介如峰等处，接着又经过河塘到唐公祠游览一周，之后才整队回校。市立第六国民学校也在下午3点左右到了惠山春深涧等处游览。

利用重阳节组织学生开展远足旅行，既能丰富学生的课外生活，又能让学生陶冶情操、锻炼体魄，乃至观察自然、了解人文，无疑是传统节日与现代教育结合的最佳典范。

学校的纪念会

如果说各种社会性节日,新式学校的师生都是积极参与者,那么,校庆则完全是各个学校自己的节日,各校师生也是当仁不让的主角。近代新式学堂刚刚兴起时,由于办学不易,为了拉近与社会各界的距离,展示学校的办学成绩,各个学校都非常重视学校的校庆。

校庆,在民国时也多被称作"纪念会","所以追既往而鞭策将来者也"。因此,各个学校对此都非常重视。通过形式多样的活动,联络学生家庭,展览列年成绩,宣传学校办学特色。

1915年,无锡竞志女学迎来办学十周年,学校筹备了隆重的纪念会,连续半个月举办运动会、校友会、学艺会、成绩展览会、小学毕业仪式等各项庆祝仪式,小学部、中学部、师范部各级各类学生全部参与。在其办学成绩展览会上,既展出了在校学生的成绩、学生的艺术作品,如水彩画、手工、书法等,也有学校教师自编的讲义原稿、教案和教课所用的原著等,内容异常丰富。而侯鸿鉴毁家兴学的故事,更是给前来参观的来宾留下了深刻的印象。按照当时惯例,学校精心编辑了《十周年纪念录》,可惜,在手稿付印前,一场大火让纪念录几乎损失殆尽。校长侯鸿鉴痛心之余,又整理了《十周年纪念录烬存》。

1920年,无锡县立乙种实业学校迎来十周年校庆,校长秦同培在筹备校庆纪念时,为了扩大庆典影响,彰显商科教育的办学成绩,专门商请创办一周年的勤信商店于校庆当日优待到店消费者,受到社会各界的欢迎。

庆典当天,学校各个角落都做了精心的布置。校门口有用竹子扎成扁饼形的门框,中间糊上五彩光纸,上面用棉花缀以"十周纪念"四个大字,四周用柏枝编制,十分醒目靓丽。入门天井正中,左右交叉悬挂着的五色小国旗随风飘扬。进贤亭中、明伦堂上及校园内各处都贴着各种对联,还有一些学生赠送的用蜀锦制作而成的旗帜、书画等;接待室的四周悬挂着历届职员与毕

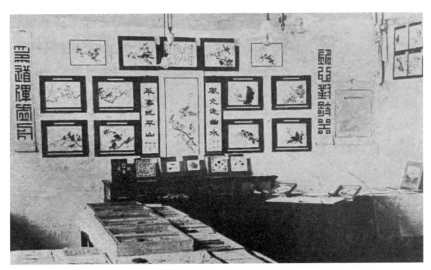

教育成绩展览会会场,见《无锡县立乙种实业学校十周年纪念录》

业生照片,下面陈列着工科染色和机织成绩,浓淡相间,排列有序。所有农产品、工艺品、学生日常实习所用的提花机、手纺机等一律放在陈列橱窗内,下附说明,令人一目了然。成绩展览室中配有玻璃窗,四壁挂满了历届学生的图画作品和工科学生的制图作品。这些作品线细如丝,精密细致,罗列工整,令人赏心悦目。

纪念会上,秦同培追述了学校的办学历史、历任校长的办学功绩,并提出了自己的办学主张。县知事杨梦龄、劝学所长秦铭光、学务科长钱孙卿等地方主要长官接连祝词,对学校十年内取得的成绩表示高度肯定。江苏省立第三师范学校(即省锡师)校长顾倬发表演说,畅谈实业教育的意义。

午后1点,以学生为主角的游艺会正式开始,吸引了8000余名来宾,其中他校学生有3000余人。学生们表演的节目内容丰富,涵盖商要、染科、图文、图画、体探、商文、理科、织科、书法、国文、英语、乡土、商品、算术、行书、用器画、体操、珠算等,参加演出的多为一至三年级的学生,最后以校歌作为庆典的结尾。尤其是最后的两幕话剧,由时任三年级教师、后任无锡县教育局局长的薛溱龄所写,并担任艺术指导。学生排练专心刻苦,演技真切,演出后反响热烈,被报刊评价为:"描摹尽致,曲意传出……精神皆足,无懈可击。"

纪念会结束后,秦校长带领学校师生,整理编辑了《无锡县立乙种实业学校十周年纪念录》,收录了活动收到的颂词、演说词、学生演说稿等各种材料,为学校发展史留下了非常宝贵的资料。

1928年,无锡中学实验小学十五周年纪念会,专门邀请一批名家学者前来讲学,让无锡本地学校的校庆纪念,在欢庆之余,又增添了展望未来、突出学术的新意涵。当时的主要演讲有时任上海工部局华人教育处处长的陈鹤琴演讲小学教育的辛劳、中央大学心理教授艾剑舟老师演讲识字运动与识字教学的问题、中央大学区行政院中等教育科科长夏湛初老师讲小学行政等,既切合学校定位与发展,又与推行识字教育的主流教育思想高度契合。

后记

　　梁溪，是流经无锡市的一条重要河流，相传因东汉时著名文人梁鸿偕其妻孟光曾隐居于此而得名。元代王仁辅《无锡志》中则说，由于此地古溪在南朝梁大同年间（535—546）重浚，故号梁溪。不管怎样，在很长一段历史里，梁溪都是无锡的别称，也是无锡的文脉之所在。梁溪区是2016年2月由原崇安区、南长区、北塘区合并而组建的行政区，下辖9个街道，其核心区覆盖原无锡县城，是无锡文教的中心和高地。

　　早在唐代，中书令李敬玄的曾孙李绅（772—846）青年时就曾在润州无锡惠山寺（今为梁溪名胜）读书，27岁考中进士，补国子助教。从宋代设立文庙开始，无锡的官学与文脉就开始在此汇集。明代东林书院更是让无锡闻名天下，成为无锡文化的精神源泉。进入近代，无锡人以敢为人先的精神，率先于1898年在城中兴建了竢实学堂，开启了无锡新学之路，这也是我国国人自办的首批新式小学堂之一，随后，东林学堂、竞志女学等一批新式学校相继创建。进入民国后，无锡抓住机会，争取到江苏省立第三师范学校在县内学前街落户，又在城中积极兴办县立女子师范学校、县立初等工业学堂、县立小学等诸多新式学堂。南京国民政府成立后不久，新成立的江苏省立教育学院又从苏州迁到无锡，让梁溪的教育体系更加完备。与此同时，随着无锡民族工商业的快速崛起，无锡私人办学之风日盛，私立学校从小学、中学到大学专科,从普通学校到职业学校、补习学校日益增多。截至1928年6月,构成梁溪区核心的第一学区,共有公立小学15所、私立小学38所、私立中学3所、私立专门学校2所,学校数量多,办学质量高,其中女学尤其发达。当时,全区共有学生2533人,其中女生就有718人,占到了总人数的近三分之一,是第六学区女生的近三倍。这些学校,为侯鸿鉴、顾倬、陶达三、唐文治、钱基博等一批无锡教育家提供了实现教育理想的舞台,也为钱穆、钱钟书、钱绍武、陆定一、顾毓琇等一批无锡杰出人才提供了自我成长发展的平台。这些早期的新式学校,绝大多数今天依然矗立在梁溪境内,是梁溪教育悠久历史与高质量发展的最直观展示。

近年来,我所在的江南大学教育学院教育历史与文化团队,持续深耕无锡教育文脉的挖掘与传承。在对以无锡国专、江苏省立教育学院、江苏省立第三师范、竞志女学等一批名校,以侯鸿鉴、顾倬、胡彬夏等人为代表的无锡教育名家的研究中,梁溪教育先辈敢为人先,积极投身教育的爱国、爱生、爱教之情,令我们深深折服。由于学术著作自有规范,比较强调史料征引与问题分析,相关研究成果传播范围有限,而教育生活史是顺应史学研究重心下移、恢复史学叙事传统的一种较好范式,有助于学术研究成果的推广与普及,更有利于拉近历史与现实的距离。因此,我们一直想基于已经掌握的史料,把无锡先辈鲜活生动的教育故事讲出来。恰逢梁溪区政协在组织策划一套《梁溪历史文化丛书》,在钱江的推荐与促成下,我们承担了梁溪教育生活史的写作任务,心愿得以实现。书稿从选题策划,到提纲确立,再到资料充实、文稿打磨,钱江都提出了宝贵的意见与建议;梁溪区政协的领导与工作人员陈英华、徐滢等人,给予了我们充分的信任与支持。在此,谨对他们表示衷心的感谢!

万事言易行难,尽管前期已经掌握了不少史料,也出版发表了一些论著,但是在真正投入本研究并着手写作时,我们还是常常有无力之感。最初,我们团队希望能够按照教育生活的主题,兼顾历史线索,从容叙述展示梁溪先辈教育生活的各个面向,介绍他们的学习、工作、休闲、交往,感受他们的爱恨悲苦、酸甜苦辣。但是,由于史料缺失、时间精力有限,本书对于梁溪教育先辈的教育生活呈现,还比较有限,希望在以后的研究中能够进一步挖掘和充实。

当前,我国正处于中华民族伟大复兴的历史转折期,时代发展对于人才培养和教育提出了更高的要求。为此,我们不仅需要一大批的教育家,更需要把教育家精神融入每个教师的教育理想与信念之中,让每位教师都能够全身心地投入到为中华崛起而教的伟大事业之中。在广大教师争做"四有"好老师、全国呼唤大国良师的今天,希望此书的出版能够为当下的教育生活提供一些历史的滋养。

在本书的撰写过程中,我们团队承担的《无锡史·教育卷》工作正在同步推进,此书的出版,也为《无锡史·教育卷》的顺利完成奠定了良好的基础。全书三编内容,教师生活部分主要由于书娟、王怡和刘足英执笔,学生生活部分主要由于书娟、潘冠秀和王心怡执笔,节庆生活部分主要由于书娟在刘足英、卢小雪等同学整理资料的基础上独立完成,潘冠秀、王心怡、王怡、刘足英4位同学每人完成的字数都超过2万字。屈博全程参与了提纲梳理、标题厘定、素材选择、书稿统稿与校对,并且撰写了每编的导言,保证了本书的整体衔接。研究生李金璇参与了全书的校对。已经毕业的研究生张玉晴、陈思清、朱开甜也提供了许多梁溪教育史料。在此,也对上述老师和同学,表示衷心的感谢!

于书娟

写于江南大学人文学院田家炳楼